주식이 말해주지 못한
소소한 이야기들

주식이 말해주지 못한 소소한 이야기들

펴 낸 날	2025년 08월 29일
지 은 이	김종안
펴 낸 이	이기성
기획편집	권희연, 서해주, 최인용
표지디자인	권희연
책임마케팅	이수영, 김정훈
펴 낸 곳	도서출판 생각나눔
출판등록	제 2018-000288호
주 소	경기도 고양시 덕양구 청초로 66, 덕은리버워크 B동 1708호, 1709호
전 화	02-325-5100
팩 스	02-325-5101
홈페이지	www.생각나눔.kr
이 메 일	bookmain@think-book.com

· 책값은 표지 뒷면에 표기되어 있습니다.
  ISBN 979-11-7048-903-0 (03810)

Copyright ⓒ 2025 by 김종안 All rights reserved.
· 이 책은 저작권법에 따라 보호받는 저작물이므로 무단전재와 복제를 금지합니다.
· 잘못된 책은 구입하신 곳에서 바꾸어 드립니다.

※ 이 책은 문예 창작 지원금을 받아 발간한 책입니다.

주식이 말해주지 못한
소소한 이야기들

김종안 지음

생각나눔

주식이 말해주지 못한 소소한 이야기들

CONTENTS

삶의 투자	10
냉탕과 온탕 종목	17
Black Monday	19
생사지교	22
관포지교	25
불사조	27
호국의 달	28
어부지리	30
오만과 편견	32
손자병법	35
기부의 문화	38
선행의 기부	39
삶의 회상	42
상한가 함정	46
개미 혼돈의 테마주	50
삼류 개미의 한계	52
주식 대박과 상폐	54
지옥 다녀온 개미	58
다가오는 후폭풍	60
주식 망상의 행복	62
오만 원의 행복	64
쓴소리의 교훈	67
주식투자의 그분	69

주식이 말해주지 못한 소소한 이야기들

주식 그분의 정체	71
증시의 혼돈	74
주식 대박 난 종목	76
증시의 먹구름	78
폭등 폭락의 교훈	81
늙음이 주는 교훈	84
주식, 정저지와	86
삶과 죽음의 그림자	89
허허허, 탓탓탓, 폭락의 징후	91
오미크론이 주는 트라우마	94
주식 꿈 믿거나 말거나	98
기울어진 증시의 쓴소리	99
작전주의 정체	103
고립무원	106
크리스마스의 선물	108
성공 투자의 길	111
신념의 인생은 저문다	115
개미는 증시에서 짐 싸라	117
주식 인생의 민낯	119
개미는 폭락장 대비	122
주식과 인생의 교훈(서울시장님께)	124
개미들의 저주	126
금리 인상의 후유증	129

CONTENTS

지수 2,700p의 중요성   132
공포는 끝나지 않았다   135
주식 물타기의 비극   137
주식투자의 버릇   140
증시, 춘래불사춘   143
주식투자 타이밍의 중요성   145
지금 증시는 참는 것이 복이 된다   148
기술적 반등 vs 추세 전환   150
전쟁은 투자의 기회다.   153
혼돈의 증시 대응책   154
묵은지 맛   156
흔들리는 투심   159
주식, 각자도생   161
우울증의 무서움   164
투심의 화살을 쏘았다   166
주식과 인생의 고뇌   168
신궁의 묘기   169
증시의 심술이 멈췄다   171
주식, 초심의 중요성   174
자업자득   176
투심의 악화와 민심   178
지금도 바닥 아니다   179
증시의 봄은 온다   182

주식이 말해주지 못한 소소한 이야기들

변수와 훈수	184
주식의 신은 없다	188
증시도 꽃은 핀다	191
주식투자의 환상	194
내가 졌다	196
폭락은 멈췄나?	198
증시, 무서움	201
투자의 악순환, 매수 타이밍	205
무서워서 주식 하겠나?	207
패닉의 투매	209
증시의 바닥	212
폭등, 폭락, 투심의 원인	214
증시 흥분하면 당한다	217
폭락의 공포	219
개미가 이길 수 있는 증시	221
우량주 투자도 실수할 때 있다	224
폭락장에서 이기는 방법	227
주식투자의 득과 실	229
새벽을 여는 손	232
곡차와 빈대떡 생각나는 날	234
투자의 습관	236
테마풍 없는 종목, 움직이지 않는다	239
투자의 명상과 망상	241

주식이 말해주지 못한 소소한 이야기들

CONTENTS

비 오는 날   244
다시 오는 트라우마의 증시   247
개미의 주식투자   250
소방서 옆 경찰서   253
증시의 무서움   256
얼뜨기 개미의 주식투자   258
평안의 불감증   260
5일의 애도(각인된 기억)   261
나처럼 주식하면 필패다   264
주식 수익 불가능   267
사랑이 모든 것을 용서한다   271
흑백의 대국   275
정석투자   277
명예와 존중   280
맹장 vs 덕장   283
행복의 의미   286
스승의 날   287
대전 역에서   291
폭싹 망했수다   292
회 상   296
삼류의 비애   297
행복한 kiss   300
음 악   301

📈 삶의 투자

　배우고 배워서 뜻을 두텁게 하고 묻기를 진실로 하여 생각을 가까이하면 어짊은 마음을 만든다. 옥은 다듬지 않으면 옥이라 보지 않는다. 사람은 배우지 않고 의욕만 앞서면 진정한 義를 알지 못한다. (명심보감에서 인용)

　푹푹 찌던 대지의 초록이 작은 빗줄기에 웃는다.
　Kakao 회장님 좀 밀어주시오. 혹시 압니까? 다음이 발굴하고 카카오가 밀어준, 증시 토론 개미가 쓴 명시와 수필, 수필이 세계의 포털사이트에서 나왔다고 하는, 카카오 증시 토론을 포털 꽃밭으로 만들었다.
　망상의 세계에 빠져든다.

　탁자 위에 50년이 넘은 헤르만 헤세의 시집 한 권이 눈에 띈다. 낡은 책이라 펼쳐보기가 미안해서 책장만 보는 눈이다.
　"오래된 책이네요? 옛날엔 이런 시집들 많이 읽었는데."
　방문한 박OO 님 댁이다.

　'눈을 뜬다. 삶의 투자다.' 하는 제목이 생각난다.
　주식 투자도 삶의 투자다. 공부도 삶의 투자다.

　어젯밤엔… 몸을 살피다가 웽하는 소리를 듣는다. 모기가 10여 마리 넘게 모기장에 들어와 있다.
　손바닥으로 잡는다. 짝짝 잡을 때마다 피가 묻는다.

열 마리가 넘는 모기를 잡고 보니 손바닥에 빨갛다.

내 피인지 남의 피인지 많이도 포식해 무거워진 몸이라 제대로 날지 못하고 있다가

내 손에 운명을 다했다.

모기장을 쳐도 어떻게 들어왔는지 죽을 곳 찾아온 모기를 잡을 때마다 튀는 피를 보면서

이놈들 조금만 먹고 달아야지 웬 욕심이 그리 많아서 운명을 빨리 다하냐.

물감처럼 번진 손을 비누칠로 닦는다.

오늘은 어떤 좋은 소식 올까? 생각하면서 하루를 시작한다. 이렇게 사소한 내용들이 모아져서

한 문장을 만든다. 글이란 무엇일까? 읽고 보고 듣고 하는 것들이 모두 글의 모체다. 모방은 창작의 어머니고 창작은 모방의 어머니라 하는….

일류 작가, 이류 작가, 삼류 작가. 우리가 삼류 작가라면 어떠랴? 무궁무진한 삶의 굴레에서 생성되는 생각들이 오해를 받으면서 두려워하면서도 그냥 손에 쥔 펜 가는 대로 쓰고 있다. 먼 옛날, 먼 훗날 내가 이곳에 올린 글을 읽으면서 탁자 위에 놓인 50년 넘은 헤세의 시집처럼 기억될 날을 회상하면서….

외출하려고 준비하고 있는데, 2년 전 뇌경색으로 쓰러졌다가 기사회생한 아우가 일찍 찾아왔다. 이런저런 이야기 나누던 중 사람의 운명은 태어날 때 이미 정해져 있는데 우리는 모르고 살아갈 뿐이다.

하는 말에 "예, 형님의 말씀이 맞는 것 같네요. 내가 쓰러지던 날 오줌이 마렵다는 생각에 눈을 떴습니다. 그리고 어떻겠든 나도 모

르게 움직이게 되더군요. 바로 119에 실려 OO중환실에서 10일 동안 머무른 게 벌써 2년 전이네요."

"네 운명이 그때까지였다면 쓰러졌을 때 깨어나지 못했다. 죽을 운명이 아니었기에 잠깐 의식이 돌아온 것이 너를 살려준 것이다. 그런 것도 어쩌면 태어날 때 이미 정해준 인생의 행로였는지는 모르겠다만…."

"이 더운 날 왜, 서울 가려고 하세요?"

"들릴 데가 있어서 이 더운 날 전철 타면 전철 안이 더 시원하다. 두세 시간 타고 가면 무더운 여름날 겪는 삼중고에서 잠깐이나마 벗어날 수 있다. 너도 갈래?"

"싫어요. 아직 움직이는데 거동하기가 불편해서요. 책이나 가져갈래요."

"그러렴. 어떤 책이든 많이 읽게 되면 뇌의 정화는 물론이고 심성 또한 수련된다. 다음 주엔 비가 온다고 하는 뉴스 보았는데, 정말 더워도 너무 덥다."

내 팔뚝을 보여준다. 피부에 반점이 무려 100군데다. 빨간 반점들이 두 팔 모두에 선명하게 도장 자국처럼 찍힌 것을. 모기장을 치고 잤는데도 어떻게 들어와서는 몇 군데도 아니고, 가려운 곳도 있다. 약을 바르는데도 쉽게 반점들이 없어지지 않는다.

"너도 모기 조심해라, 특히 너는 모기에게 물리지 않도록 신경 써라. 나는 체질이 강한 몸이라서 많이 공양해도 거뜬하다."

토요일이라 그런지 전철엔 승객이 많이 없다. 송탄을 지나고 있는데도 많은 자리가 비어 있다. 별안간 생각난 박 사장에게 문자를 보낸다.

"오늘 시간 되면 점심 함께하시지요."

스마트폰기기 다루기가 익숙하지 않아서 철자가 가끔 오자로 변한다. 참 좋은 심성을 가진 분이다. 많은 벗을 만나온 세월이지만 10년이 지나도 늘 처음 만날 때 그 인상 그대로의 모습을 보여준다. 나도 그런 모습의 삶을 보여준다고 노력하면서도 박 사장님처럼 변하지 않는 모습의 행동을 한다는 것이 얼마나 어려운 것인지 알기에 보여주시는 마음 씀씀이에 늘 만날 때마다 가식 없는 편안함이 느껴진다.

각자 살아가는 하루의 일과가 다르기에 오늘 시간이 되지 않는다면 또 다음에 만나도 된다는 편안함에 늘 감사드린다.

지수가 3,200p를 넘더니 숨 고르기를 하고 있다. 마치 5년 전 보았던 지수를 생각한다. 주가의 추이를 살피면서도 투자의 고비는 늘 온다. 지수 3,000p 증시에서 투자해 본 개미들은 몇 %나 될까? 지수가 오르면 모든 종목들이 다 오를 것이라 생각하고 묻지마 종목에 베팅한다면….

다음 주엔 소비 쿠폰과 페이가 주머니와 지갑을 채워준다는 소식에 마음의 넉넉함도 함께 채워지고 있다. 소비 쿠폰과 페이를 받기 전에 미리 식사 공양을 하러 나가다가 벗의 얼굴이 먼저 떠올라서 문자를 보냈더니 '반갑게 함께합시다.' 하는 답글을 받았다.

시원한 공간에 승객도 많지 않은 곳에서 펜은 신난다. 다음 행선지는 출판사 유통업자. 옛날의 시간이었으면 찾아갈 곳도 많았는데, 요즘 출판사 현황이 어렵다는 것을 몇 군데 방문한 사무실을 보면서 전해져온다.

요즘 하루살이 책들이 많이 출간되고 있다는 말을 듣는다. 나도 그런… 삶의 의미란 글 댓글을 보면서 계속 글을 써야 하나? 하는 고민. 많은 부족함을 발품을 팔면서 다니지만 다니면 다닐수록 의욕은 떨어진다.

요즘 세상에서 이런 글을 읽느냐면서 댓글 다는 분들도 있다. 공짜로 읽는데도 이런데 돈 주고서 사보라고 권유해 드릴 수 있겠는가? 하는 의문들은 점점 깊어지고 있다. 하루살이 책으로 변하는 두려움보다도 더 무서운 댓글의 충격이었다. 뇌를 때린 댓글에 무너지던 마음이 그동안 써온 글을 읽으면서 용기를 낸다.

오늘 외출도 토요일이지만 인연 닿는 곳을 찾기 위해서 이런저런 핑계로 무더위 탈출을 위한 도피처를 오늘은… 하다가 전철 안으로 택했던 하루다. 누가 알까? 지금의 마음을….

반갑게 맞이하는 박 사장과 식당으로 향한다. 반 계 탕으로 합시다.
초복이 가까워서 그런지 찾아간 곳은 손객들이 많다.
"박 사장님은 이번 페이 금액은 15만 원 되지요?"
미리 짐작하고 하는 말에 고개를 끄덕인다. 반계탕으로 공양한 후 들리려고 한 곳을 찾아본다. 날씨 때문인지 걷는 것도… 신도림역으로 향한다. 천안행 급행을 탄다. 옆자리에 앉은 분과 대화를 나눈다. 용띠라고 하시면서 80이 넘으니, 육체가 모두 말썽을 일으킨다고 하신다. 귀를 쫑긋거리길래 "보청기 안 끼세요?"
끼고 있다가 잃어버려서 안 끼고 다닌다고 하신다. 목소리가 우렁차시다.
"성대가 건강하시네요. 담배 안 피우시지요?"
그렇다고 대답하신다.
"곡차는요?"

가끔 농주인 막걸리와 벗한다고 말씀하신다. 용띠인 어르신은 금정역에서 내리시며 미소를 보낸다. 다시는 만날 수 없는 인연의 분이시다. 우리들 곁엔 무수히 많은 인연이 스쳐 가고 다시 만난다. 만나는 얼굴들이 남녀노소 모두가 스마일이었으면 한다.

우리 이야기를 들으면서도 두툼한 책을 무릎에 펼쳐놓고 읽던 여인 계속 책장을 넘기고 있다.

"그 책 재미있어요?" 빙그레 웃으면서 고개를 끄덕인다.

"제가 잠깐 살펴봐도 될까요?" 보던 책을 선뜻 건네준다.

몇 장 살펴본 후, "불가에선 인간의 가장 큰 죄가 의념에서 일어나는 생각으로 짓는 죄가 가장 큰 죄라고 하는 말씀이 전해지고 있습니다. 이 책 제목 심리O 그런 유형의 책이네요."

책 안에 있는 단어 중 인터넷 광무라는 단어가 많이 나오는 책이다. 현대사회에서 벌어지는 미스테리한 사건들을 다루는 내용인 것 같다.

"안경도 쓰지 않고서 읽고 계신데, 올해 춘추가…?" 82세라고 하신다.

"43년생? 대단하시네요. 그 연세에도… 글씨가 제대로 보이세요? 신림에서 금정까지 오는 동안 대단한 독서력입니다."

주식에 관한 책을 꺼내면서 "저도 이런 글…." 꺼내 보이니 책 읽던 여사님은 책을 접으면서 나도 주식을 하고 싶은데 잘 몰라서 하지 못했다고 말씀하신다.

"주식 안 하신 것 잘하셨어요. 저는 주식으로 인해서 많은 글을 쓰게 되었지만, 주식으로 얻은 인생 앓이를 지금도 하고 있거든요. '주식했으면 돈 많이 벌었겠네요?' 그 말을 들으면서 주식 투자란 정말 어렵고도 어렵습니다. 주식 투자는 주식을 사지 말고 기업을 사야 투자 수익을 얻을 수 있다는 것을 지금에야 깨달았지만, 너무 늦었다는 생각을 하고 있습니다. 지식이 많다고 경험이 많다고 돈이 많다고 하여도 주식 투자는 제대로 된 투자 수익을 얻기 위해선 주식을 매수하는 것이 아니라 기업을 사는 것이 바로 주식이기 때문입니다."

병점이라는 안내 방송을 듣고 여사님이 일어선다. 여사가 읽던 책을 받아서 가방에다가 넣어주면서 멜빵을 어깨에 거는 것을 도와준다.

"항상 건강하세요. 책 많이 읽으시고요." 하는 말을 들으시곤 미소 지으면서 내린다.

차창 밖 초록의 물결이 이 더운 삼복의 열기에도 빛을 내고 있다. 3개월만 지나면 이 더위를 견딘 초록이 황금알로 사회의 넉넉한 농부의 풍요로움을 만들어 줄 것이다. 좋은 벗인 박 사장을 만나러 외출한 날 뜻하지 않게도 고령층의 최고령층인 80이 넘으신 큰 어른들을 만났다. 70대는 그 어른들에 비하면 아이건만 늙음에 대한 두려움을 느끼고 있는 마음이 오늘따라 왜소해지고 있다.

2025. 07. 14.

냉탕과 온탕 종목

 돈이 사람을 만들고 주가는 뉴스가 만든다.
 이란과 이스라엘 휴전 협정 체결이라는 속보가 나오자, 증시는 화답으로 답하는 종목이 많다. 그러나 어제만 하여도 호호하던 석유주, 에너지 종목은 국제 유가 하락에 오늘은 냉탕의 주가를 보게 만든다.
 소문에 사서 뉴스에 팔라는 속담이 또 예언가의 말처럼 변하는 주가다. 개별주 또한 오늘처럼 반등하는 주가에 동참하지 못하고 있는 종목들도 있다. 주식 투자를 못 해서가 아니다. 원숭이도 나무에서 떨어질 때도 있다. 우리네 삶의 인생도 잘 나갈 때 취해서 흥청망청 삶이 된다면….

누가 볼세라
감춘다
어쩌다 들키면
양파가 된다
들여다본들
알까
까맣게 타버린
털어도 털어도
털어지지 않는 재
옷만 더러워 지면
괜찮다만

마음까지 까매질까
속앓이 끝날 날
언제가 될까

살고 싶다면
살려고 한다면
잘라라
잘라도 잘라도
끊어지지 않는다고
포기 말라

포기하는 순간
삶은 가시가 된다.
자르는 것도
너다
자르지 않는 것도
너다

인생은 언제나
오늘처럼
냉탕과 온탕을
맛보게 한다

2025. 06. 24.

📊 Black Monday

  코스피 3,000p, 코스닥 800p 수성하기가 꽤 어렵다는 것을 증시가 보여준다.
  이스라엘과 이란의 전쟁이 당분간 계속 이어질 것이라는 전망이 나오고 있고 호르무즈 해협의 봉쇄령까지 이어질 수 있다는 외신 보도가 계속 이어지니 미리 매를 맞는 주가다. 충격과 인내라는 글이 삭제된 후 글 올린다는 것이 무의미한 것일까 고민한다. 이곳에 다양한 글들이 올라와서 증시 토론 게시판이 성황이기를 바라는 마음 굴뚝같다. 삶의 회상 내용이 낙서라고 한다.
  O 씹는 소리다. 그것도 나와 연배라고 하는 댓글이다. 댓글을 쓴 자의 생활을 정말 보고 싶다. 생각의 자유야 누구나 할 수 있다. 낙서라는 내 글처럼 댓글이 아니라 직접 장문의 글 올려서 이곳 찾아서 글을 읽는 개미들에게 전달해 주는 용기는 없고 남의 글만 돈 내고 읽지 않는다고 댓글만….
  이런 분들에게 쓰는 속담이 있다. '제 옷에 묻은 변은 보지 못하고서 남의 옷에 묻은 먼지만 탓한다.'라는 속담이다. 이곳 금융 팀장님 또한 올리는 글의 내용을 보고 계실 것이다. 금칙어란…
  비방, 홍보성 정치성 욕설 등 심하게 불쾌감을 유발하는 글들은 삭제시킨다는 규제의 법칙이 있다. 한두 번도 아니고 계속 금칙어란 명목에 의해서 장시간 쓴 글이 원고 없이 올린 글이 날아갈 때는…. 마음에 숨어있던 난폭성이 OO악살이 글을 쓰면서부터 많이 정화되었다. 불같은 성격 또한 많이 정화되었다.
  인내심 또한 생겼다. 주식 창을 하루 종일 들여다보면서도 화를 참는다. 왜 책을 읽어야 하는 지를 이제서야 깨닫고 있기 때문이다. '서당 개 3년이면 풍월을 읊는다.'가 아니라 서당의 선생으로 변하고 있기 때문이다. 훈장 선생님의 말씀들이 가슴에 와닿고 있기 때문이다. 댓글을 읽으면서 인성의 힘을 키우는 자양분들이 책이라는 것을 다시 일깨우고 있다.

내가 책을 읽지 않고 글을 쓰지 않았더라면 성질 급하고 위선의 감정을 내면에 숨기고 살았던

흥신악살의 감정 기복을 잠재우지 못하고 학교라는 곳 졸업 없는 학교생활에서 벗어나지 못하는 잉여의 삶으로 갇혀 살고 있었을 것이다.

생각을 많이 하고 있다. 지금도 글을 쓰면서도 내면 깊숙이 숨겨진 비수보다도 더 날카로운 손에서 발경할 수 있는 장풍으로 맘에 들지 않는, 핍박하는 울분의 벽에다가 쏘고 싶다는 생각이 들기 때문이다. 남의 것을 내 것으로 만들기 위해서 윤리, 도덕 다 팽개치고 흥신의 마음이 고개를 들 때마다 모친이 남겨주신 염주 알을 굴린다.

생로병사. 희로애락. 공수래공수거 천재와 바보는 종이 한 장 차이다. 선악 또한 마음에 늘 잠재해 있다가 별안간 인성의 벽을 허물고 뛰쳐나온다. 내면의 악성을 누르고 선의 내성을 키우는 것은 책을 많이 읽는 것뿐이다. 요즘 세상에서 일어나고 있는 일들이 마치 영화처럼 연속극처럼 게임처럼 보고 듣고 읽고 있다. 인성의 벽이 얇으면 쉽게 흥분하고 쉽게 행동한다.

참을 인 세 번을 써보라. '참을 인' 자를 세 번 쓰는 님은 지금 '참을 인' 자를 세 번 쓰는 분이실까?

증시 격언엔 산이 높으면 골이 깊다는 말. 주식 투자자는 모두 알고들 계실 것입니다.

10년 학교생활을 끝내고 나온 아우라 칭하는 만기출소 후 사회생활에 잘 적응하더니만
아직 수양이 덜 됐는지 또, 다시 3년을 꽉 채우고 2월 전역하였다.
"제수라 부르는 분에게 책 2권을 넣어주세요."
만기 제대 후 인사차 들렸다고 하길래 "고생했다. 너도 60이 넘었지?", "예."
요즘은 헬스장에 다닌다고 한다. 가끔 동네 길을 걷다가 보면 마주친다. 그 아우도 책을 접하면서부터는 인성이 바뀌고 있다는 것을 주고받는 언어를 통해서 알 수 있다.

나도 내 가방끈으로는 이런 글을 쓸 수 없다.
회귀, 빙의 등을 믿지 않는다.
그런데 언제부턴가 나도 모르게 써지고 있는 글이다.
누군가 내 뇌에 빙의하여서 자리 잡은 것 같다.
각설하고 다시 주식 창을 보는 눈이 된다.

2025. 06. 23.

📊 생사지교

전철을 탄다. 새벽 5시에 컴퓨터를 켜고 증시토론 창에 생사지교 제목으로 글을 올렸다. 1시간 넘게 써 올린 글이 등록되지 않고서 사라진다. 글의 마음은 읽는 개미들이 무엇인가 얻기를 바라는 마음으로 쓰고 있다.

이곳에 글 올리고부터 쓰면서 배우고 배워왔다. 그러다 보니 어느새 글의 문장이 일취월장하고 있다. 읽다 보면 순수한 경쟁심이 생겨서 나보다 더 좋은 내용으로 주식투자 성공하였다는 많은 경험의 후기를 올려서 주식투자에 조금이라도 도움 줄 수 있는 인생이나 시나 주식이나 써서 올린다면 그런 분들의 글이 많아진다면 증시토론장도 활황 장이 될 것 같다.

수원행 전철을 탄다. 경기도청을 방문하기 위해서다. 지리를 잘 몰라서 전철에서 내려서 물어본다. 분당선을 타서 수원시청역에서 내리라고 알려준다. 다시 시청역에서 내려서 젊은이에게 물어본다. 친절하게 스마트폰을 꺼내서 안내도를 보면서 알려준다. 그 고마운 마음이 전해온다. 한창 바쁜 출근 시간인데도 외면하지 않고서, 전철에 내려서 다시 물어본다. 버스를 타라고 가르쳐준 곳으로 가서 기다려도 버스는 오지 않기에 시간표를 본다.

"6800번을 타야 하는데…." 차 운행표를 보면서 아차 가르쳐준 분도 자세히 몰랐는지 가는 곳 반대 방향을 알려주었다. 50대의 남자에게 물어본다. "길 건너에서 타셔야 합니다." 아뿔싸! 여기서 탔다면 온 곳으로 다시 갈 뻔했다. 제대로 알려준 분에게 고맙다는 인사를 하고선 부랴부랴 뛴다.

　버스가 온다. 옆에 있는 젊은이에게 다시 묻는다.

　"이 차 경기도청 가지요?"

　"같은 방향으로 가니 타셔도 됩니다."

　요금을 내려고 카드를 댄다. 잔액 부족이다. 시내버스가 아니라 광역버스다. 요금이 다르다. 2,900원이라고 한다. 수원시청역에서 한 정거장 가는데 요금이 2,900원이다. 카드 잔액이 부족한지라 5,000원 지폐를 낸다. 잔돈이 없다고 하면서 천 원짜리로 내라고 한다. 전철만 타면 되는 줄 알고 천 원짜리를 챙기지 못했다. 차 안에 탄 분들에게 "돈 좀 천 원짜리로 바꿔줄 수 있나요?" 묻는다. 7~8명 승객이 있는데도 지폐 가진 분들이 한 명도 없다.

　"기사님, 동전으로 거스름돈 주셔도 됩니다."

　오늘은 동전을 많이 가지고 나오지 않았다고 한다. 2,900원 차비를 오천 원으로 다 내기도 그렇고 망설이는데, "여승객 한 분이 제가 대신 내드릴게요." 하면서 자신의 카드를 요금기에 대준다. 쉽지 않은 일이다. 차비를 대신 내준다고 하는 것이 고맙고 감사한 마음의 답례로 가방에 넣어둔 책 1권을 드렸다.

　항상 어디를 가던 책 1~2권을 넣고 다니는 버릇이 있어 오늘도 가지고 나온 것이 큰 도움되었다. "고맙고 감사합니다. 오늘 호의에 대해선 꼭 글로 써서 남기겠습니다." 하는 말을 남긴다.

　넓고 크다. 경기도청 안엔 월요일인데도 붐비지 않고 썰렁한 분위기다. 처음 와봐서 그런지 건물만 크지 사람 냄새가 풍겨오지 않는다. 높은 분들만 모이는 곳이라서 그런가, 창구에 가 방문목적을 말한다.

잘 알아듣지 못하는 접수 여직원에게 적어 온 메모지를 건넨다.

"○○○○○에서 메일이 와 직접신청서류를 써서 제출하고 싶어 방문하였습니다." 라고 말하니, 다른 부서로 전화를 건다. 담당자가 받았다고 수화기를 창구여직원이 준다.

"혹시, 기회소득 신청하려고요?"

생전 처음 신청하려고 해보는지라, 신청하려고 하는 목적을 말한다. 도청에선 일체 서류 등을 접수하지 않는다는 말을 듣는다. 아뿔싸! 잘 알아보지 않고서 방문한 것이다. 되돌아오는 길 또 헤맨다. 물어본다. 차 노선표 시간을 본다.

이번엔 올 때 경험이 있어 편의점에 가 지폐를 바꾼다. 천 원짜리로 다시 돌아오는 길, 반나절이 쉬 지나가고 있다. 소득 없이 지낸 시간이다. 아니 만나는 인연의 따뜻하고 고마운 사람들의 향기를 보았다. 인정의 미소를 보여준 고마운 마음을 선뜻 내준 20대의 젊은 고운 처자의 마음을 받았다. 다시 한번 고맙다는 말을 바람에 전한다.

나도 그런 베풂의 삶을 더 베풀어야 한다는 가르침을 마음에 다시 새겨본다. 우리 민족은 정도 많고 한도 많지만 베푸는 훌륭한 선조들의 DNA 유전자를 모두 가지고 있다. 세계인이 따라올 수 없는 DNA 유전자를 조상에게서 물려받은 민족이다. 그런 말을 따뜻한 호의를 베푼 이에게 들려주었다.

2025. 05. 28.

관포지교

　예나 지금이나 회자하고 있는 참된 우정을 나타내는 사자성어다. 생사지교, 관포지교, 천년지교, 망년지우, 망년지기, 죽마고우, 붕우유신 등 참된 우정은 세월이 흘러야 그 진가를 알 수 있게 된다. 많은 사자성어에서도 으뜸인 생사지교나 관중과 포숙의 전해지는 일화는 '불가근불가원'이라는 관계의 연 틀을 벗어난 남자들의 맹세다.

　요즘 세대에선 이해하기 힘든, 십년지교도 쉽지 않은 사자성어들의 뜻이 많이 바래진 삶의 고단함에서 오는 귀찮음 때문이 아닐까 싶다. 사자성어의 뜻을 이해하면서 나는 아니라고 부정하는 분들도 많이 있을 것이다. 읽고 쓰는 것들이 우리 이야기다.

　가끔 주식에서 실망한 후 방황할 때마다 써놨던 내용을 들춰본다. 어제도 오늘도 작별할 시간도 주지 않고서 신사임당, 세종대왕 초상화가 바람에 날아간다. 누군가 그려주고 간 그림들이 눈처럼 녹는다. 문 여는 소리 들릴 때마다 그렇게 반갑던 태백이보다도 이젠 신사임당, 세종대왕 방문이 더 반갑다.
　찾아와도 오래 이야기 나누고 가라고 하여도 님은 바쁘다고 작별 인사 없이 떠난다. 모두 떠난 밤 별이 찾아오고 달이 방문한다. 책을 편다. 책갈피에 숨어있던 링컨이, 거북선 타고 온 이순신이 책에서 나온다. 나7152호 타임머신 타고 온 세종대왕도 다시 오셨다. 나를 보면서 미국여행 가자고, 거북선 타고 조선 시대로 가자고, 타임머신 타고서 우주여행 가자고, 타고 싶고 떠나고 싶어도 내 미완성 초상화 그리고 싶어서 떠나지 못합니다.

횅 치는 소리에 눈뜬다. 찾아온 위인들께 곡차도 내놓지 못했는데, 섭섭하다고 빨리들 가신다.

평생을 함께한다는 것 이익과 재물 앞에선 단교는 쉽게 끊어진다. 삶의 부대낌에서도 웃을 수 있는 인연들 상부상조. 남은 세월 생사지교 맺고 있는 벗은…. 주위를 둘러본다. 관포지교 떠오르게 하는 벗의 얼굴 그려본다.

우리 삶은
좋은 날 행복한 날 웃는 날
만들기 위한 여정이다.
좋은 날 웃는 날만 매일 볼 수 있다면,
살다가 보면 살다가 보면
괴롭고 힘든 날도 찾아오지만
강풍이 불어도 거목은 쓰러지지 않고 부러지지 않는다
앞으론 개미들 모두에게 좋은 날 행복한 날 님들의 삶에 꽃으로 필 것이다.

2025. 05. 30.

불사조

불멸의 새 이름이다.
영원히 죽지 않는다는 신화로 탄생한 새다. 고난과 역경을 딛고서 성공한 삶을 일컬어 칭송하는 염원의 상징이다.

분한 것을 참으면 근심과 걱정을 하지 않고 참을 인 셋을 세면 화를 일으키지 않는다. 성을 내는 마음은 똑똑하지 못한 자가 도리와 이치를 모르기 때문이다. 사람의 장점과 단점은 누구에게나 있다.

옳고 그름이란 것은 보고 듣고 마음에서 나온다. 사람의 성품은 물과 같다. 성품을 옳게 가지려면 예법과 도리를 알아야 행한다고 했다. 『명심보감』 「계성」 편에 나오는 글이다.

고대사, 근대사, 현대사에서도 비견되는 인물들이 있다. 지금 대표적인 노익장을 과시하고 있는 트럼프다.
3일 후, 소설에서나 나올 삶의 길을 걸었던 봉황을 타고 창공을 나는 더 넓은 우주로 우리를 여행시켜줄 진정한 캡틴 우주호 선장이 대한민국호에 탑승하는 모습을 보게 된다. 선장의 인품이 우주를 품은 대인의 모습이었으면 좋겠다.
불사조의 명예를 얻는….

글의 욕심은 끝없는 우주를 유영한다. 샘처럼 솟아나는 물줄기를 마시면 뇌는 청량하고 맑은 빛을 게 한다.

눈이 오는 날
기다리는 마음
안개 숲이다.
오지 않는다는 것을 알면서도
웃으며 오던 길을 본다.
약속 없는 사랑에
묶인 가시관
나를 보고 웃던
너를 향하여 부르던 노래
봄 오면 다시 필런가
자작나무엔 시린
눈꽃만 피었다.

2025. 06. 01.

호국의 달

잊지 말아야 할 교훈.

달력을 본다. 6·25 날짜에 한국전쟁이라고 적혀있다.
1950년 6월 25일 새벽 4시, 탱크를 앞세워 남침한 전쟁이다.
그로 인한 피해는 지금도 아물지 않고 있는 우리들의 상처다. 영원히 치유되지 않는 동족상잔의 비극이다.

벌써 75년이란 세월이 흘렀다. 이젠, 잊힌 전쟁이 되고 있다. 2030세대는 세월호, 광주 사태는 잘 알아도 6·25는 어떻게 일어난 전쟁인지를 잊고 있다. 1947년 3월 1일 좌익 토벌이란 명분으로 1948년 4월 3일 발생한 무장봉기를 제압하는 군경과 무장대의 무력충돌에서 죄 없는 제주도민 학살사건을 일으킨 4·3 사건. 1980년 5월 18일 전두환의 집권을 위하여 무고한 광주시민을 학살한 5·18 사건 등 다시는 일어나지 말아야 하는 우리들의 비극이다.
　역사의 저술은 사실대로 알아야 다시는 이런 비극의 치유되지 않는 아픔의 피해자들이 생겨나지 않을 것이다. 호국의 달에 새겨야 할 교훈이다.

　혹

　그랬구나 그랬었구나. 그때는 정말 몰랐습니다. 전쟁이 스쳐 간 폐허엔 건질 것 없는 땅만 보고 계셨던 어머님의 눈물을. 업고, 안고 잡고도 더 잡을 손이 부족해 피눈물 흘리시던, 어떻겠든 살기 위해서 아이들을 살리기 위해서 이고 끌고 도착한 곳, 성환.
　배고프다 칭얼대는 울음소리에 얼마나 가슴 찢어지셨을까? 고왔던 손 피멍에 찢어지고 갈라지고도 행상길 나섰던 모친의 걸음, 배 아파 낳은 자식 병들까, 배앓이 할까 고생과 근심으로만 배 채우시던 모정, 두 손으로 여덟 손에 쥐여주던 먹거리, 욕 한번 매 한번 하지 않으셨던 그리움이 사무치게 파고듭니다.
　정말 몰랐습니다. 그때는 떼지도 못하고 버릴 수도 없었던 70년 넘은 세월 살고서야 붓을 들고서 이제야 알게 되었습니다.

2025. 06. 05.

📊 어부지리

'혹'이라는 글을 쓰다가 나도 모르게 눈물샘이 터졌다. 누가 볼세라, 얼른 화장실로 가 대야에 얼굴을 담근다. 아직 이런 감정이 남았구나, 말랐다고 했던 감성의 덩어리가 글의 씨앗이 되고 있다.

문득 떠오르는 지나온 세월의 앙금들, 아직도 털어내지 못하고 있는 앙금을 털어내는 방법은…. 유년기, 청년기, 장년기, 노년기, 파노라마처럼 스쳐 간다. 마치 영화의 장면처럼. 내 아버지는 누구였을까? 6·25 때 행방불명 되었다는 것을 호적등본을 보다가 알았지만 삶의 바쁨과 고달픔에 뒤돌아볼 여유가 없어 아직도 정리하지 못하고 있다.

베짱이처럼 황금기를 보내고 놓치고 개미처럼 일하다가 정말 주식개미로 바뀐 삶으로 변했다. 인생이 힘들어도 무조건 꿰맞출 수 있다고 생각했던 자신감들은 한 번 엉키니 실타래처럼 순식간에 엉켜 버린다. 풀려고 하여도 풀리지 않는 끊고 싶어도 끊어지지 않는 윤회의 사슬들이다. 이럴 때마다 책을 편다. 그러다 보면 나도 모르게 시상과 글의 문맥이 뇌에 저장된다.

오늘 현충일 달력을 보면서 문득 이런 생각이 떠오른다.

조개를 잡아먹으려던 새가 조개의 주둥이에 물려서 날아가지 못하는 것을 보고는 어부가 달려가 힘들이지 않고서 쉽게 잡았다는 속담의 사자성어다.

박씨가 문 씨에게 봉황을 잡아주었고 문씨가 윤 씨에게 넘겨준 봉황을 윤 씨는 잘 키우지 못하고 놓쳤다. 놓친 봉황은 이 씨의 품으로 날아들었다. 창과 방패를 모두 가지고도 품 안에 날아온 봉황을 놓친다면 그 또한 책임을 다하지 못하는 직무유기죄에 해당한다.

그 어떤 비유법이 필요 없는 봉황이 북악산자락으로 날아든다. 누군가 말한 20년 장기집권이 허구가 아닌 실체적 계시로 환청처럼 들려온다.

하늘을 두려워하고 민심을 두려워하면서 뼈에 새기는 고통 없는 봉황은 실망하고 다시 하늘로 날아간다.

하늘은 예측할 수 없는 비, 바람을 수시로 일으킨다. 화와 복은 언제든 인간에게 주어진다. 내일 아침의 일은 누구든 알지 못한다. 지나간 일은 밝기가 거울 같고 미래의 일은 칠흑 같은 어둠이다. 밝은 거울은 얼굴을 볼 수 있고 현재를 알려주는 양심이다.

'인간은 흙으로 돌아가기 전까지는 권력의 숨어있는 유혹을 물리치지 못하니, 끝없는 수양만이 나를 낮추게 하는 비결이다.'라고 책이 말해주고 있다.

2025. 06. 06.

📊 오만과 편견

  60년 전으로 회귀라.
  미도, 삼양, 대지, 종암, 미아리 돌산을 에워쌓고 있던 극장 이름이다. 정릉 숲을 가기 위해선 미도 극장을 1차선 도로를 내려가야 계곡으로 들어갈 수 있는 길이다. 사대문 안에 있던 명보, 단성사 피카디리 대한 낙원 상가 4층에 있던 OO극장 등에서 상영된 후 끝나면 재개봉되는 곳이 바로 미아리 돌산을 끼고 있던 극장들이었다. 종암동 실개천을 끼고 흐르던 장위천, 월계천 옆엔 애환이 섞인 여인들의 눈물들이 개울물에 떨어져 중랑천을 거쳐서 한강으로 흘러가 고향을 찾아가는 눈물들이었다.
  대공원이 들어서면서 화양리가 발전하고 중곡동 땅값이 몇십에서 몇백까지 올랐다. 그때부터 논밭이던 자갈밭이었던 곳 강남에 우후죽순처럼 빌딩들이 들어서더니 서울은 대도시의 풍경을 갖춰지게 되었다. 모래내에서 면목동까지 50번 버스를 타고 지친 몸을 끌고서 오가던 곳 그래도 한때는 잊지 못할 추억을 남긴 곳이다.
  이제는 바람처럼 흩어진 사람들의 얼굴이 하나씩 다시 떠오른다. 지금 와서 생각하니 글의 모태가 이곳에서부터 시작된 것 같다. 동고동락했던 벗들은 북망산으로 떠난 이도 있고 이름도 모르는 많은 여인의 고운 마음을 받기만 했던 철부지인 시절이었다. 그곳에서도 내 이름을 아는 이는 없었다.
  보안대를 제대한 벗 하나는 춘천고를 나왔다는 박OO은 갈 데가 없다고 하여서 wt 생활로 도와주었더니 기껏 수상하다고 OOO에 신고하여 군용트럭에 타고 가다가 책임자가 노량진 근처에서 신원을 확인하고는 곧바로 하차시켜주었던 일들이 생생하게 떠오르고 있는 오늘이다.

굴곡진 삶에서도 쓰러지지 않고서 무탈하게 하늘에서 준 세 가지 복 중 두 가지를 받고 있다. 충만한 삶인데도 아직도 부족하다고 욕심을 부리고 있는 생이다.

지금은 백 세 시대라고 하고 있다. 유년기 20년, 청년기 20년, 장년기 20년, 노년기 20년, 황혼기 20년으로 나누니 딱 맞는 말이 된다. 나는 아직 말년기를 보지 못했다. 노년기에 머무는 육체다. 요즘 기대 수명은 남자 83세 여자는 87세라고 하지만 대부분 80에서 85세 사이에 북망산 여행들 떠나시는 것을 자주 보고 있다.

천명을 타고나야 말년기를 보겠지만, 육체와 정신적 건강까지 다듬고 지킨다면 수명 또한 천신은 보게 할 것이다. 사람의 성정은 체면, 자존심, 부끄러움, 염치 등이 없거나 사라지거나 느끼지 못하는 삶이라면⋯ "체면 자존심이 밥 먹여주냐?" 하는 속담도 있지만 그만큼 무거움의 삶을 견디게 하는 것이 체면과 자존심이다. 자존심의 긍지는 곧은 대나무와 같다.

주자학에서도 선악의 심성에 대해선 뚜렷하게 후학들에게 선악설과 성선설의 답을 내놓지 못했다. 태어날 때 선한 뇌를 가지고 태어났지만, 환경에 의하여 변하는 것이 심성이기 때문이다. 상반된 학문적 설파가 성악설과 성선설의 요체다.

인간의 뇌는 사용하고 쓸수록 용량의 깊이가 커진다. 그러기에 공부란 것은 버릴 것이 하나도 없는 인성의 영양체다.

범의 모습을 화폭에 담을 수 있어도 사람의 마음은 그릴 수 없다.

친하다는 벗의 얼굴을 보면서 이야기를 나눠도 이익 앞에선 마음은 천산처럼 멀다.

사람의 마음을 앞질러서 예측할 수 없고 바닷물은 무게로 잴 수 없다.

원수를 맺는 것은 재앙의 씨를 심는 것이고 옳은 일을 하지 않고 착함을 버리면 자신을 해치게 된다.

배부르고 등 따스하면 온갖 유혹에 빠지기 쉽다.

어진 사람에게 재물이 들어오면 뜻을 손상하게 한다.

어리석은 사람에게 재물이 쌓이게 되면 허물만 더 커진다.

가난한 정신은 지혜가 짧아지고 고통과 환란을 겪지 않으면 지혜가 자라지 않는다.

시비가 있어도 듣지 말고 외면하면 내일이 편안해진다.

남에게 이웃에게 정적에게 불쾌감을 주지 않는 행동은 미운 눈길을 받지 않는다.

자신의 이름을 비석에 새기지 말고 사람의 입에 새긴다면 돌에 새긴 글자보다도 더 오랜 세월 빛난다.

복이 다하면 빈곤해 지고 권세가 다하면 원수가 된다.

자신을 아끼고 겸손하면 교만과 사치는 침범하지 않는다.

『명심보감』「성심」편에 있는 글 인용하였습니다.

2025. 06. 09

손자병법

누구나 다 알고 있는 병법서다. 하지만 다시 안다고 하여도 나무랄 데가 없는 책이다. 흰 머리카락이 많은 분의 말씀을 겸허히 듣고 공경하면 그대 또한 나이 먹어서 그대로 한 행동을 보답 받는다.

경험하지 않은 입으로 많이 안다고 하지 말고 자신의 짧음을 변명하지 말라. 흰 머리카락이 자랄 때까지 자식과 나라를 위한 늙음이다. 그대들에게 살과 뼈를 만들어주신 분들이다.

삶이 그대를 속일지라도
슬퍼하거나 노하지 말라
슬픔의 날들을 참고 견디노라면 행복한 날은
반드시 온다
마음과 기대는 미래를 보면서
지금의 시간들이 힘들고 괴롭다 하여도 시간이 모든 것을 해결하니
오늘의 아픔들도
지나가면 그리움이 된다

러시아의 문호인 푸시킨의 시다.

이런 대문호들을 많이 탄생시킨 나라가 지금 우크라이나를 침략해 일으킨 전쟁은 명분을 잃고 아수라의 모습이 되는 푸틴이다. 푸틴도 이제 70대건만 성악설의 주체자가 되고 있다. 공경받지 못하는 지도자다.

지도자의 덕목 중 하나가 신하의 머리다. 두뇌가 있는 신하가 곁에 있다면 지금처럼 우매한 무고한 자국 젊은이들의 고귀한 꽃다운 생명을 꺾지 않게 할 것이다. 재물은 나눠 줄 수 있어도 지혜는 나눠 갖지 못한다는 것을 푸틴은 모르고 있다.

러시아 본토 공격에 나선 드론은 '오사'라고 한다. 오사는 우크라이나어로 말벌을 칭하는 뜻이다. 회전날개가 4개고 성인 팔 정도의 크기다. 3㎏ 정도의 폭약을 싣고서 시속 144km로 비행하여서 러시아 전략폭격기에 자폭하였다. 전폭기 파괴액은 천문학적인 피해를 주었다. 미화로 따진다면 70억 달러가 넘는다는 주장을 우크라이나는 하고 있다.

군주는 백성을 살리는 활인의 의술을 행하는 의사와 같은 지도력을 펼쳐야 함에도 요즘 각국 지도자들의 지도력은 온갖 욕심을 보여주고 있다. 세계인들과의 더불어 살아가는 민초들의 삶의 질을 높이는 것이 아니라 그만의 집권을 늘리기 위한 침략전쟁을 일삼고 있다.

전쟁의 명문은 어디에도 없다. 오로지 파괴만 만드는 것이 전쟁이다. 침략해도 이겨야 되고 이기는 것이 곧바로 명분이 되기 때문이다. 이기는 전쟁을 하기 위해선 전술법이 꼭 필요하다.

그중 대표적 병서가 『손자병법』이라고 전해지고 있는 책이다. 삼십육계로 짜인 전술 중 하나가 삽십육계다. 후일을 도모하기 위한 일보 전진에서 이보 후퇴와 같은 이치다. '이길 수 없으면 도망쳐라'다. 현대 전쟁에서는 이런 전술들이 필요하진 않겠지만 빠르고 강한 무기들의 성능이 전쟁의 판도를 바꿔놓지만 현대의 빠른 무기들도 결국은 인간의 뇌에서 손으로 전해져 쓰기 때문에 그 한계의 끝은 없다.

기원전에서 일어났던 그 유명한 전술 중 하나인 트로이의 목마 전술이 지금 21세기에서도 보여줬다. 바로 우크라이나의 드론 작전이다. 허허실실을 이용하여서 적진 깊숙이 러시아 운전사가 운전하는 대형트럭으로 조립식 자재를 이용하여 드론을 싣고가게 하여서 폭격기 수십 대를 일거에 폭파한 작전명 말벌이다.

 2차대전 일본이 가미카제 작전으로 진주만을 기습 습격하여서 정박해있던 미. 항공모함과. 비행기들을 폭격하여 진주만을 초토화한 작전을 본떠서 연구한 현대전 전술은 『손자병법』을 뛰어넘는 전술을 펼쳤다. 그러면서도 최소한의 인명을 해치지 않고서 전술의 성과를 극대화 시켰다.

 북한의 침략으로 동족상잔의 비극을 겪었던 전쟁 기간이 무려 3년이었다. 1950년 6월 25일 북한의 침략으로 일어나서 1953년 7월 27일 휴전 정전 서명 때까지 그 긴시간 동안에 얼마나 많은 이름 모를 죽음들이 억울한 한이 아직도 잠들지 못하고 있는 경험들을 우리는 안고들 살아가고 있다.

 우크라이나 전쟁은 아직도 연일 포성이 울리고 있다. 우리나라의 전쟁 기간보다도 더 길게 이어지고 있다. 보복과 보복 역습과 역습에 의한 피해는 고스란히 힘없는 생명을 오늘도 뺏어가고 있다. 현대전을 영화의 한 장면처럼 우리는 TV로 뉴스로 생생히 보고 듣고 읽고 있다. 어느새 우리는 내 전쟁이 아닌데 하는 감성의 무감각으로 변하고 있다.

 용의 이빨을 뽑고 여의주를 취한 집념의 광기가 수정의 결정체를 만들고 봉황을 잡았다. 미·한 정상에서 민주주의 손으로 뽑은 지도자들의 지도력을 지금 우리는 보고 있다.

 미국 LA에서는 지금 최루탄 냄새가 퍼지고 군화가 시가지를 울리고 있다는 소식, 불법 이민자 색출을 위해서라는 소식, 일류국가면서 민주주의 국가인 대국 미국에서도 자국 이익만을 위한 법 집행을 하기 위한 통제 정책을 세계의 눈은 보고 있다.

2025. 06. 13

기부의 문화

이 깊은 상처의 마음을
짓누르고 있는 어깨의 무거움을
나를 보고 있는 꽃이 안다면
새들이 안다면
하늘에 떠 있는 달과 별이 안다면
꽃과 새도 달과 별도
알지 못한다.

삶이란 사리사욕없이 베풂과 나눔의 행동을 하는 것이 봉사다. 하고 나면 심신이 밝아진다. 기부란 것은 물질로만 행할 수 있는 것이 아니다. 작은 선행부터 작은 1원부터 할 수 있다.

혹시, 1원이라는 금액이 무슨 기부냐? 노인네 들고 가는 짐이 무거워 보여서 잠깐 들어다 줬는데, 무슨 그런 일이 선행이냐? 의자에 앉아 있는 내 앞에 몸이 불편하거나 나보다 연로하신 분이 서 계시다. 그 모습을 보면서 마음이 불편해진다.

매일 출퇴근에 시달리느라 나도 피곤한데, 어쩔 수 없어 일어나기가 싫었지만 양보했을 뿐인데 그게 무슨 선행이냐고 하는데 힘들어 하시는 분에게 자리를 양보한 것도 선행의 기부다.

2025. 06. 15.

📊 선행의 기부

　선행은 백 년을 베풀고 어려운 이들을 백 년 동안 도와도 티끌보다도 더 작게 쌓아진다. 악행은 1초에도 순식간에 높은 성만큼 높은 산만큼 금방 쌓을 수 있다. 내가 하는 일이 선행인지를 생각하는 것이 아니라 뇌가 시킨 손발이 근성각에서 나온 말이 나눠주고 도와주고 하는 것이 선행의 덕이다.

　나도 모르게 좋은 일을 하는 것이 선행의 덕을 쌓아가는 인생의 탑이다. 나도 남들만큼 쌓는 것이 있다. 마음의 선행이다.

　때론….

　내줄 수 있는 것이 많지 않아서 신사임당, 세종대왕 초상화를 나눠주지 못하고 있어도 언제든 작은 행동으로 양보하고 있다면 나눠주고 이웃에게 눈살찌푸리지 않는 행동 하면서 길 묻는 사람들에게 친절하게 알려주려고 하는 행동을 마음이 늘 시키고 있기 때문이다. 또 이곳에 많은 글을 올리고 있는 것도 천신이 시키고 있는 나만의 글 기부라는 생각을 하고 있다.

　글 기부라는 생각을 하니 왠지 쑥스럽다. 그럴 때마다 용기를 내어서 자신을 독려한다.

주식 종목 선정하고 찾아내고 하여서 개미들에게 "이 종목 매수하세요. 많은 수익을 올릴 수 있습니다."하고 종목을 올리고 싶은 충동도 여러 번 있었다. 때론 생각한 종목 주가가 오르기도 했다. 아, 이런 종목을 증시 토론에다가 올렸더라면 하는 아쉬움도 있다. 그러나 대부분 생각한 종목 주가는…. 늘 고전하는 주식투자를 지금도 하고 있다. 그래선지 종목 알리기가 두려워서….

5,000p 시대를 열겠다고 하시는 말씀을 들었다. 옛날 속담엔 백성의 가난은 나라가 해결할 수 없다고 했다. 군주가 지도력이 없어서가 아니라 베풀 곳간에 재물이 없었기 때문이다. 지금 시대는 문명의 발달로 복지정책 또한 충분한 여력의 기술과 힘을 갖추고 있다. 복지의 베풂을 전 국민에게 베풀 수 있는 지도력도 큰 선행의 탑이다.

그런데 주식시장 지수 5,000p 만큼은 지도자가 만드는 것이 아니다. 모든 여건의 합치하에서 국제 정세와 기업의 힘이 모이고 각국의 투자자와 워런 버핏 같은 굵직한 투자자가 모여들고 국내의 외인 기관 투신 금융권의 투자 열기가 살아나야 이룰 수 있지만, 설령 지수가 5,000p 이상 오른다고 하여도 상장된 종목 모든 주가가 오르진 않는다. 중소형 종목에 많이 투자하고 있는 개미들은 수익 또한?

3년 6개월 전 문재인 정부 때 3,100p까지 지수가 올랐다가 산이 높으면 골이 깊다는 말을 확인시켰다. 이때 생겨난 투자자들이 동학개미라는 칭호를 지금 얻고 있다. 불같이 일어난 동학혁명을 본떠서 생겨난 별명이다. 지수가 다시 폭락하면서 주식투자에 쓴맛을 본 개미들이 해외 증시로 눈을 돌리니 미국 증시에 베팅 투자가 늘었고 테슬라, 엔비디아, 인공ai칩 등 각종 종목 투자로 수익 올린다는 뉴스가 많이 뜨자 일명 서학 개미라는 칭호로 지금도 불리고 있다.

동학 개미, 서학 개미, 중학 개미, 일학 개미 등으로 왜 개미라는 수식어가 꼭 따를까? 전업, 일반, 전문 주식투자자로 분리되는 뜻이겠지만 동물의 세계에서 개미만큼 숫자가 많은 개체는 지구 어디에도 없다. 쉽게 많이 낳고 쉽게 많이 죽는 먹이 사슬의 최하층으로 분류되고 있는 것이 개미 개체다. 그런 비유의 뜻이 담긴 주식투자 삶이다.

그런 삶을 30년 넘게 이어오고 있다. 성공 종목이 20%도 안 되는 투자를 지금도 하고 있는데, 어찌 이곳에다가 종목명을….

한때는 나도 고수라는 칭호를 게시창 덕분에 들었다. '성환친구 주식 고수다.' 라고 말이다.

5,000p 지수가 도달하면 국내 모든 경제 여건이 세계 톱 순위에 드는 것이다. 주식투자자만이 아니라 모든 사람이 반길 수 있는 일이 벌어지는 것이다. 지수가 목표에 도달하든 아니든 지수를 놓고 지도자를 평가하는 잣대가 되어선 안 된다. 주식투자 성공 투자 염원을 담은 증시를 보는 안타까운 마음이 지도자의 마음에서 우러나 나온 말씀이실 것이다.

모든 기업이 국가와 합심일치 대동단결 될 때 그 경제의 힘은 지수 일만 피를 넘어서는 국가적 지각변동이 일어날 것이다. 국제적 내로라하는 워런 버핏 같은 거물급이 한국 증시로 돈 싸 들고 올 수 있게, 정치의 지도력이 돋보일 때 이뤄질 수 있는 증시 꿈의 시대가 열릴 것이다.

그때는 우리 문화가 기부 문화도 한 축의 힘으로 이뤄낼 수 있다는 생각을 하고 있다.

할 수 있다고! 이뤄낼 수 있다고!

2025. 06. 15.

📊 삶의 회상

　메일을 본다. 5월 13일 관심주 카카오가 35% 올라있다. 한국콜마 또한 40% 올라있다. 어제 메일 온 대우건설은 4%가 하락하고 있는 종목을 살펴보다가 시황 뉴스 등 시류의 불안정한 국제적 시황들을 읽는다. 중동의 정세가 불안정하니 원유시세가 뛰어오른다. 거기다가 방산주 또한 동참한다. 선거철엔 정치 테마주가 기승을 부리다가 주가는 반 토막 이상 넘게 떨어진 종목도 보고 있다.

　어떤 종목이든 테마주는 그때그때 시류에 편승하다가 떨어진다. 주식의 주가는 세력의 입김이 불면 고공으로 치솟다가 별안간 추락한다. 마치 유성처럼 변하는 것이 주가의 생리다. 많은 세월 매수목록을 보면, 씁쓸하다.

　더운 여름이 있어야 곡식알은 알차게 여문다. 더운 여름이 있어야 천고마비의 하늘도 보면서 찰지게 영근 곡식알을 수확하는 기쁨을 누리고 풍요의 곡식알들이 삶을 윤택하게 만들어주는 사계절의 하늘이 주는 천혜의 은혜를 받는 우리다.

　많은 것을 안다고 했던 것들이 자연을 보고 있으면 작아진다. 생로병사를 거치지 않는 삶은 없다. 김형석 노학자님처럼 100년을 넘게 이승의 하늘을 본다는 것도 천신의 은총이 있고 자신 스스로가 자신을 사랑하는 육체를 사랑하는 마음과 몸을 가져야 수명 100년 이상의 하늘을 볼 수 있다.

　건강을 지켜야 그리고 올바른 행실의 옷을 입어야 사람다운 사람의 모습으로 살다가는 인생의 모습이 아닐까 싶다는 생각하고 있다.

요즘 이름을 알리고 있는 인물들이다. 하메네이, 네타냐후, 푸틴, 트럼프, 김정은 대표적 이름들이다. 그런 이름을 연상하면 무기, 전쟁 미치광이들이란 연상어가 먼저 떠오르게 하고 있다.

21세기에서 일어나고 있는 전쟁을 일으키고 있는 주도자들이다. 우리 시대에서 지금 시대에서 읽히고 있는 이름들은 명예를 잃은 이름들이다. 평화보다는 어쩌면 전쟁을 사랑하는 불명예스러운 지도자들의 화상이다. 한글을 창조하신 분은, 세종대왕이요.

"페니실린 지금 인간의 수명을 높게 만들어준 기적의 약을 찾아낸 생리학자는?"

"플레밍이요."

"거북선을 만들어서 왜군을 물리친 우리의 명장은?"

"이순신 장군이요."

슬픈 역사의 인물이지만, 신라와 백제의 황산벌 전투에서 숨진? 계백 장군과 신라의 화랑 관창이라는 이름 뒤엔 받는 명예다. 미국 역사상 위대한 칭호와 존경을 받는 지도자들의 이름을 떠올리면 흑인노예제도를 없앤 링컨이 있다. 국가가 나를 위해서 무엇을 해주기 전에 내가 국가를 위해서 무엇을 먼저 해야 할 것인지를 먼저 생각하라고 말한 케네디 님들의 이름은 지금도 공부하는 젊은이들의 삶의 지표가 되고 있다.

우리 속담에는 부자는 망해도 3년 먹을 것은 있다고 했다. 하지만 현명한 선조들과 조상들은 재물보다는 지식을 심어주시는 삶을 살아오신 분들이 많이 계시다. 재물은 자손에게 남겨주어도 지키는 자손이 많지 않기 때문이다. 인격을 높이고 명예를 얻게 하는 것은 서책이라고 말씀들 하셨다.

  규범과 모범이 되는 서책 또한 읽어보고 행하라고 하여도 다 읽지 않으니 재물과 책을 유산으로 남겨주느니 차라리 내 시대에서 내가 공덕을 많이 쌓아 놓으면 북망산 여행 갈 때 후손을 위한 일이 될 것이라고 말씀들 남기시고 떠나셨다.

  베풂과 나눔을 행하고 의리를 지키고 이웃과 나라에 해 되는 일과 행동을 저지르지 않으면
  자손에게도 해 되지 않으며 착한 일과 모범적 삶을 보이면 보는 이 또한 나와 같은 일을 하게 된다.

  일일일선을 행하면 재물은 많이 쌓을 수 없으나 화는 오지 않는다.
  일일악선을 저지르게 되면 오는 복도 달아나고 주어진 재물의 유산 또한 잃게 된다.
  악은 마치 숫돌에 가는 칼날과 같다.
  천명에 순응하고 역천을 하지 말라. 마음에 참됨이 있으면 행실 또한 바르다.
  근성각에서 나오는 말은 하늘도 듣고 있다. 그대의 말과 행동이 어둠은 속일 수 있어도 천신은 속일 수 없다. 이에 장자 또한 이렇게 답하신다.
  "위선으로 세상을 속이고 집권의 야욕으로 백성을 죽이고 권력의 힘이 아무리 세다고 하여도
  하늘은 분명하게 악행을 저지른 자에게 죽음 또한 내릴 것이다. 작은 잘못은 인간이 벌을 주지만 큰 죄는 하늘이 벌한다."
  이에 공자 또한 답하신다.
  "재물의 많고 적음은 내가 쌓을 수 있지만 죽고 사는 것은 하늘의 뜻에 달려있다. 부질없이 바쁘게 움직이지 말고 분수에 맞게 처신하면 화는 멀어

지고 복은 찾아온다. 때가 되면 노력은 순풍을 만난다."

이에 열자는 이렇게 답한다.

"어리석고 우매한 자도 조상의 덕으로 별안간 일확천금을 얻어 부자가 되어도 지혜와 총명이 모자라면 지킬 수 없고 잃어진다. 운수는 때와 시가 주어지니 부귀는 사람이 만들 수 있으나 명예는 하늘이 주는 것이다. 부모와 어른을 공경하고 모시는 것은 자식이 된 도리며 내가 부모와 어른에게 효도하지 않고 불경으로 대하면 어찌 내 자식에게 효와 공경하라고 할 수 있는가?"

효로 부모를 모시면 나 또한 자식에게 효를 받는 부모가 되니 불효한 자는 불효한 자식을 낳는다. 부모의 착한 행동을 보면서 자식도 착함의 행동을 하게 된다는 선행은 이와 같은 이치다. 착함의 행동을 보고 자라면 착한 사람이 되고 악한 행동의 부모를 보면 악한 사람이 되는 것이 자식이다.

이에 태공 또한 "자신을 귀하게 여기고 이웃을 천하다고 생각하지 말라. 가진 것이 많다고 배운 것이 많다고 아는 것이 많다고 없는 자를 비웃지 말라. 자신의 힘을 믿고서 경거망동하지 말라. 대장부는 약자를 괴롭히지 않고 남의 잘못은 용서해줘도 나의 잘못은 스스로 용서하지 않는다. 남의 허물은 보거나 들어도 입으로 말하지 말라. 나를 비방하는 소리를 들으면 귀를 막고 성내지 말라. 악한 일을 함께하자고 유혹하고 협박해도 함께하지 말라. 악한 것을 보면 내 육체에 가시가 있다고 생각하라. 나의 단점을 알려주는 이는 곧 스승이라고 생각하라. 삶의 즐거움을 만들려면 욕망, 욕심,탐욕, 도박,마약을 멀리하면 근심 또한 멀어진다. 근심이 멀어지면 삶은 웃음꽃이 핀다."

이에 공자 왈

"건강을 지켜야 모든 것을 행할 수 있다고 하신다. 어릴 적 유년기엔 혈기가 약한지라 경계 할 것이 여색이오. 청년기엔 혈기가 왕성하고 몸이 강성해 주먹이 강하다는 의식이 싸움을 유혹하니 남과 다투는 것을 경계하고 노년에 이르면 혈기의 정열도 함께 늙어지니 경계할 것이 탐욕이다."

이에 손진인 또한 질세라 한 말씀 하신다.

"성냄을 자주하게 되면 기운이 상한다. 집착의 생각이 많아지면 육체를 상하게 한다. 기운이 약하면 병이 자주 찾아온다. 정신이 피곤하면 마음이 헝클어진다. 이에 슬픔과 기쁨을 자주 나타내지 말고 음주와 식탐을 멀리하고 특히 화냄과 성냄을 새벽이나, 오전에 하지 말라. 성냄을 자제하면 정신과 육신은 더욱 건강해진다. 마음가짐을 착하게 하면 많은 책을 읽지 않더라도 덕을 쌓는 삶이 된다 상쾌한 마음은 맑음을 편한 수면을 취하게 한다. 욕심의 자제를 매일 물 마시듯이 하면 100세 수명 또한 자연히 따라온다."

명심보감에서 인용 참조 수정하였음.

2025. 06. 19.

📈 상한가 함정

주식, 코인 초보라면 주식시장 최고 종목 3개만 골라 투자하라. 이것저것 접하다 보면 판단 흐려져 실패하는 투자 될 수 있다.

'선자불래 내자불선'이라 했던 이에게서 매일 두 종목을 보내온다. 상한가, 때론 보내오는 종목 중에서 보았다. 어제오늘 두 종목 고민하다가 반반의 확률 생각하면서 매수하였다.

"고의든 아니든 원망 많이 들으시겠습니다."라고 문자를 보냈다. 투자하다가 보면 일당으론 만족 못 하는 것이 주식투자다. 운이 좋아서 매수한 종목 상한가 안착해도 세력이 끌어올린 종목이라면 그 다음 날 하락세로 시초가 되는 경우도 많이 발생하는 것이 주가다.

　내가 내일 오를 종목 두 종목 이름도 모르는 개미들에게 보낸다면, 개미는 모르는 이에게서 오는 종목 매수할까? 2~3일 보내준 종목 오르거나 때론 상한가 가는 종목 있고 널뛰기하다가 내리는 종목도 있다면, 그렇게 며칠 보고만 있게 될까?
　백 퍼센트 믿음은 아니었지만 그래도 혹시 하고 매수에 나섰다. 보내는 종목마다 다음 날 주가 시초가는 10%에서 20% 상승으로 시작한다. 10% 오른 시초가라 하여도 상한가만 간다면 하는 생각 하면서 매수한다. 시초가 후부터 매숫값보다 높게 형성되었다가 떨어진다면 수익보고 나오겠지만, 시초가 높게 형성 후 곧바로 하락으로 돌아선다면, '어어!' 하다가 순식간 몇%는 손실 보게 된다.
　보통의 개미들은 매숫값보다 4~5% 떨어져도 손절하지 못하고 쩔쩔맨다. 주가의 급등락 매매량 터지고 순식간 2~3% 오르락내리락 주가 보고 있으면 곧 상한가 갈 수도 있다는 생각을 하게 되고 그러다가 곧바로 7~8% 추락하는 주가를 보면 망연자실하면서도 내일은 오르겠지 하는 생각에 끝내 손절매하지 못하고 장투 가게 된다.

　오르는 주가를 보고 매수하라는 격언은 유혹의 말이다. 희망의 씨앗, 종잣돈 만들어 주식, 코인 기대는 마음 실망감으로 바뀌는 것은 순식간이다. 어떤 광고지를 뿌리든 알리든 상한가 종목 만들기 위해선 선취매 해서 포섭하고 매수자 끌어들이는 작업 한다. 매수 후, 전일 장 마감 후부터 시장 외 주가 올려놓고 다음 날 시초가부터 캡 상승시켜 개미 매수자들 몰리면 급등락 연출 후부터 주가 하락한다.

　주가의 등락 보면서 개미는 관성의 법칙 생각하면서 자동적 추격 매수자가 된다. 주가 띄우기 위해선 자전매매 활발하게 이뤄진다. 현 정부 들어 주가조작이란 말 사라졌다. 주식투자 누굴 탓할 수 없다만은, 왠지….

　많은 종목이 오르는 유형도 변했다. 증시 오래 보았던 눈 경험자라고 하여도 해태 눈 된다. 매번 변하는 종목 주가 예측한다는 것 더 힘들게 변한 지금 증시다. 창피하지만 인연주도 7전 7패다. 매일 쉬지 않고 매매했지만 2021년 1월부터 6월 1일까지 마이너스 계좌다.
　그만큼 지금 지수대는 3,000p가 넘었지만, 코스피, 코스닥 매매가 점점 갈수록 힘들어지는 징후다. 요즘 증시 예리하게 살피는 개미 있다면 개별주 울상이라는 것 알 수 있다. 해태 눈 아니라면, 증시 부정적이다, 긍적적이다. 하는 논리도 각자의 생각이다. 많은 것 알리려는 것은….
　투자의 노력 허무란 것을 알면서도 내일은 오늘의 경험 토대로 매수한다면, 수익에 대한 기대
　하면서 증시 창을 볼 것이다. 그러기를 반복하면서 폭락장, 폭등장 보았다. 2020년 폭락장에서도 계좌는 웃음과 울음 반반이었다. 때론 3천~4천 깨져도 복구하고 다시 잃고를 반복했지만 지금 증시에선 힘을 못 쓰는 투자다.
　지금 증시 아니 앞으로 증시는 한 번 대폭락으로 뒤집힐 수도 있다. 전문가들은 후반기에 강세장 될 것이라는 예고 많이 내놓는다. 강세장이든 약세장이든 가는 종목 갈 확률 또한 높다. 삼성전자 십만 전자 될 것이다. 십만 전자 만드는 것 외인, 기관이 아니라 개미

와 2030이다. 2030이여, 주식을 하고 싶다면 푼돈이라도 십만 전자 희망 품고 견뎌라. 미수 신용 쓰지 말고.

한동안 보이지 않던 말벗이 찾아왔다.
그동안 안 보이길래 궁금했다.
"뭐, 어디 아팠나요?"
"수술했어요."
"어디?"
수술한 다리를 보여준다. 약 15cm 수술 자국이 선명하다. 다리뼈에 염증 생겨 수술했다고 한다.
"건강은 어떠세요?"
괜찮다고 하면서 인사드리러 왔다고 한다. 이상한 예감이 들었다. 갑자기 무슨 인사를? 이사한다고 한다. 고향을 두고 어디로? 해남으로 간다고 한다.
"해남요."
"왜요? 내일 점심이라도 함께하고 가세요?"
이사 날짜 잡혀서 작별인사를 말한다.
이제 가면 이별이다. 돌아서는 눈가 촉촉하다.
남은 생 터 잡은 곳에서 행복하시기를 빕니다.

2021. 06. 02.

📊 개미 혼돈의 테마주

  6월의 하늘을 본다. 생애 다시 오지 않을 날인데도 매일 보는 날들이라 무심코 보낸다. 헛되게 보낸 날들이 나를 본다. 나는 무엇을 해야 할까?
  무엇을 해야 하는가가 아니라 습관화된 일상적 습관은 컴퓨터를 켠다. 증시 창을 본다. 빨갛고 파란 종목들 주가의 방향에 조바심이다. 주식을 알면 알수록 심연이다. 길흉화복, 생로병사, 노력 타고난 운과 복이다.

  재물의 높이 얼마나 쌓아야 만족한 삶일까? 보듬을 능력은 부족하면서도 생색내는 분들 많다. 호주머니는 닫고 챙기면서 남의 곳간 재물로 선심 쓴다. 양당, 양대 뉴스가 여론을 만들고 여론이 간격의 폭을 좁힌다. 정치 이슈에 민감해지는 것은 기득권으로 인한 테마주 열풍 분다.
  개미는 어떤 종목이 누구 테마주로 편승할지 모른다. 나도 모른다. 어느 날 유력 주자 행보에 따라서 널뛰기하고 종목 바라보는 눈 한숨 쉰다. 누구 편승한 종목은 한참 올랐다가 쉬고 있다. 세간 우스갯소리로 지금 패왕은 누가 일등공신이었고 다음 패왕은 누가 일등공신일 거라고 한다. 천운이 만들어주는 자리다.

  이슈로 만들어지던 세력이 만들던, 열풍의 테마주가 탄생할 것은 뻔하다. 그런 종목 선취매 하는 방법을 알고 있다면, 정치인 테마주는 하반기 최대 이슈로 갇혀 있는 박스권 증시를 쥐락펴락할 것이다.

가치와는 무관하게 테마주 열풍에 늘 엇박자 나는 주식투자다.

십만 전자라는 말 무성하다. 수장 사면에 따라서 주가의 향방은 요동칠 것이다.

형평의 중요성보다도 국익에 도움된다면 패왕은 수용할 용기가 있어야 진정한 패왕이다. 명분과 시기, 때 다 놓쳤다. 뜨드미지근한 맛 보고 있다. 이래도 저래도 고민이다. 시간의 계륵이 웃는다.

젊은이들의 이탈이 가져오는 파장, 군 기강의 해이를 보면서 누구를 탓할까? 사회적 슬픔은 개인의 것이 아니라 모두의 것이다. 인생을 살면서 주자십회를 잊고 오륜을 망각하면서 아니 외면하면서 가르쳐 주는 이들 없는데, 소크라테스에게 '너 자신을 알라'고 외치는 시대다.

주식투자로 많은 시간을 소비했다. 지금도 알면서도 소비하고 있다.

증시에 대한 열망 성투에 대한 집착 노력이라고 미화하면서 누구보다도 더 열정적으로 매달렸다. 누군가 성투했다고 하는 말 들으면서 할 수 있다고 자신의 최면에 빠지기도 했다. 매매일지를 보면서 증시 창을 보면서 단타, 초단타, 중투로 투자 극대화를 위한 고민하면서 밤을 밝히기도 했다.

그래도 때론 상한가 가는 종목도 매수할 때도 있었다. 그런 우연들이 계속 따라준다면 얼마나 좋을까? 오늘 설령 실패의 투자가 되어도 내일은 오늘의 경험 토대로 수익에 대한 기대로 증시 창을 본다. 그러기를 반복하게 되는 것이 주식투자의 덫이다. 결국, 투자의 노력이 무용지물이 된다는 것은….

설명하고 글을 써도 돌 던지는 이가 더 많다. 듣는 것도 나의 운명이라고 생각한다. 살아온 세월이 '너 자신을 알라'고 하고 있다.

공매도의 편협성이 다시 잠잠해졌다. 미 증시에선 am엔터테인먼트 주가 2,800% 폭등, 헤지펀드 공매도 세력에 대항한 개미들의 반란으로 뭉친 돈의 위력이다. 그런 판들이 우리 증시에서 나올까?

개미들이 "사다리 올라가다가 너무 높아요." 하고 밑을 볼 때는 사다리가 보이지 않는다. 그래서 생긴 말이 추락하는 것은 날개가 없다. 2030세대여, 잔소리하는 어른들이 주위에 많을 때가 그대들의 행복의 요소를 만드는 감초다. 겸허, 양보, 미덕, 도덕 윤리로 무장하고 뇌를 깨워라. 개혁은 인성을 깨우게 하는 것이다.

2021. 06. 05.

삼류 개미의 한계

오늘은 모처럼 찌푸렸던 얼굴을 웃게 하는 증시다. 매일 모두를 웃게 만들어 주는 주식투자가 되었으면 얼마나 좋을까 생각한다.

요즘 증시 흐름은 정말 무겁게 흐르고 있다. 앞으로도 어떤 방향으로 흘러갈지는 아무도 모른다. 예측하기도 힘든 증시에서도 이곳 방문하는 개미들은 다들 잘하고 있는 것 같다. 나만 힘들게 투자하고 있는 것일까?

힘을 하나로 묶지 못하는 정당이 어찌 패왕의 별을 만든다고 할 수 있나? 하나로 모아도 부족한 힘일 텐데도 자가당착에 빠지고 있는 것 같다. 본인이 정권을 잡으면 만인을 편하게 만드는 만병통치를 할 수 있다는 아집이 자충수를 두는 병을 만든다는 것을 모른다. 알고도 묵인인지, 모르고 만드는 정책인지 헷갈리게 하는 정책들을 보게 된다.

 이만큼 국가가 복지제도를 잘하고 있는데 무슨, 불만이 많냐고 하는 관리들도 많다. 인간관계나 사회 구조를 순리적으로 풀지 않고서 법의 잣대로만 운영한다면 답은 나오지만, 감정의 골은 해결되지 않는다. 악순환으로 가는 경우가 많이 발생하게 된다.

 책을 많이 읽는 분과 대화 중 천안함에 대한 침몰 원인에 대한 질문을 많았다. 내 생각하고는 정반대의 질문이었다. 토론도 때론 주제의 답을 의견일치로 만들어 가는 것이 아니라 감정의 골을 파이게 하기도 한다. 지금까지 보아온 정당, 정치 토론에서 많이 보고 배웠다.
 불혹 때라면 내 주장대로만 생각하고 상대방 주장이 옳아도 고개 숙이기 싫어서 말다툼의 원인으로 변하는 것이 우리 토론 문화였다고 생각한다. 지금의 2030세대는 똑똑하고 현명하다. 역대 대표 중 정당은 최연소 타이틀이란 수식어가 탄생할 수도 있다.
 그러나 자신을 모르고 욕심이 과하면 대표의 자리는 시한폭탄이 되는 자리다. 그만큼 무겁고 책임이 동반하는 자리다. 자신을 때론 속아주는 지혜가 많이 필요한 자리다. 자신을 낮추는 현명함은 무리의 마음과 존중과 믿음을 얻는다. 주자십회 삼강오륜의 뜻을 펼치면 모두를 위하는 정치의 맛 만들었으면 좋겠다.

 바이오, 제약주, K-방역 띄웠던 종목들 주가 보면 참혹하다. 주가는 오르고 내리는 생물과 같다고 했지만, 꼭지 물린 개미들은 지금 어떤 심정일까?

　세간엔 많은 이슈가 나온다. 다양한 생각들일 것이다. 이슈들은 자신의 합리화로 고정되기도 한다. 자신에 대한 불리한 말이 나오면 추종자들은 벌떼처럼 달려든다. 많은 것들에서 토론의 상대는 없다. 자신에게 이로운 말이 아니면 언제 그랬냐는 듯이 말 바꾸기로 변한다. 다양한 목소리를 내는 사회가 건강한 사회지만 억지 논리를 펴는 강자였던 자리에 있던 분들은 2030세대의 힘을 생각해야 할 때다.

2021. 06. 10.

주식 대박과 상폐

　시시각각 변하는 증시 위기든 기회든 주어진다. 한 번 맞고 KO 된다면 개미들 포기할 것이다. 주식투자가 무서운 것은 주가가 내리는 것이 아니라 거래정지 되거나 상폐되는 종목 매수하는 것이다.

　주식투자 최대의 적은 초조함과 급한 자금이다. 아시아나 거래정지 큐리언트 거래정지. 두 종목 다 이유가 있지만 아시아나는 상폐 위기가 적다고 본다. 그러나 큐리언트는…. 확실한 것은 나중 알게 되겠지만, 요즘 증시 상장주는 고가 주라고 하여도 안심주가 되지 못한다. 큐리언트 주가도 3만 원대. 시황 살펴본다고 하여도 기업 분석을 다 하면서 투자하지 못하는 것이 개미의 주식투자.

그만큼 금감원의 증시에 대한 위험 요소를 미리 감지하여 개미들을 보호해야 하지만 개미 투자자 보호 울타리는 늘 소 잃고 외양간 고치고 있다.

오늘도 스팩주는 날아다녔다. 개미들 보유 물량 털려고 겁나게 주가를 하락시키더니 때가 되었는지 연 3일 상한가 아니면 고공 주가다.
주식은 많이 알아도 탈 몰라도 탈이다. 배움은 끝이 없다지만 주식투자는 끝이 있다. 인생도 주식과 같다는 것을 배우고 있다. 제대로 된 종목 하나 매수하기 위해선 때론 일구일피가 될 때도 있다. 종목 매매량 흔드는 세력들 대응한다는 것 말은 쉽지만, 보유주가 계속 하락할 때 물량까지 나오면 견디기 힘들다. 급한 자금으로 투자했거나 종목을 못 믿으면서도 매수했거나 할 때 계속 버틴다는 것은 자금력이 풍부하거나 세력이거나 고수 아니면 견디기 힘들다. 종일 하락하다가 장 마감 때 3~4% 반등시키는 스팩주 보고 버텼더니 결국 6월 손실분을 만회하였다.
그러나 매도하니 비웃고 상한가 안착이다. 주식투자 계속하려면 매도 후 다른 종목 찾아야 하는데 종목 찾기가 예전 같지 않다. 불기둥 솟는 종목 매수한다는 것 쉽지 않은 장세다. 천스닥이라 하여 모든 종목이 다 오르는 것 아니다. 거래정지 된 종목 보유하고 있는 개미들 심정 당해보지 않으면 이해하지 못한다. 오늘은 나지만 내일은 당신이라고 되지 않는다는 보장 없는 것이 주식투자다.

전문가라고 리딩하는 조언자들 유료주, 무료주, 리딩 종목 쫓아갔다간…. 여러 곳에서 보내오는 종목 보게 되면 누가 고수인지 판명난다.

그러나 절대로 맹목적 매수는 실패의 지름길이다. 주가를 올리기 위해선 세력도 필요하지만 관성의 법칙 이용한 지남철 위용을 보여야만 추종자 몰려 상한가 안착한다. 유료주 리딩하는 문자들, 매수가, 수량, 투자금 비율이 아니라 일률적 투자금의 5%~10%다.

유료 개미들의 원성 이유를 알 것 같다.

살다가 보면 많은 것들이 엇박자 난다. 하나하나가 엉키기 시작하면 머피의 법칙이 따라온다. 한 번 엉킨 주식투자 실타래처럼 풀기가 쉽지 않다.

전문가들을 만나러 (자칭 전문가라고 하는) 동분서주다. 돈을 벌게 해주겠다고 하는데, 찾아가지 않을 이유 있겠나? 얼굴 마주 보고 정말로 주식투자로 돈을 벌게 해주겠다고 하면, 그들이 원하는 100만, 500만 못 주겠는가? 500만 원 주고 5,000만 원 벌게 해주겠다는데, 주식투자 안 할 사람 있는지 묻고 싶다.

그래서 직접 얼굴을 보고 이야기를 듣고 확인하고 성투기 쓰려고 찾아다녔지만…. 동분서주하던 중 만나지 못하고 전철을 탄다. 우연히 옆자리 앉은 여성 내가 쓰는 글을 쳐다보길래 "읽어보세요. 주식에 대한 글이에요." 하니 자신도 주식 공부하고 있다고 한다. 내가 쓴 글 판매되고 있다고 하니 사보겠다고 한다. 말이라도 고맙다.

사람의 숨이란 3분이면 생사가 갈린다. 매일 주어지는 시간에서 많은 것을 바라지 않는다고 하여도 서 있으면 앉고 싶고 앉아 있으면 눕고 싶은 것이 사람의 마음이다. 주식투자 또한 대박의 꿈을 이루기 위해서 많은 개미는 오늘도 열심히 공부하고 있을 것이다.

그러나 주식이나, 코인이나 투자의 댓가가 상폐라면, 인생에서 누구든 실수는 하고 산다. 실수 후부터 오뚝이가 되기 위해선 걷는 길.

한용운 님의 시가 떠오른다.
내가 당신을 사랑하는 까닭은
다른 사람은, 나의 홍안만을 사랑하지만
당신은, 나의 백발까지 사랑합니다.
다른 사람은 나의 미소만을 사랑하지만
당신은 나의 눈물까지 사랑합니다.
다른 사람은 나의 건강만을 사랑하지만
당신은, 나의 죽음까지도 사랑합니다.
내가, 당신을 사랑하는 까닭입니다.

이 좋은 날에 날벼락 맞은 개미들, 거래정지 종목들 재상장 될 것입니다.
참고 힘내세요.

2021. 06. 18.

지옥 다녀온 개미

　주식투자를 하다가 보면 겪는 경험들이 있다.
　최저가 392원, 최고가 연속 상한가 2방 후도 매수 잔량 9백만 주 쌓였다. 솔고바이오 보유했던 개미들 지옥 불을 보았을 것이다. 천신의 운 종목 보유자들에게 내렸다. 그런 운도 한 번 오지 두 번은 주지 않는다. 상폐 문턱까지 갔다가 살아온 종목이다. 언제 또 극한 상황까지 내몰리는지 모르는 종목들도 많은 것이 증시다. 주식투자의 셈법은 무궁무진하다. 알면 알수록 양파껍질이다.

　어느 종목이든 매년 흑자기업이라면 투자자도 좋겠지만 5년간 이익도 없는 종목도 매매가 되고 있다. 5년간 영업이익이 없다면 상폐 사유가 된다는 것을 알면서도 그런 종목 매수하는 개미도 많다.
　증시 지수를 올리고 있는 동학 개미들, 자금도 한계는 있다. 주식투자자들을 왜 개미라고 부를까? 2030세대 투자자들은 생각해야 할 것이다. 그리고 왜, 개미들은 실패 투자 확률이 높은지를 분석하면서 투자한다고 하여도 개미의 틀에서 벗어나는 투자를 한다는 것이 얼마나 어려운지를 솔고바이오 종목이 알려주고 있다.

　주식투자에선 자신의 노하우가 없는 투자를 한다면 영원한 봉이 될 수뿐이 없다.
　추천주, 무료주를 받고 살펴본다면 정확한 답을 알려준다. 주식투자의 실패가 높은 이유를 알면서도 증시를 보면 주가를 보면 지키지 못한다. 경험하면서도 그때는 실수였다고 합리화시킨다. 미수, 빚,

단타 투자는 쉽게 증시에서 퇴출당하는 지름길 투자다.

 종목 흔드는 주가를 보면 더 내려갈까 봐 머릿속이 띵해질 때도 있다. 트라우마의 경험이 있는 개미라면 더 많이 당하게 하는 것이 주가 흔드는 종목 매수할 때다. 어쩌면 투자의 정답은 많은 곳에서 지금도 알려주고 있다.

 다만, 정답대로 따라 하지 못하게 유혹하는 주가의 현란함 때문이다. 주가를 따라가는 투자는 필패가 된다. 기다리는 투자가 명답이다.

코로나19로 많이 지쳐가는 삶, 이제 끝날 것 같다는 기대감.

 그러나 다시 파급력 강하다는 변이 델타, 변이 플러스 균체가 퍼지고 있다. 이웃 나라 이야기 같지만 언제 우리 곁으로 다가올지 모른다. 조금 긴 시간이 되겠지만, 근신의 행동이 만병통치약이다. 변화의 바람은 정치만 아니라 주식시장도 많은 변화의 바람이 불어야 개미들 안심 투자할 수 있다.

 성산 오르는 길
 만경사 반긴다
 쉬어가라는 부처님 말씀
 무엇이 바쁜지
 따라오는 소리들
 새, 물, 바람
 이곳 언제까지 올 수 볼 수 있을까
 들꽃 위 앉은 호접
 눈 마주치니
 춤춘다

눈으로 보는 마음으로 보는
숲이 웃는다
산신령이 준
물 한잔
탁한 속세의 때
씻겨간다

2021. 06. 24.

📈 다가오는 후폭풍

어디서 바람이 불고 있는지 까막눈이 되고 있다.
변종 델타 바이러스 균은 금방이라도 1,000명대를 감염시키기 위해서 지랄발광이다. 요즘 스트레스받는 곳 많을 것이다 끝나려나 했던 코로나19가 또, 잠시만 방심해도 주위로 파고든다.

뜨는 해, 지는 해를 본다. 밤 되면 별 무리 반짝인다. 별자리를 보면서 세속에 일어날 이야기 해주시던 분 생각난다. 북극성, 북두칠성, 천살성, 천선성. 반짝이는 별에 따라서 근심, 편안을 점친다.
요즘 세속에서는 패왕의 별이 되기 위해서 난리다. 유성이 될지 별이 될지는 천신만 알 것이다. 태어날 때 이미 정해진 자리건만 내 자리라고 얼굴부터 내민다.
전화 문자로 오는 종목들 매수하면 총알받이로 변한다.

세력의 주가 띄우기도 많이 변했다. 주가 띄우는 종목 매수하면 백전백패다. 증시, 주식시장 보면 사면초가다. 자유로운 투자지만 자세히 관찰하면 주가, 매매량 주가 띄우기는 더 적극적으로 변하고 있다.

시초가부터 캡 상승으로 유혹하고 나서는 내리막길이다. 금리, 테이퍼링으로 인한 지수, 주가 변곡점 내일 당장 해일처럼 밀려올 수도 있다. 천스닥, 삼천피 가두리에 갇힌 물고기는 도망치지 못한다. 한순간 와르르, 화물차 떠나는 소리가 될 수도 있다.

7월 기후 날씨 변덕으로 나무의 열매도 시름이다.

밥상의 물가 풍요의 빈곤으로 변할까 겁난다. 정치의 변천사를 보면 불명예스러운 그림들이 많다. 지금 많은 것들은 불명예스러운 1위 자리를 차지하고 있다. 지수, 공시가, 물가. 복잡한 1위의 명예다. 나 또한 주식시장에서 봉 되는 개미로 변했다.

요즘은 주식시장이 더 무섭게 보인다. 해도 해도 진전이 느려서 참지 못하고 여러 곳 두들겨 봤지만 혹시나 했더니 역시나로 밝혀졌다. 그러나 칠전팔기로 인연의 끈 맺고 싶어 O선생님을 만나고 싶다고 하니 조만간 방문해도 좋다는 연락을 받았다.

진원생명과학 종목을 본다. 관심창에 두고 있었으면서도 주저주저하다가 매수하지 못했더니

마냥 달아난다. 이런 것이 주식투자다. 안달이 나서 더 오를 것 같아서 추격 매수하면 그때는 꼭지가 되는 것이 주식투자다.

비 오는 날, 주 한 잔? O선생을 만나 관포지교 맺을 수 있을까? 돈 앞엔 많은 것이 무너지고 있는 요즘 세상살이인데, 코로나 변이 델타 플러스까지 재창궐에 불을 지핀다면, 삶이란 갇혀 살지 못한

다. 두 마리 맹수까지 으르렁대고 있다. 권력의 연장선을 위한 오장기의 허세지만 증시엔 반갑지 않은 소리다.

주식투자에서 실패한 원인 중 하나가 시초가 매매였다. 시초가는 많이 오를수록 더 올라갈 확률이 높았다. 비싸게 매수해도 주가가 더 오른다면 이익을 거둘 수 있었다.

그러나 지금은 세력들이 시초가 높게 형성 후 더 오를 것처럼 매매량 많게 보인 후, 쫒아온 개미들을 마구 짓밟는 종목들이 많아졌다. 10%, 20% 상한가 갈 것처럼 매매량 쌓아 놓고는 시초가 후부터 야금야금 때론 대폭락으로 그런 종목들 추격 매수했다간 당장 증시에서 퇴출당한다.

2021. 07. 02

주식 망상의 행복

많은 것들이 시시각각 파격적으로 변하는 시대다. 변하지 말아야 할 것도 변하고 있다. 관계 또한 가벼워지고 있다. 생활은 돈의 노예로 변했다. 부의 균형 맞춘다고 셈법은 곳간만 거덜 내고 있다. 누구를 원망할까? 백문이 불여일견이라고 했다. 조심, 경계 마스크가 명약이었다. 백신 만능 인식에 공든 탑 무너졌다. 지수, 물가, 빚, 감염자 수 모두 사상 최고치다.

증시를 보면 무섭다. 코로나19의 파급적 확산은 마음조차 위축시킨다. 만남, 가야 될 곳까지도 되도록 줄여왔는데, 많은 것들이 변해도 증시만큼은 변하지 않고 있다.

뒤늦게 델타 변이 확산으로 인한 증시는 폭락으로 화답했다. 주가 흐름은 칠만 전자가 잘 설명해주고 있다. 목표 주가 십만 전자라는 소리 나오니 팔만 전자가 무너진다. 투자의 인내가 얼마나 중요한지 말해준다. 개미들이 많이 몰리는 종목은 횡보하거나 하락하는 경우가 많이 발생한다.

그 이유는? 주식투자자 중에서 개미가 월등하게 많다. 많은 개미가 칠만 전자로 몰려도 삼전 주가는 작년처럼 뛰지 못한다. 실적, 이익, 기술, 전망 증시에선 1등 종목이다. 이것이 주가의 함정이다.

종목마다 주가 띄우는 세력은 존재한다. 주가조작인지, 정책조작인지 알 순 없지만, 급등락을 연출하는 종목들이 많지만 개미는 늘 한 박자 늦는 투자를 하게 된다. 알OOO 주가 가치는 직접 계산해 봐라. 이런 종목들이 코로나19로 만들어진 허구의 주가다. 이렇게 고도의 고리 연결된 종목을 순환매 종목이라 할 수 있다.

이제 주식투자로 재기할 수 있다는 생각을 접는다. 그동안 해왔던 수많은 매매 종목들을 본다. 가치와는 무관하게 주가는 움직인다. 회사가 망할 것 같아 매도하면 기다렸다는 듯 매도가 보다도 높게 오르는 종목도 많이 보았다. 오르고 내리는 주가에 대처한다는 것 칠만 전자는 잘 설명하고 있다. 삼전, 언젠간 십만 전자 넘어설 것이다. 칠만 전자, 인내의 열매 따는 것은 개미의 운이다. 리더가 옥살이하고 있는데, 십만 전자로 갈 수 있을까? 8월 가석방설이 솔솔 불지만, 때를 놓쳤다. 사면은 계륵으로 변했다.

야구에서 역전의 명수 하면 군산상고가 떠오를 것이다. 승부는 투아웃부터라고 하는 야구의 이야기도 인생에서 통할 때가 있다. 그런 기회를 만들기 위해선 타석에 선 선수의 기량과 실력 의지 온 힘이 모일 때 기적은 일어난다. 주식투자 또한 인내가 주어질 때 매도하지 않고 기다려야만 수확할 수 있다. 매일 듣고 알면서도 지켜지지 않는 것 주식투자다.

2021. 07. 10

오만 원의 행복

저승길 먼저 떠난 걸음들은 좋겠다. 무더위, 코로나19, 돈, 주식, 가족, 나라를 걱정할 필요 없으니 말이다. 똥 밭에 굴러도 이승 좋다는 이야기도 이젠 옛말이다.

주식 삼매경 빠지면 아무것도 보이지 않는다. 세월이 이만큼 흘러와서야 허무의 그림자를 본다. 코로나가 만든 끊어지고 있는 관계의 시간들이다. 중복 때면 이슬 놓고 오손도손 인생사 함께한 벗들과의 시간도 코로나로 인한 홀로서기의 망중한으로 변했다.

주식투자도 매일 1회 이상씩 매매해왔던 시간들, 바둑 또한 1일 4~5회 대국은 기본이었던 시간들, 더위 잊는 데는 최고다. 그러나 주식, 바둑에서 오는 스트레스 또한 만만치 않다. 바둑 9단으로 승단하기 위해선 14승을 올려야 하는 룰이 있다. 또한, 9단에서는 13

패를 하면 자동으로 8단 강등된다. 그런 룰이 있음에도 나는 운영자에게 밉보였는지, 14승을 올려도 승단을 시켜주지 않는 경우가 많다. 때론 댓글로 육두문자까지 쓴다.

하지만 마이동풍이다. 바둑에서 조차도(지금은 9단 승단 되었지만) 승단을 떡 주무르듯 하는 방장이 있는데, 현찰이 오가는 주식투자에선, 세력의 손길을 타는 종목의 주가를 보면서 많은 생각을 하게 된다. 중복 날 주식 시세 창을 보면서 다시 9단 도전, 연이어 8승을 하니 9단 승단시킨다. 인터넷 바둑 9단 영역도 준프로들의 무대. 9단 승단 되었다 하여도 대부분 아마는 삼일천하로 끝난다. 주식투자 또한 계속하면 언젠간 계좌는 그대를 보고 웃을 것이다. 비웃음이 됐든 좋은 웃음이 되든 그대의 운명인 것이 주식투자다.

주위엔 고마운 사람들이 많다. 인연 맺고 있는 벗들은 나에겐 과분한 분들이다. 생과 시는 다르지만 많은 세월 우정 맺고 있는 시간들, 자주 보지는 못하지만 생각 날 때는 통화하면서 이슬 놓고 조선왕조 때 이야기까지 꺼낸다.

조선 역사상 가장 무능한 임금은 누굴까? 주제로 꽃을 피운다. 언젠간 역사가가 기록을 남기겠지만 무능함의 극치를 당사자는 모른다는 것이다. 주식의 꽃으로 화제가 바뀐다. 식당 아낙이 우리 이야기를 듣고는 아버지도 연세가 81세신데, 지금도 주식에 매달리고 있다고 하시면서 만나 보라는 이야기 꺼낸다.

주식 입문하게 되면 변하는 삶이다. 다행히 주위에 있는 벗들은 나의 삶을 보았는지, 주식과는 인연을 맺지 않고 있다. 주식 사무실을 내고 남은 생 만나는 벗들과 주식의 꽃을 피우려고 했던 생각 또한 이제 접어야 할 것 같다. 주식투자의 한계를 느끼고 있다. 지금 증시는 주가 조작 종목만 널뛰기 장세다.

금리 인상, 테이퍼링, 코로나 4차 대유행은 기정사실로 되었다.
증시 변동 폭이 커지는 수밖에 없다. 팔만 전자의 명예도 찾지 못한 삼전 리더의 가석방 이야기에 1% 올랐지만, 막상 가석방으로 풀려난다 하여도 기회의 때를 놓쳤다. 사면, 가석방, 화합, '법, 법, 법' 하다가 끝내는 실착이 되고 있다. 모든 것은 국민의 책임이다. 이 좋은 세상 누굴 원망할까?

죽을 때까지 이슬 한 병만 마실 수 있는 건강 달라는 벗에게 평안과 만수무강까지 덤으로 주기를 부처님, 천주님께 말한다. 과연 신이 들을까? 나는 때로 신에게도 욕한다. 입은 말하라고 만들었다. 하지 말아야 할 말과 할 말을 구별할 줄도 알고 있다. 구업만 쌓고 있는 입. 중복 다음 날, 찾아와준 벗에게 고마움 보낸다.

2021. 07. 23.

📊 쓴소리의 교훈

여름비처럼 내리던 폭우가 아침이 되니 멈췄다. 하늘을 본다. 시시각각 조여오는 주식투자의 무서움이다. 빚투(신용금으로 하는 주식투자)의 무서움을 2030세대에게 알리고 싶지만 이곳 아니고는 알릴 방법이 없다.

글을 올려도 대다수 금칙어라는 제동이 걸린다. 어쩌면 마지막 글이 될까?

1년 전까지만 하여도 제약주, 바이오주, 코로나 19로 인하여 신기루를 만들었다. 지금은 그때보다도 더 많은 코로나19 양성자들이 나왔는데도 제약, 바이오 종목 주가는 반대 시계 방향이다.

지수는 급반등 3,000p를 순식간 뚫고 천정부지 솟을 것처럼 투자의 환상을 주더니만 급기야 벽에 막혀 시소게임 많은 종목 주가는 1년 전보다도 반 토막 아니면 하향이다. 상장된 종목들은 블랙홀처럼 많은 자금을 빨아들였다. 상장, 상폐 반복하고 있는 증시다.

빚투 신용금은 25조를 넘더니 숨이 찼는지 24조대에서 허우적거린다. 빚투는 누가 하고 있는 것일까? 어디 하나 경각심조차 주지 않고 있다.

나 또한 2~3천 담보 제공 빌려서 2~3개월 기다리는 투자를 하고 있지만, 매수한 종목(제약주)은 하락하면서 손실을 보고 있다.

많은 경험을 했다고 하는 주식투자도 손절을 대응하기 힘들게 한다.

설마가 사람 잡는다는 속담은 주식투자에서도 통한다. 요즘 증시 출렁임에 반대매매의 하루 금액이 몇백 억씩 나오지만, 증시가 조금 반짝이면 빚투 신용금은 다시 25조대로 늘 것이다. 2021년 수없는 반복투자를 해왔다. 하지만 수익은커녕 때론 매수 후부터 1~2개월 손절않고 버텼음에도 그동안 경험은 무용지물이 되었다.

만드는 주가인지, 자생적으로 오르는 주가인지 변동성 장세에 반짝하다가 추락한다. 앞이 보이지 않는 증시다. 헝다, 디폴트, 테이퍼링, 대장동 화천대유, 파급력 강한 태풍은 불고 있다. 증시, 지수를 누가 3,000p를 만들고 무너지게 할까? 많은 종목은 지수와는 상관없이 반 토막 난 주가다. 수소, 전기, 반도체, 제약, 바이오 주가의 몸살은 개미의 삶 헝클어지게 한다.

빚투의 환상은 절망의 현실로 변하게 한다.
2030 세대여, 꿈에서 깨어라.

2021. 10. 02.

📊 주식투자의 그분

저무는 해를 본다. 증시의 무너짐을 본다. 주가, 지수를 쥐락펴락하는 그분은 누굴까?

곳곳에서 남 탓이다. 스태그플레이션 공포와 테이퍼링 등 투자의 기대가 증시를 쥐락펴락하는 분들로 인해서 개미는 갈팡질팡 투자의 길을 잃고 있다. 신용금 25조 대에서 3조 빠지니 반대매매는 줄었지만, 주식의 공포는 줄지 않고 있다.

동학의 난이 실패했듯이 동학 개미들 칭송하던 소리도 공허한 메아리가 되었다. 지금 증시 흐름을 보고 있노라면 미래의 암울함을 선명하게 보여주는 것 같다.

10월 잔혹한 증시가 현실이 되었다. 전문가들 지수 바닥은 2,800p, 설왕설래지만 2,900p까지 밀렸던 지수 3,000p를 탈환해도 모래 지수다. 많은 종목은 지수와는 엇박자 나고 있는 주가다. 종목 고르기가 겁난다. 단타, 매수하면 십중팔구 참패다.

인간은 몇 살까지 살아야 장수하는 것일까? 고희의 나잇대들은 몇 년 더 이승들 머물까? 한국 평균 수명은 남자 79.2세, 여자 82.6세라는 평균 수명이라고 한다. 삶은 오래 사는 것이 목적이 아니라 어떻게 살아왔냐가 중요하건만 목적 잃은 삶들은 어쩔 수 없어 살아야 하는데 수명만 늘고 있는 시대다.

증시를 보고 있노라면 무섭고 섬뜩하다. 사람을 보면 만나면 욕심

없는 사람보다 욕심 많은 사람은 더 많이 보게 된다. 조선 시대 양반과 상놈처럼 지금의 시대도 갑과 을의 정신적 분란은 공존할 수 없는가 보다.

연 3일 폭락장에서 2030세대 개미는 폭락과 폭등을 보았다. 폭락장에선 신용금 반대매매 또한 많이 늘었다. 주가 내림에 어쩔 수 없이 매도하는 개미들 계좌다. 반대 매매자라면 미수금 갚고 원금은 다 까먹지 않았을 것이다. 깡통계좌 됐다고 곡소리 글 나오지 않았으니, 좋은 경험 했다고 생각하면서도 폭락 후, 다시 상승하는 지수와 주가 보면 속앓이도 했을 것이다.

주식투자의 무서움 알려주는 단면이다. 반대매매보다도 더 무서운 것은 거래정지 후, 상폐되는 종목이다. 2,900p까지 떨어지고 반등한 지수가 속임수일까? 아니면 상승 유턴 신호일까?

매번 반복되는 증시 흐름 학습효과도 이런 장세인 무용지물이다. 지금 증시 흐름은 상식의 흐름을 가름할 수 없다. 빠질 만큼 빠진 주가라고 매수했다간 늘 엿 먹는 투자가 된다.

가끔 찾아오는 투자 경력 25년 차라는 이OOO 님, 9월 증시 보면서 현금 확보해놓고 폭락만 기다리고 있다고 한다. 그리고 투자 경험상 매수하고 1주일 동안 주가가 안 오르면 손절하고 나온다고 한다. 이번 증시 관찰도 이상하여 이야기 나누는 벗들에게 현금 확보하라고 문자 보냈다고 한다.

작년 폭등 때 수익 얻어서 매도하고 빚 갚았다고 한다. 빚 갚고 1

개월 쉬다가 손이 근질근질하여 몇 종목 기웃거렸지만 3,200p에서 지수 횡보하길래 손절하고 쉰다고 말하면서, 자신이 문자 보낸 벗 하나가 말 안 듣고 매수했다가 지금 약 5천 손해 보았다고 넋두리한다고 말한다. 그런 소리 듣다가 나는 "님이 고수요." 라고 했다.

외인, 기관, 세력들은 개미들의 물갈이 판을 키우고 있는 장세다.

2021. 10. 21.

주식 그분의 정체

주식투자의 무서움은 천 번 만 번 들어도 싫증 내지 말고 듣고 읽는 것이 투자의 도움이 된다. 주식투자는 자신과의 싸움이다. 고독한 투쟁에서 살아남는 개미는 극소수다. 투자의 세월이 모든 것을 말해줄 것이다.

만나면 즐거운 벗이 있다. 오랜만에 만나도 항상 웃는 얼굴이다. 점심 공양을 하면서 주식 근황을 주고받는다. 30년을 해왔어도 실패만 하고 있다고 넋두리다.

이번 하락장에선 손해가 너무 커 손을 놓았다고 한다. 현물에선 손 떼고 선물을 한단다. 예전 목포 세발낙지라는 분이 선물에선 하루 30억을 벌었다는 뉴스가 생각난다. 그러나 그런 전문가도 세월 흐르니 몽땅 다시 주었다는 소리도 듣게 된다.

주식이나 선물이나 무서운 투자처다. 선물 또한 50 대 50의 확률이다. 적은 금액으로 하고 있다지만 현물보다도 더 무서운 것이 선물투자다. 주식이건 선물이건 발을 담그면 끊지 못하는 바위에 달걀 치기 투자다.

모으면 나누겠다는 생각하면서 살아온 세월 이젠 망각의 늪이 되고 있다. 수명, 인생을 100으로 정한다면, 그 100도 다 채우지 못하고 떠나게 되는 게 이승이다. 그런 셈을 알면서도 백 살까지는 살겠지 믿는 우리네들 삶이다. 그렇다면 당신 나이는, 남은 수명은….
살아온 세월, 살아갈 세월은 아무도 모르는 미래다. 당장 미래의 시간을 뺏어갈 수도 있는 사신의 그림자는 늘 주위에 있다. 우리가 모를 뿐이다.

주식투자 성투도 확률은 1%라고 생각한다. 99% 개미는 주식투자에서 성투할 수 있다고 믿는 자신감 가진 개미 투자자들이다. 나는 실패하지 않는다는 최면에 빠져 주식투자에 뛰어든다. 동학 개미라 지칭 되는 2030세대들일 것이다. 주식 공부를 사시처럼 한다고 하여도 성투 확률은 높지 않다. 주식으로 성투할 수 있다면 굳이 사시나 남의 밑에 가서 일할까? 성공을 위해 뛰는 삶, 자아성취가 아닌 재물을 향해 달리는 오늘의 삶들이다.

사회가 어수선하면 사기꾼들이 기승을 부린다. 사기, 법적 유권해석은 속는다고 하여도 형사법으로 처벌하게 되는 경우는 1%도 되지 않는다고 한다. 그만큼 사기의 적발이 어렵다는 것이다. 감언이설에 많은 금액을 잃어도 속임이 정당했다는 해석이 나면 형사가 아닌 민사의 다툼이 된다.

  주식투자에 있어 수없이 많은 유료, 무료 추천주들이 요즘 범람하고 있다. 오늘도 당신의 벨이 울릴 때 유혹하는 문자도 함께 동반된다.

  증시, 주식 이야기를 할 때 동반되는 것이 정치 이슈다. 약방의 감초처럼 빠지지 않는다. 주식시장 동맥은 사회 곳곳에서 오는 혈관이기 때문이다. 사회, 경제, 정치, 모든 이슈는 혈관을 타고 주식시장으로 흘러들어서 지수, 주가를 들썩이게 하기 때문이다.

  기본적으로 공부하는 주식투자 우량주 투자하라고 대부분 알고 배운다. 그렇다면 삼성전자나, SK하이닉스 두 종목만 가지고서 주식투자 성투할 수 있을까? 두 종목만 고집하는 개미는 상폐 걱정은 하지 않아도 되겠지만 성투는 장담할 수 없을 것이다.

  노인네가 아니라고 하여도 앞엔 황혼길이 펼쳐진다. 어느 곳에서 멈추게 되는 걸음일지는 모르겠으나, 걸으면서도 주식만 생각하게 하는 삶이다.

2021. 10. 24.

📊 증시의 혼돈

오늘도 증시 창을 본다. 관심주 모두 파랗다.

내리는 이유 오르는 이유 상관없이 일희일비하지 말라고 하지만 내리는 주가를 보면서 증시 창을 보면서 감정의 변화 일어나는 것이 마음이다. 내릴 때 종목은 다수요, 오를 때 종목은 소수다. 투자의 확률 또한….

실패의 투자는 확률이 높다. 투자는 깨닫는 것이 아니다. 욕심낸다고 얻어지는 것도 아니다. 투자의 진실 깨닫게 될 때는 늦는 것이 주식투자다.

내년도 예상 지수대는 전강후약, 전약후강 평도 없이 대부분 전문가 평은 하단 2,800p대에서 상단 3,600p까지 지수 예상평을 논한다. 올 지수 예상평은 악재, 호재가 겹겹인 것 같다. 지수가 올라도 내려도 가슴앓이하는 개미들 줄어들지 않을 것 같다. 건너면 다시 돌아갈 수 없는 강 주식투자가 아닐까 싶다.

살을 주고 뼈를 벤다.
누구도 믿지 말라.
죽기 아니면 살기다.
관을 보고서야 죽음을 깨닫는다.
생각이 같으면 편이고 틀리면 적이 되는 세상이다.
인생의 허무를 본다.
자연인도 재물과 재주가 있어야 속세를 떠날 수 있다.

속세를 떠난다는 것 저승길 걷는 것보다 힘든 길이다.
하루 오르고 삼 일 떨어진다.
미수금은 투자의 덫이다.
공평, 평등은 법치로 만들 수 없다.
기만이라고 말하는 입보다 뜻 모르는 입이 더 많다.
패왕의 자리는 바뀐다.
시기와 때를 놓치면 앞은 가시밭길 된다.
앞에 보이는 적보다 더 무서운 것은 내부의 적이다.
깨달음 속 또 깨달음이 있다.

죽기 살기식 투자나 죽기 살기식 도박판이나 똑같다. 내년 대선은 누가 권좌에 앉던 패자는 ○○행이다. 주식투자의 삶은 시한폭탄을 안고 살아가야 하는 개미의 숙명이다.

2021. 11. 03.

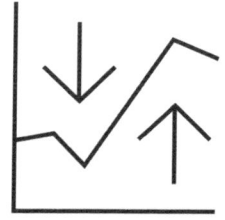

📈 주식 대박 난 종목

내 글은 읽고, 듣고 생각하면서 쓴다. 판단의 자유는 당신에게 맡긴다.

요즘 증시는 무섭다 못해 섬뜩한 방향으로 가는 경우가 많아졌다. 미국 증시, 한국 지수가 올라도 역방향으로 흐르는 종목들이 많아졌다. 많은 종목이 일일 천하로 끝난다. 하락할 때는 어디가 전저점이 되는지 판단조차 할 수 없게 내려가는 주가다.

일주일 내내 확인해 봤지만 30%의 손실이 웃는다. 이젠 쉬세요.

날씨가 흐려진다. 상강이 지나니 입동이 웃는다.
겨울 채비는 하고 계시는지요?
가을걷이가 한창인 들판은 많은 것을 주고 있다.

뜨는 해, 지는 해를 본다. 하늘을 보면 별 무리가 반짝인다. 별자리를 보면서 세속에 일어날 미래의 이야기를 해주시던 분이 생각난다.

캄캄한 밤길 안내해 주던 북두칠성, 북극성 오늘따라 유난히도 밝다. 세속에선 패왕의 별이 되기 위해서 뛰고 있는 이들의 일거수일투족이 화두로 전해진다. 유성이 될지 패왕이 될지는 뚜껑을 열기 전엔 천신만이 알고 있다. 태어날 때, 이미 정해진 자리건만 사람들은 운과 노력으로 만들어진다고 믿는다.

주식의 끈을 언제까지 잡게 될까? 재물 앞엔 인연의 끈도 주식의 끈도 끊어진다.

　매일 증시 창을 보고 있지만, 미국 지수가 올라도 동조화되지 않는 날이 많아졌다. 지수는 올라도 개별주는 속절없이 하락한다. 매일 반복되는 주식투자 지수가 올라도 내려도 가슴앓이 투자로 만든다. 투자의 기대는 시간이 흘러도 허무로 채워지는 날 많아졌다.

　많은 세월 흘러도 깨닫지 못한다. 세월이 약이다. 많은 종목이 하락 줄기로 이어지고 있지만, 세력주는 더욱 기승을 부린다. 일명 작전주 종목이다. A, B군 투자자가 빠지면 C~E 군 개미는 멍하니 붕어 눈으로 변한다. 저점 종목 찾는다면 매매량 줄고 횡보 중인 종목에 관심 가져라.

　어느 날 뇌에 전달되는 소리다. 2,980p에서 3,060p 사이에서 지수는 시소게임이다. 지수를 깨닫는다. 개미는 세력이 될 수 없다. 개미는 개미가 될 수뿐이 없게 만드는 곳 주식시장이다.

　스피또1000이 시스템상 오류로 58회 즉석복권 20만 장 회수라는 시황을 읽으면서 생각한다. 왜 여당은 세정의 빚을 만들면서까지 재난지원금을 마냥 푸는데, 야당은 여태까지 먼저 나서서 서민을 위한 지원대책을 했던 기억이 없다. 네가 받지 못해서 기억을 못 하는 것일까?

　지금 국가가 주고 있는 국민 기초자 1인에게 주고 있는 금액은 548,000원이다. 재산이 있건 없건 노령 수당을 합쳐서 주는 금액으로 알고 있다. 몸이 아프거나 월세를 사는 서민들이 지금 물가로 55만 원으로 생활하기엔 너무나 어렵다.

　대선 후보자들이 공약 1호로 최저 1인 생계비 월 80에서 100만 원까지 당선 후, 꼭 실현하겠다고 하는 후보자 공약은 없는 것이 안타깝다. 만약 그런 후보가 있다면 나는 그분에게 한 장의 주어진 권리를 주겠다.

네거티브가 아닌 내로남불이 아닌 똑똑하고 해박한 지식이 없어도 조금 모자란 말투라도 철학이 깃든 정치학을 설파한다면 정치를 보면서 듣고 배우는 미래 세대에게 많은 것을 알려주는 지식으로 전해질 것으로 생각하게 하는 오늘의 시간이다.

2021. 11. 04.

증시의 먹구름

입동을 지나니 겨울이 성큼 앞에 와있다. 지금은 농작물에 도움 되지 않는 비가 연일 추수가 끝나지 않는 농민의 마음을 애타게 하고 있다. 날씨만 그럴까? 요소수 품귀 현상으로 가격 급등이 운전자들의 마음 또한 조바심을 내고 있다. 정부는 요소수 매점매석 행위자들에게 엄정하게 처벌한다고 하고 있지만 요소수 대란 또한 쉽게 가라앉지 않고 있다.

여러 가지 사회 뉴스와 시황 증시를 보면서 생각한다. 지금처럼 이런 증시 변화는 보지 못했다. 제약주, 바이오주 기타 종목들 주가 몇 개월 보유자들은 지금 반 토막 난 주가를 보고 있을 것이다. 주식투자는 늘 장투가 투자 성공률이 높다고 전문가들은 말하고 있다. 제약주, 바이오주 주가를 보면서 정투하라고 할 수 있을까? 중투 개미 중 어떤 종목은 원금 대비 70% 넘는 손실보고 있는 개미도 있을 것이다.

지수는 2,900p대에서 3,000p에서 시소게임 중이지만 개별주 대다수는 이미 반 토막 난 종목이 수두룩하다. 지수 3,000p를 급하게 끌어올리면서 동학 개미들에게 투자 환상을 심어준 세력은 누구였을까?

금융원 10월 자료에 의하면 올해 외인들 매도액이 10월까지 31조대라고 한다. 남은 11월, 12월 매도액이 늘어난다고 하면 2008년도 순매도 금액보다 더 늘어날 수도 있는 예측을 해본다.

증시를 보면 무섭다. 3일 떨어지면 조금이나마 반등을 주던 증시 패턴도 사라졌다. 차트, 그래프 주가의 미래 예측은 모두 빗나가고 있는 종목들이 많아졌다. 투자는 본인의 책임이라고 하는 증시지만 지금 증시는 발을 담그면 무조건 실패율이 높아지는 증시 흐름인 것 같다.

정치, 사회, 증시 악순환의 먹구름 걷어줄 방충망이 무너졌다.
중병으로 거동 불편한 아버지에게 약과 음식 제때 주지 않고 병간호하지 않아서 사망하게 한 자식에게 1심과 같은 징역 4년을 선고했다. 오랜 병간호엔 효자 없다는 말이 무색해지는 시대상이다. 자식이 된 처지로서 병간호의 어려움을 하소연할 데도 없건만 사회 사각지대 놓인 이 어려운 사람들에게 누가 돌을 던질 수 있을까?
자식에게 돌을 던질까?
윤리에게 돌을 던질까?

사회에게 돌을 던질까?

대권 주자들이 정책을 펴는 데 중요하게 생각할 복지정책 중 하나다. 공약, 공약 떠들어봤자 당선되면 공염불 된다.

정치하는 분들의 목소리도 무섭게 들리는 시대다. 주식시장을 보면 주가의 무조건 폭락과 하락에 몸서리치면서도 오늘도 내년 3월 패왕이 누가 될까 하는 예측 이야기가 감초처럼 낀다. 때론 중용이 아닌 집착의 지지도자 열성으로 설익은 대화자들은 감정으로까지 번지기도 한다. 다 같은 미래를 위한 유권자들이건만 뜻과 생각이 다르면 원수처럼 변하게 되게 만든 정치판이다. 안타까움을 넘어서 대권 후보자와 그 밑에서 일하는 분들이 생각해야 할 마음이다.

증시는 언제 개미들의 가슴앓이를 보듬어 줄까?

2021. 11. 10.

📊 폭등 폭락의 교훈

　주식투자는 좋은 상장사를 고르는 것이 아니라 투자의 심리전이다. 아무리 성적표가 좋은 기업이라고 하여도 주가는 곤두박질치면서 하락할 때도 잦다.
　날씨의 삼한사온처럼 만들어졌던 주가도 이젠 사라졌다. 증시의 무서움을 보면서도 떠나지 못하는 개미들이나 나나 어쩌면 지금 증시 흐름을 보면서 동병상련일 것이다. 지금도 증시 판에서 똑똑하다고 하는 분들도 언젠간…. 주어질 미래의 시간의 풍족한 삶을 그리면서 주식투자에 거는 기대치가 높겠지만 심리전에서 무너진다면 주식의 기대는 공염불이 되고 만다.
　하락은 3년이요. 상승은 하루라는 말을 해도 좋을 지금의 증시 흐름이다.
　옵션, 마녀의 심술, 미, 증시의 지수 하락을 보면서 오늘도 무사하지 못할까, 생각하게 만들고 있다.
　신용금을 쓰고 있는 대다수 개미는 지수, 주가 흐름을 보면서도 어떻게 대처해야 할 것인지 판단을 하지 못하게 만들고 있다.
　주식투자 주가 하락보다도 더 무서운 것이 심리에서 찾아오고 있는 두려움의 공포다.
　매번 겪는다 하여도 그 시간이 지나면 도태되지 않으면 잊게 만드는 것 주식투자다.
　성투를 하기 위해선 철저한 투자 준비도 필요하지만 2보 전진을 하기 위해선
　일보 후퇴도 필요한 것이 주식투자다.

주식투자의 교훈을 많이 알고 있어도 심리전에서 무너지는 것이 개미의 투자다.

주식투자 몰빵과 미수 투자는 심리전에서 이길 수 없는 투자가 될 것이다.

곁에 온 지 10년 된 야옹이가 먹지를 주어도 외면하고 잠만 자는 날이 많아졌다.

입에서 혈흔이 있어 사료에 항생제 가루를 섞어 주었더니 먹고 난 후 조금 활동량이 좋아진 듯하다가도 다시 또 움직임 줄어들고 안으로만 들어와 잠만 잔다.

야행성을 가지고 있는 야옹이라 자연으로 내보내도 다시 찾아와 물도 사료도 고기도 먹지 않고

잠만 자려고 한다. 심히 걱정된다.

고양이 수명은 몇 년일까?

세월이 많이 흐르면 짐승이나 사람이나 치아에 문제가 많아진다.

나 또한 치통이 자주 발생한다.

앞으로 주어질 시간을 헤아려본다.

얼마나 더 이승 머물게 할까?

호형호제하던 분 37년생 돌아가셨다는 소식을 그분 사촌에게 들었다.

수면 중 이승 떠나셨다고 한다.

틈나면 찾아와 장기 두던 분이셨다.

연락을 못 받아서 조문도 가지 못했다.

좋은 곳 영면하시라는 마음속 기도드린다.

인간의 수명은 우리네의 수명은 남자 79.6세, 여자 82.4세라는 통계적 수치를 읽은 적 있다. 이순 지나 고희 대 육신들 언제쯤 하늘의 부름을 받게 될까 하는 것이 화두다. 노인네라는 소리 듣기 싫어도 노령연금 받고 있다면 몸은 이제 사회에서 점점 밀려나거나 멀어지고 있을 것이다.
　문재인, 홍준표 님 또한 노인이다. 자각하지 못하는 사이에 찾아오고 있는 황혼이다. 같은 세대의 두 분은 정치라는 틀 속에서 인생 성공했다고 사람들은 말한다. 박근혜 님 또한 같은 세대로서 정치권에선 정적으로 만나서 권좌를 놓고 대립하면서 위선의 웃음들을 나눴을 것이다.
　그분들의 모습을 보면서 한 획의 현대사가 저물고 있다.

　누구에게나, 언젠간 찾아올 세상에서 가장 공평하고 평등하게 나뉜 작별의 시간들, 한 분 한 분 떠나고 있는 주위의 모습을 보면서도 홀가분하게 벗어던지지 못하고 있는 주식투자 때 묻은 마음속 허무의 실체를 본다. 공수래공수거 진정한 실체를 알게 해주고 있는 이승의 시간이다.

　주식투자는 심리전 싸움이다. 오늘의 투자에서도 살아남는 개미가 되기를 빕니다.

2021. 11. 11.

📊 늙음이 주는 교훈

자연으로 돌아가는 많은 것을 보면 경이로움과 숭고함이 전해진다.
누구나 나서 흙으로 돌아가지만 남겨진 자취는 다르다. 번식 본능을 위한 회귀지만 연어의 모천회귀를 위한 질주는 삶을 어떻게 살아가야 하는 가를 알려주고 있다.

금요일 증시가 투자의 숨통을 터줬다. 목말라 있던 개미에게는 단비였다. 기사회생, 회광반조. 반복되는 등락의 폭 줬다 뺏는 시소게임. 어쩌면 오징어 게임의 연속되는 주식투자가 아닐까 싶다. 주식을 이야기하는 후보자 직계나 당사자나 투자의 고수였을까? 아니면….
증시를 그동안 보아왔던 두 눈은 회한만 엉겨 든다.

조선사 노론·소론 갑론을박 당파싸움이 어떻게 민폐를 끼치며 백성의 삶을 황폐하게 만들었나를 읽으면서 생각하게 한다. 현대사 당파의 분쟁 또한 직접적 살인만 없을 뿐이지 간접적 암투의 전술은 조잡하고 더욱 치열하다. 인신공격은 약방의 감초처럼 꼭 낀다.

적군이라도 거인은 거인을 알아보고 거기에 맞는 대응을 해준다.
싸우더라도 실력 존중의 칼로 벤다.
잃어버린 8년 호랑이는 늙고 야옹이는 노화가 와 언제든 곁을 떠날 준비를 하고 있다. 그 시간에서 무엇을 잃고 무엇을 남기고 얻었는지를 모르겠다. 신하와 정적들은 권력을 잡기 위한 묘책만 내놓는다.

조선사에서 권력은 왕족으로 시작하였지만, 현대사는 권력은 국민으로부터 만들어진다는 것을 잊고 있다.

'반드시', '반듯이'의 뜻 모르는 사람이 있을까?
현대사의 부끄러운 5.18 그 또한 모든 세대가 품어가면서 깨달아 될 과제다. 그러나 지금도 5.18 이야기에 조금만 빗나가는 이야기를 던져도 꼭지가 도는 아픔의 돌멩이가 날아온다.
미래를 위한 두뇌를 가진 분들이 모이는 곳, 여당, 야당이거나 야당, 여당으로 모여든다. 그곳은 먹을거리가 많다. 나눠주는 것도 황금과 권력이다. 미래를 위한 비전을 모아도 모자란 판에 상대의 미래 비전은 똥이요, 나의 미래 비전은 똥이어도 당심이 모이면 흙이라고 주장하면서 세력으로 만든다. 세력의 무서움이다.

생전 처음 찾아온 불혹의 젊은 친구와 함께 점심 공양을 하면서 말을 나눈다. 누굴 찍어야 하는지 고민하는 말을 들으면서 뜻이 다르면 적이 되는 시류가 싫다고 한다.

누가 되든 다음 패왕의 시대는 암울하다.
경제의 먹구름은 요소수가 불러오고 있는 나비효과를 넘어선 예측 불가의 일들이 많이 도래할 것이다. 증시 또한 내년도 지수대 최대 3,600p까지 내다보고 있지만 그 예측은 사상누각으로 끝날 수도 있다.
당장 올해 지수대가 3,000p대를 수성할지가 의문이다. 금요일 단비가 내렸다고 월요일 장 또한 금요일 장처럼 만들어 줄까 하는 의문이다.

주식시장 증시의 흐름은 정치보다도 더 심한 작전꾼들이 기승을 부리는 곳이다. 합법적으로 어떻게 하면 동학 개미들을 먹이로 할까 하는 정보, 선전, 추천주가 난무하는 곳이다.

이곳에서 살아남겠다고 하는 개미라면 꼭 이것만은 알아두어야 할 금언이다.
"투자금 100을 가지고 있다면 30%만 가지고 투자하라. 몰빵 금지와 미수금을 사용치 않는 내공을 쌓는다면 당신은 주식시장에서 꼭 성투할 수 있다!"

2021. 11. 13.

📈 주식, 정저지와

신체발부 수지부모라 했던가? 하늘길 열리기를 기다린다. 아직도 해야 할 이루지 못한 것들이 많은데도 강태공이 되고 있다. 주광으로 변한 삶 벗지 못하고 있는 주식투자는 정저지와다.

주식에 대한 글 쓰는 것도 읽는 분들에겐 매번 새로운 것은 없고 똑같은 레퍼토리의 내용이니
싫증을 느낄 것이다. 새로운 것 수익 내는 법, 종목 고르는 법, 오르는 종목, 테마주에 대한 정보를 알려줄 수 있다면, 나는 주식 고수로 칭송받겠지만 나 또한 매번 주식에서 깨지고 있는 개미라 경험

한 글만 쓰게 된다.

  요즘 상장주, 공모주, 추천주에 미리 투자하라는 곳 많아졌다. 주식하는 개미라면 전화 몇 통씩은 걸려왔을 것이다. 나 또한 문자로 받은 종목 중 마감 후, 상한가 종목은 그 다음 날 시초가부터 갭 상승하고 나서는 대부분 주가는 하락한다. 오를 것 같아서 시초가부터 매수한 개미라면 손실 날 확률 99%다. 그런 것을 알면서도 '오늘은 혹시?'하고 단타 하자는 생각으로 매수했지만 혹시는 역시로 끝나는 주가다.
  음봉이 길게 나는 종목 '내일은 오르겠지' 하고 대들어도 역시나로 끝나는 종목도 많아졌다.

  칠만 전자 초입에 묶여있는 주가 십만 전자 기대하면서 투자했던 개미들은 기다림에 지쳐서 매도자들이 늘고 있다. 대한민국 1등 종목인 삼성전자가 칠만 전자 초에서 시소게임 하는 주가를 보면서 실망만 커진 개미들, 동학 개미들은 증시를 제대로 보아야 투자 손실을 줄일 수 있다. 현재 칠만 전자를 여윳돈으로 매수해서 자손에게 물려줄 생각으로 배당받겠다는 생각한 개미는 손절이 무의미한 주식투자가 될 것이다.
  요즘 오르는 종목 주가는 일일 천하의 주가로 변한다. 대다수 종목은 세력들이 끌어올렸다가 패대기치는 종목이 많아졌다. 좀 심한 말이지만 세력들의 주가 조작 종목들이라고 말하고 싶다. 주가 조작인들이 없다면 세력들이 주가 올리지 않으면 아무리 좋은 종목이라도 주가는 게걸음으로 칠만 전자로 가는 것과 같다. 칠만 전자가 현실의 주가로 동학 개미들에게 주식투자 공부시키고 있다.

세속은 정권 재창출과 바꿔야 한다고 하는 목소리들의 난무다. 개인적 생각이다.

현대사의 불행은 다음 정권에선 진정한 화합과 포용이 무엇인지 보여줘야 할 것이다. 말로만 화합 외치고 보신주의로 잃어버린 시간들을 반면교사 삼아서 젊은이들, 2030세대에게 미래의 꿈이 무엇인가를 정책으로 보여주어야 할 것이다.

탈각의 화합을 이루려면 유비의 삼고초려를 잊어선 안 된다. 동지의 마음을 얻기 위해선 십고초려를 해서라도 미래의 동반자를 얻어야 패왕의 퍼즐 조각을 완성할 수 있다.

부족한 것은 진심의 정성과 정직이라면 하늘의 문은 열린다.

고독한 주식투자나 악다구니 정치나 뭐 거기서 거기건만 타인은 나를 보면서 당신 혹시 바보 아니냐고 하는 말을 요즘 자주 듣고 산다. 주식투자에서 성투할 수 있다면 개미들이나 주위의 눈들이 존경의 눈빛 보낼 텐데…. 자고 나니 옥루몽이다.

2021. 11. 19.

📊 삶과 죽음의 그림자

 삼성전자 주가가 개미들에게 가르치고 있는 주식 공부는 타인에게 배우는 것보다도 주식투자의 정의를 알려주고 있다. 삼전이 팔만전자 갈 것이냐 아니냐를 놓고 개미들은 머리 싸매고 끙끙거리는 수익의 미래를 꿈꿀 것이다.
 2022년도 지수 예상대는 3,300p대를 기점으로 예측하는 말이 나오고 있다. 다만 전강후약인지 전약후강인지 판단의 잣대는 개미들에게 화두로 던지고 있다. 5일, 남은 증시(매매 할 수 있는 날) 오지 않은 12월을 보면서 내년도 지수를 예측하는 분들은 대단한 전문가다. 당장 12월에 폭탄의 지뢰가 지수 방향을 어떻게 틀지를 아무도 모르는데 내년도 지수대를 3,300대로 내다본다는 것은 그분께 가서 "주식 부자 되게 종목 좀 알려주세요."하고 매달리고 싶다.

 알면서도 속는 것이 주식투자다. 당장 오를 것 같은 종목도 매수하면 꼭지가 되고 매도하면 비웃는 것이 주가다. 삼전도 못 견디게 주가를 질질 끌더니만 개미들이 매도하니 기다렸다는 듯 70,000원 초 주가가 76,000원대까지 7%나 올랐다.
 앞으로 주가가 더 오를까? 내릴까? 삼성전자 유망하다고 미수를 풀매수했다간….
 모사재인 성사재천이라는 세상사지만 갈 곳을 알고 있으면서도 비우지 못하는 마음은 오늘도 욕망의 덫에 갇혀있다.
 우리의 현대사 1950년 6월 25일, 1979년 12월 12일, 1980년 5월 18일. 이날이 없었다면 얼마나 좋았을까 비극은 아직 끝나지 않은 상처를 모두에게 만들고 있다.

  2021년 11월 떠난 이광영 님, 2021년 11월 23일 떠난 전두환 님. 저승에서 서로 손잡고 웃음 나눴으면 좋겠다. 이승의 비극은 저승까지 가져가지 못할 텐데도 마음은 '용서', '잘못했습니다.' 라는 말을 잊게 하는 시대가 되고 있다.

  우리가 모두 죄업을 쌓으면서 살아가고 있는데 누가 누구에게 돌을 던질 자격이 있을까 생각해보게 한다. 살인을 한 자는 뉘우치지 않고 '잘못했습니다.'라고 하는 그 말이 그렇게 힘들었을까?
  이승의 어떠한 잘못도 죽음 앞에선 뉘우친다고 했는데, 소설을 많이 읽은 탓인지 요즘은 내가 사회를 보는 눈이 헷갈리고 있다. 아직 노망든 나잇대는 아니건만 이러지도 저러지도 못하는 생각은 늘 늪 속에 빠져든다.

  선자불래 내자불선이라고 했는데, 요즘 전화가 많이도 온다. 주식 투자하라고 종목 보내주겠다고 상장하는 종목 투자하라고 하는 전화들이다. 때론 쫓아가는 투자도 하지만 결국 심신을 지치게 한다. 어리석은 투자를 해왔던 시간들이 나를 보고 웃는다. 너 바보 아니냐고 하면서.

  누구에게나 주어지는 시간들에서 떠나는 임들의 모습들 내일은 누구의 모습이 떠날까? 오는 순서는 있어도 가는 순서는 없다고 하는데 주위에서 듣고 보는 삶과 죽음의 그림자들이다. 어떻게 사느냐가 아니라 어떻게 살아가야 하는지를 보여주고 있는 영면의 그림자다. 죽음에 돌을 던지든 국화를 놓든 그림자에 받치는 살아있는 자의 몫이다.

오늘이 가면 또 망각의 그림자는 내일을 생각하게 한다.
120일 후에 누가 패왕의 자리를 차지하던 살아온 현대사의 부끄러운 그림자를 만들지 않았으면 좋겠다. 권력은 진실과 정의를 외면하는 군주의 자리가 아니라는 것을….

코로나 19가 만든 제약주, 바이오주 끝 모를 추락만 하고 있다. 신풍제약 투자한 개미들 또 지옥 굴 투자가 되었다. 늘 보여주고 있는 주가의 흐름 개미들 주식투자의 성투는 끝이 없는 화두다.

2021. 11. 24.

허허허, 탓탓탓, 폭락의 징후

지성이면 감천이라고 했지만, 정성 들여 빈다고 해도 소원이 모두에게 이루어지지 않는다. 삼고초려를 한다고 해도 마이동풍이면 그 인연도 어쩔 수 없는 등을 바라본다. 천신은 누구의 손을 잡아야 만인에게 편안을 줄까 생각한다.

델타 19보다도 더 강력한 감염전파력을 가진 신종 변이 코로나19가 남아프리카를 기점으로 확산이 빠르게 되고 있다는 소식에 증시는 와르르 무너졌다.

 그동안 백신의 믿음도 허물고 있는 신종 변이체 두려움에 증시는 갈팡질팡하고 있다. 거기다가 증시의 박스권 지수와 종목들의 계걸음 주가가 더해져 매수세는 실종되고 유가, 인플레이션, 금리 인상, 테이퍼링 소식 들려오는 훈풍은 없고 찬바람뿐이다. 전문가들도 국내 계걸음 장세에 현물보다는 암호 화폐 종목으로 투자 변신들을 하고 있다고 한다.

 칠만 전자의 수성도 위태롭다. 이래저래 갈팡질팡 갈피 잡지 못하고 있는 증시다. 주가나 지수나 일일 천하로 끝나는 날이 많아지고 있다.

 종목 하나 잘못 매수하면 그 결과는 치명타로 변하게 만드는 증시다. 장우혁도 투자금 1억 원 가까이 투자했다가 매수한 종목 상폐가 되어 계좌에 남은 금액은 90만 원이라는 고백의 글도 읽었다. 주식투자의 무서움을 단적으로 알려주고 있는 말이다.

 어떻게 하면 주식투자에서 성투를 할 수 있을까 매일 고민하고 있다. 수업료 준다고 생각하면서 매일 2~3회 단타 중투를 하고 있지만, 오기인지 화근인지 이 종목 저 종목 물갈이하고 있지만, 종목 선정을 잘못하고 있는지 계좌는 늘 위험신호를 보낸다.

 1년동안 깨진 금액은 억 단위이다. 미수 풀가동한 댓가다. 알OOO, 드OO, 신OOOOO, 신OOO, 동OOO. 코로나19로 인한 미래주라고 생각하고 매수했지만 손절가도 지키지 못한 댓가다. 미수 신용금으로 2~3개월 묻어둔다고 생각하면서 매수한 종목이 하락하면 손절하기도 힘들고 손절가 지키기도 힘든 것이 신용금 투자다.

 당일 급락이 나와도 내일은 오르겠지 하고 기다린 결과는 결국 140% 신용금 마지노선이 무너지면 반대매매가 된다. 140% 지키기 위해서 일정 수량 매도하지만 결국은 반대매매 대상이 되지 않아도 투자금 대부분은 원금 손실 70~80% 이상 커진 후가 된다. 종목 하나 잘못 매수한 댓가다.

 누구나 하는 주식 때론 오기인지 투기로 하고 있는지 헷갈릴 때가 많다. 주식을 하면서 겪는 경험이다. 제약주, 바이오주는 코로나 19 초기 때 고공 주가 그리더니 2차 3차 4차 대유행이 와도 쪼그라든 주가 종목들이 대부분이다. 이만큼 내려간 주가라고 생각하고 물타기로 대들었지만 결과는 참담하다 못해 완전히 찌그러진 계좌다.
 감염자 수가 사상 최고로 변하고 있고 전염력 강한 새로운 변이종까지 나오고 있지만, K-방역 미래주로 띄운 종목들 테마주, 순환매 장세라지만 찬밥 종목으로 변한 제약주, 바이오주 종목군이다.

 증시는 지수와 주가를 출렁다리로 만들면서 미수 사용한 사용하고 있는 개미들 계좌를 털어낼
 준비하고 있는 증시 흐름으로 가고 있다. 수없이 매일 반복되고 있는 반복되어 온 주식투자 학습효과도 이젠 먹히지 않고 있다. 블랙홀처럼 개미들 투자금 빨아들이고 있는 주식시장이다.

 김호일 대한노인회장님이 대선 공약자에게 노인 기초연금(지금 만 65세는 월 30만 원 받고 있다) 재산 하위직 30% 노인들에게 2027년까지 월 100만 원 인상해달라는 복지 요청받고 심각하게 생각한다는 글을 뉴스를 통해서 읽었다. 그런 공약을 내는 대권후보자라면 복지 사각지대에 놓여있는 분들께 생색내기가 아닌 대선 공약 중 하나라고 믿는다.

왜 야당에선 복지에 대한 진정성 있는 공약은 없는지 안타깝게 생각한다. 공약의 뜻을 모르는 분들은 이런 공약도 매표 행위라고 몰아친다면 역풍은…. 많은 것이 변해야 하지만 잃어버린 5년 잘잘못을 떠나서 이런 공약 하나 더 내놨으면 하는 생각을 해보게 한다. 국회의원님도 숫자도 30%에서 50%까지 줄일 것이라는 공약을 내건다면?

2030세대에게 이번 정치는 멋과 철학이 있는 네거티브가 아닌 미래를 위한 비전의 정책을 내는 그런 모습을 보여주는 어른들이 되어 주십시오.

2021. 11. 26.

오미크론이 주는 트라우마

오성이 각성하면 천문은 열린다. 젠장맞을, 인생의 세월이 흘러도 일성조차 깨우치지 못했다. 초심을 잃은 본체는 껍데기만 증시를 보면서 웃는다.

예전엔 증시에 소문이 흘러도 빠른 대처로 일망타진이거나 추적이 빨랐는데, 지금 증시는 너무도 혼탁하다. 방관인지 무관심인지 이러나저러나 무자식이 상팔자라는 주식 보유자가 아니면 속 편할 문제 건만 미련이 끝내 오미크론에 실려 온 공포가 월요일 장 보는 개미에게 속앓이를 만들고 있다.

　오랜만에 전철을 탄다. 토요일인데도 급행은 만석이다. 코로나19가 발병한 기간도 벌써 2년이 다 되고 있건만 감염 창궐은 초기보다 더 무섭게 전염의 전파가 빠르게 확산하고 있다. 조심한다고는 하지만 길어지고 있는 감염에 정신적 피로는 무감함으로 변한다.
　설상가상 코로나19 변종은 새로운 변종으로 탄생했고 남아공발 오미크론은 방역 당국의 긴장감 고조시키고 있다. 선제적 대응이냐, 민생고냐를 놓고서 상황파악의 딜레마다. 거리두기 해제 후부터 감염자 수는 빠르게 늘었고 병상 부족은 한계치를 넘어 방역은 다시 시험대에 올랐다.

　미국 증시 또한 1950년 이후 최대의 폭락장을 연출하였다고 한다. 델타 변이종보다도 더 강력한 파급력을 가진 남아공발 오미크론 뉴스가 미국 지수를 속절없이 무너지게 만든 블랙 금요일이다. 미리 매 맞은 증시지만 미국 지수 폭락으로 후유증으로 월요일에 장 증시가 미칠 충격파가 비껴가길 바라는 신용금 쓴 개미들 마음이다.

　두 마리 토끼 다 놓칠 수 있는 현실. 두 마리 토끼 다 놓치게 할 개미의 주식투자, 험난한 주식 여정이 기다리고 있다.

　수원을 지나니 입석도 만석, 노인석 또한 황혼의 그림자 벗 삼은 만석이다. 노인이 노인에게 자리를 양보하는 진풍경을 보여준다. 고희 다 된 노인이 구십의 어르신들에게 양보하는 모습은 고령화를 보게 하면서도 양보의 미덕 또한 함께 보여주고 있다.

창밖 스치는 풍경들 지나온 인생 파노라마로 겹쳐 온다.

주식투자 30년, 세월 늦게 맛본 고기 맛에 정신 못 차리다가 결국은, 인생도 주식 두 마리 토끼를 놓친 것도 모자라서 삶의 짐 무겁게 만들었다.

동학 개미들 꿈에서 깨어라! 지금 증시 상황은 어떤 신용금을 쓰든 소문 얻어듣든 잘못 길든 주식투자 늪으로 빠지면 혼자 힘으론 빠져나오지 못하는 불가항력 삶으로 변한다. 주식투자는 OO보다도 더 무서운 맛으로 원대한 꿈 꾸기도 전에 당신의 미래를 잃게 만들 수 있다.

지나간 세월 꺼내본다. 10년이면 강산도 변한다고 했다. 삶은 모래성 쌓았다는 것을 말해준다. 조나단의 갈매기 가장 높이 나는 새 가장 멀리 본다는 것 말해준다. 웅지의 꿈, 품는다는 것도 이립 때다.

주식투자는 상상의 신기루다. 창천의 꿈 펼치기도 전에 2030세대는 오미크론이 건네준 검은 금요일 장의 모습으로 주식투자의 실체를 알려주고 있다.

뱁새가 어찌 대붕의 뜻을 알겠느냐마는 주식이나 인생이나 상대와 싸우는 것이 아니라 자신과 싸워 이겨야 꿈의 실현 이룰 수 있다. 코로나19 변종은 무궁무진한 바이러스로 변하면서 삶의 변화 촉구하고 있다. 우한 사태 때 인류애로 적극적으로 대처했더라면 어땠을까 하는 생각도 이젠 국적과 피부색을 가리지 않고 생명의 존엄을 낮추는 코로나19 병원체다.

변종은 끝없는 진화를 거듭하면서 방역을 무력하게 만들고 있다.

오미크론의 등장에 대륙은 속속 문을 걸어 잠근다. 진화하고 있는 전염병과 인간의 두뇌는 숨바꼭질하게 만드는 이승이다.

 100% 투자로 수익 창출할 수 있다는 문자, 메시지, 전화, 동아리, 유튜브가 증시에 표출되고 난무하는 시대다. 주식 대박의 꿈을 이루는 사람이 몇 명이나 될까? 개미들 99% 이상이 주식 이익만 꿈꾸면서 투자한다. 나도 그런 투자를 꿈꾸면서 지금도 하고 있다.
 그러나 결과를 보고서도 깨어나지 못하고 있다. 2030세대에게 주식, 공부하라고 말하고 싶지 않다. 인생에서 성공하려면 주식이 아닌 노력의 땀만이 그대의 꿈을 이뤄지게 할 수 있다.

 대붕이 되는 자는 하늘이 정한다.
 위선의 삶을 살아왔어도 천신이 정한 자라면 대붕으로 난다.
 아이러니한 이승이다.

 증시는 사람 냄새가 없는 곳이다. 요즘 시대는 사람 냄새 나는 사람이 드물다. 하나둘 천수를 다하고 떠나는 이들도 있지만, 천수인지 지병인지 코로나19가 생이별을 만들고 있다. 2030세대는 되도록 증시를 멀리하면서 몸에 사람 냄새가 가득한 향기의 덕목으로 성을 쌓아라.

 사람다운 사람의 냄새가 그리운 세상이다.

2021. 11. 28.

📈 주식 꿈 믿거나 말거나

많은 종목 주가가 파랗다. 마치 개미들을 질식시키려는 듯 대다수 종목 주가가 내리고 있다. 게임빌, 와이제이게임, 네오위즈홀딩스, 동화약품, 티씨케이, 국전약품 등은 오늘 주가 등락 폭이 그 종목 투자한 개미들을 웃게 하고 있지만, 대다수 종목은 하락세다.

투자의 피로를 만들고 있는 증시다. 주가, 지수 등락의 폭은 점점 넓어지는 추세다. 예상치이지만 하단 2,800p에서 상단 3,100p까지 상승률 폭이 점점 축소되고 있다. 올해 최저점까지 지수가 밀렸지만 작은 반등세로 최저점 지수대는 벗어나고 있다.

지금 주식투자는 몸조심 투자가 계좌를 지켜주는 장세다. 물타기 투자는 다시 시름을 만들어줄 수 있다. 늘 꿈꾸는 투자에서 깨고 나면 한바탕 허무의 그림자만 남겨진다. 올해 최저치 지수를 보면서 내일의 지수는 반등할까 생각한다.

11월 끝자락에 겨울을 재촉하는 비가 내린다. 요즘 뉴스를 보면 대권 주자들의 지지율이 들쑥날쑥하다. 민심은 천심이라고 했다. 누가 당선되든 미래의 대한민국 5년을 책임지는 권좌에 앉기 위해 동분서주한다. 증시 창을 보면서 뉴스를 보면서 많은 생각을 한다.

대선 공약 중 이런 공약은 왜 없나? 이런 공약 하는 분 있으면, 국회의원 숫자 30%까지 줄인다. 경상도 30%, 전라도 30%, 경기도 20%, 충청도 20%, 대전시 30%. 증시 주가 조작인들 일벌백계한다. 증시 양도세, 거래세 폐지한다. 공매도 또한 국내 대기업 규제

풀고 기업 일자리 창출한다. 전라도에 50조 기업 유치한다. 소년촉진법 만10세로 낮춰서 국회 통과시킨다. 국회의원 치외법권 폐지한다. 노년층 기본소득 50% 인상하겠다.

공약이 많은가? 지키지도 못하는 공약 많이 하는 것보다도 현실적인 대안의 공약이 민심을 잡을 것이다. 국회의원님들을 보면 지식은 많이 가졌는지는 모르겠으나 자격 미달인 분들도 많이 있다. 민주당 바람으로 국회로 가신 황OO 님 사과는 했다지만 엎지른 물 다시 주워 담을 수 있을까? 야당이든 여당이든 국회로 가신 분들의 의식엔 국민은 하층으로 생각하고 보는 인식을 가진 분들이 많다.

개인적 생각이지만 지금 대한민국에선 300명의 국회의원 숫자가 필요하지 않다고 생각한다. 대선 후보 중 국회의원 숫자 임기 내 줄이겠다는 분께 한 표 행사하겠다.

2021. 11. 30.

기울어진 증시의 쓴소리

처마에 고드름이 열렸다. 50년대엔 저 고드름을 따먹으면서 웃었는데…. 이제는 다시 올 수가 없는 시간들이다. 따르릉따르릉 벨이 울린다. 노인이 노인을 걱정해서 걸려온 전화다.

"백신 맞았니?"

요즘 사회는 백신 패스로 인한 갈등이 고조로 높아지고 있다. 미접종자는 20%라고 한다. 인구 대비해서 약 7~8백만 명 지금 정부는 미접종자들을 격리가 아닌 아주 사회에서 퇴출하는 정책들을 내놓고 있다.

미접종자들이 마치 코로나를 전부 전염시키는 것처럼 매도하고 있다. 백신만 맞으면 코로나19가 마치 끝나는 것처럼 호도하고 있다. 그동안 국민이 얼마나 협조하고 자발적 동참으로 k-방역 모범국으로 우뚝 섰던 그림자가 한순간에 우르르 무너졌다.

대책의 비효율성과 무능력, 무책임, 무대책이 보여준 극한 현실이다. 그런데도 코로나19가 마치 미접종자들로 인하여 감염자들이 많이 발생하고 있다는 인식을 많은 이들에게 보여주고 있다는 것은 무책임한 방역 정책의 적나라한 현실이 보여주고 있다. 왜 학부모들이 백신 패스에 대한 헌법 소원으로 가게 되었는지를 아직도 모르고 있다.

처음부터 접종자에 대해 판단 실수를 했다. 사회적 전염경로가 빠르게 번질 수 있는 행동자들에게 먼저 백신을 맞게 해주고 백신으로 인한 불안한 마음을 가진 부작용의 피해는 일절 국가가 먼저 책임을 지겠다고 하였다면 지금처럼 자랑스럽게 자화자찬했던 k-방역은 무너지지 않았다.

지금은 코로나19가 감염자가 되어도 위중한 상태가 아니라면 자택치료다. 코로나 전염자가 되었다면 일가족에게 전염시키는 것은 불 보듯 뻔한데도 어쩔 수 없는 고육지책의 정책이다.

2021년 사자성어로 등장한 인곤마핍(사람과 말이 모두 지쳤다), 각주구검(판단력 융통성 없어 어리석다), 정저지와의 코로나19의 대비책이다.

지수 5,000p를 집권하면 달성하겠다는 대권 주자 중 한 분의 말씀을 듣고는 헛웃음이 나온다. 지금까지 흘러온 증시의 지수가 인위적으로 올릴 수 있는 지수였다면 왜 역대 정부는 지수를 10,000% 올리지 못했을까? 주가 조작이 판쳤다고 시인하는 대권 주자 중 한 분은 주식투자에서 성투했다는 뉘앙스로 말씀을 하셨다.

 지금 증시가 과연 올바르게 개미들에게 골고루 수익 낼 수 있게 하는 상장사들이었나를 묻고 싶다. 상장만 시키고 기업가들만 배부르게 하는 잘못된 제도를 먼저 파악해야 개미들이 주식투자로 수익을 보게 하는 주식시장이 된다. 그런데 그런 사실조차도 알지 못하는 분들이 지수만 5,000p를 만든다고?

 그동안 주식 실패한 개미들 대한민국 투자자 중 95%다. 지금 증시에 머물고 있거나 투자하고 있는 개미들은 어쩔 수 없는 주식투자를 하고 있다는 것을 알고나 있을까?

 증시 주가 조작을 발본색원해서 일벌백계하겠다? 주가 띄우는 종목들 대다수가 작전주에 가까운 종목들인데도 쳐다보고 있는 금융원인데, 마치 묘서동처와 같은 무리가 아닌지 하는 생각마저 들게 한다.

 많은 종목의 차트 그래프는 주가 조작한 증거다.

 2030세대들은 현명하지만 아직은 풋사과다. 사회가 2030세대들에게 빨간 능금이 되도록 받쳐주고 밀어주어야 하지만 집권만 하면 이후엔 버릇처럼 외면한다.

 2030세대들이 계속 증시에 머물진 않을 것이다. 동학 개미들은 현명하다. 지수 벼락 치듯이 올려놓았다가 물량 털고 나가는 세력들은 모두가 주가 조작이다. 이런 증시를 보면서 2030세대가 주식투자를 선호할까?

똑똑하고 현명한 2030 주식투자자들은 주식시장에서 많이 빠져나왔다. 머무는 2030 개미들은 물려있거나 어쩔 수 없는 주식 바라기 개미다. 주식투자로 성투하기 위해선 자신과의 싸움에서 이겨야 주식 꿈을 이룰 수 있다.

진정한 주식의 꿈을 이루기 위해선 바탕이 튼튼해야 한다. 급한 자금이나 빚 얻어서 신용금까지 풀가동하는 주식투자는 인생의 예고된 암흑길 걷게 하는 지름길이다.

인내는 쓰나 열매는 달게 만들어라!
주식투자는 2030세대가 꿈꾸는 열매를 만들 수 없다.

2021.12.18.

📊 작전주의 정체

아~듀! 아니면 good bye. 인생도 이런 말을 남기면서 떠났으면 좋겠다는 생각해본다. 정말 재미가 없는 세상으로 변하고 있다. 갑론을박 갈팡질팡, 전시도 아닌데 전시가 되는 생활이다.

방역체제가 무너지니 그 책임을 미접종자들에게 돌리는 인상이 짙다.
무대책이 상책으로 변하는 세상이다.

자신의 믿음은 주식투자의 허구다.
종목을 보면서 심층 분석하면서 나름대로는 판단을 믿고 매수하면서 손절가는 10%다. 각인시키지만, 막상 주가가 하락하면 머뭇거리다가 때를 놓치게 하는 것이 주식투자다.
매수가 54,400원, 2021년 12월 15일 오후 5시경 전화가 온다.
"누구세요?" 무슨 일 때문에 O선생이라고 답한다. 그동안 문자 보냈는데도, 답신이 없기에 직접 전화했다고 한다. 그렇게 보내오는 종목들이 많기도 하고 대다수 종목 매수해 봤지만 혹시나가 역시나로 변하는 종목들이 많아 인연을 맺지 않았다.
"그런데 선생님, 연령대는?" 50대라고 답한다.
"그래요. 그렇다면 인연 한 번 맺어봅시다." 그동안 대화를 많이 한 친구들은 3040세대들이라
깊은 대화를 하지 않았었는데 선생님은 50대라고 하니 한 번 믿어봅니다.

"종목은 오늘 주실 겁니까?" 내일 오전에 메일로 준다고 한다.
"선생님, 종목 알려주는 것을 매수해서 수익 나면 수익금 중 일부는 수수료로 드리겠습니다. 알려준 종목에서 수익 낸다면 불로소득이니 입 닦지는 않겠습니다."

다음 날 오전 9시 종목이 도착한다. 고가에 체결되고 있지만 '설마 또 속이랴?' 하는 생각을 하면서 매수한다고 했던 약속으로 매수가 54,400원에 매수가 놓으니 체결된다.
매수 후부터 어라? 계속 떨어진다. '혹시 또 설마?'가 사실이 되는 것은 3일 연속으로 하락한 후에 깨달았다. 누굴 원망하랴? 요즘 세상에 믿을 사람 몇이나 될까?
"손절하고 나갑니다."라고 문자를 보낸다. 때론 이름 모를 누군가에게 오는 종목 대부분은 총알받이 종목들이다. 그런 종목 매수했다면 경험, 수수료 주었다고 생각하면서 제대로 된 주식 공부하면서 대처하라. 목표가도 없는 종목 추천주들 대부분 주가 조작 종목들이라고 생각하라.

얼마나 복마전인지 모를 대장동 사건 벌써 두 사람이나, 목숨을 버렸는데, 조직을 위해서? 처벌이 두려워서?

요즘 세상은 무섭다 못 해서 섬뜩하게 느껴지고 있다. 보고 듣는 것마다 듣도 보도 못한 미접종자들에 대한 정책을 보면서 과연 국가가 국민을 위한, 국민의 생명을 책임지는 것일까? 하는 의구심이 든다.
마치 일제강점기 때 개명 강요와 단발령의 망령이 현시대에 나타나는 것 같다. 코로나19 변이체 오미크론의 전염을 차단하기 위한 고육책이라고는 하지만 어쩔 수 없는 최선의 대책이라고 내놓는 대책들이 국론분열을 일으키는 대책들이다. 국민의 생명을 담보로 펼치고 있는 독재적 정책들 앞으로 많은 부작용으로 번질 것이다.

 방역지침을 어긴다고 자영업자들에게 150만 원 벌금을 내라고 하는 국민을 믿지 못하는 행정들이다. 지원금 100만 원 주고선 벌금으로 150만 원 뺏어가니 남는 장사를 하는 정부대책이다. 미접종자들게 실패한 대책의 책임을 떠넘기고 있는 분들의 탁상공론 대책들이다.

 국민당은 차려준 밥상도 걷어찬다. 미워도 다시 한 번 아니면 외면? 철부지처럼 투정하는 장이 된 상황에 국민당이 시기를 놓치면 표를 잃을 것이다.

 오늘도 하늘을 본다.
 인생은 진인사대천명이라고 했는데, 지지리도 못난 복을 탔지만, 아직 건강을 주고 계신 천신께 감사드린다. 40년 세월의 시간에서 항생제 주사 안 맞게 해주신 은혜지만, 이젠 장담 못 하는 시간들이 나를 보고 웃는다.

2021. 12. 22.

📊 고립무원

산타는 오지 않았다. 허상이 만들어낸 그림자다. 주식투자로는 부를 쌓을 수 없다. 주식투자의 허상을 알게 될 때는 많은 것을 탕진한 후다.

태국 대 베트남 축구에서 나온 후반전 태국팀의 핸들링은 명백한 페널티 킥이었지만, 주심은 외면하였다. 명백한 오심이었지만 경기는 그대로 끝났다. 심판의 재량일까? 월권일까? 칼을 든 자가 이기는 세상이라는 것을 알려주고 있다.

사면, 가석방, 복권. 사면초가에 몰리니 돌파구를 찾는다.
이미 계륵으로 변한 모습 대화합을 외친다.
미리 3년 전 하셨더라면, 나도 열렬한 팬이 되었을 것이다.
인생도, 주식도 때를 놓치면….

그동안 사회의 구성원으로 열심히 살아왔다. 그러나 지금은 듣고 보고, 읽고 하는 것들로 인하여 혼란스럽다. 5년 정치의 덕을 보았던 분들은 칭송이고 5년 많은 것을 잃은 분들은 악담이다.
생존의 법칙에선 정도가 없다. 생각이 다른 토론은 무용지물로 감정의 앙금만 남는다. 정치가 만든 사회의 악순환이다.

코로나19가 만들고 있는 가교의 단절들 코로나에 걸리면 접종자 중에서도 죽는 사람 있고 미접종자 중에서도 죽는 사람이 있다. 살고 죽는 것도 타고 온 운명이라고 하면….

백신 패스가 죄일까? 미접종자가 코로나19를 옮기는 주범일까? 자발적 참여를 유도하는 제도가 아니라 강제적 공권력을 동원하는 독재적 차단막이다. 그런 제도적 정책을 펴도 코로나19 오미크론이 더 전파된다고 하면 그 책임은 누가 질까?

코로나19 걸리면 자택치료가 우선으로 되고 있다. 병상의 부족과 방역 정책이 실패라는 것은 알고 있다.

코로나 환자가 자택치료를 한다고 하여도 집 구조상 화장실 서너 개씩 있는 집 구조는 드물다. 환자가 1명이면 그 가족에게 전염되는 것은 시간문제다. 코로나에 걸린 가족이 외출, 출근 안 할 수 있을까? 오히려 전염 전파를 양산하는 원인이 된다.

조기 빠른 감염자 전파차단은 자택 근무를 광범위하게 넓히는 것이 중요한 차단막이다. 그런데 정부대책은 미지근하게 미접종자의 이동 제한이 빠른 전파자 감소를 줄인다고 하면서 감염자 확산 책임을 미접종자들에게 돌리고 있다. 백신 접종자와 미접종자의 사회적 분열을 만들고 있다.

물타기 가석방, 사면, 복권이나 주식투자에서도 물타기와 미수 사용은 필패의 지름길이다. 내릴 때 주가는 3년이요, 오를 때 주가는 3일이다. 상폐, 상장 끝없이 이어지는 악순환의 고리에 개미를 질식하게 만드는 곳이 주식 시장이다.

2021. 12. 24.

크리스마스의 선물

다사다난했던 해가 저물고 있다.

증시에서 많은 종목에 산타는 오지 않았지만, 그것도 증시가 가고자 하는 방향이라고 생각한다. 이재명 대선 주자의 "코스피 5,000p 불가능은 아니다." 라고 하시는 말씀은 가장 위험한 말씀이 아니었나를 묻고 싶다. 주가 조작 종목을 매수하여 수익을 남겼다고 하셨다. 수익보고 매도한 후 그 종목이 주가 조작 종목이라는 것을 알게 되었다고 했다. 그 종목 매도하니 매도 후부터 3만 원가던 종목이 다시 제자리로 돌아온 주가였다는 회상의 말씀을 했다.

지금 그 종목 상폐되지 않고 있는 종목인가? 종목 말씀해 주시면 합니다. 그러시면서 자신의 테마주엔 개미는 투자하지 말라고 한다. 정치인 테마주가 다 주가 조작의 종목이라는 것을 알고 계신다는 말씀이다.

코로나19가 발생한 후, 바로 제약주, 바이오주는 천정부지로 주가가 오르게 하였다. 코로나19가 이렇게 장기간 가게 되면 제약주, 바이오주는 당연히 오르는 것이 상식투자라고 생각하면서 주식투자하는 것이 대다수 개미투자자의 투자습관이다.

그러나 지금 코로나19의 전염은 초기보다도 더 위중하고 심각한 사태로 번졌고 번지고 있다. 제약주, 바이오주 종목은 대부분 하락 중이고 심지어 고가 대비 주가는 90% 하락한 종목들도 많다. 모든 제약, 바이오주 종목 주가가 반 토막이다.

이렇게 띄운 종목들 작전주였다고 생각하는 개미는 나뿐일까?

정말 동학 개미 지금까지 투자하고 있는 진실한 개미들 위해서라면 상장주 초기부터 썩은 기업은 상장시키지 않는다고 하는 증시의 개미들 위해선 철저한 검증 마친 기업만 상장시켜야 한다고 하는 말씀을 하셔야 했다.

작전주 종목으로 번 수익 언제든 토해내게 하는 법 개정을 하겠다고 하셔야, 건전한 증시 지수 5,000p대까지….

현 정부 3,000p 지수도 허상의 그림자였다. 지수는 3,000p에서 시소게임지수로 움직이고 있다. 대다수 개미투자자에게 물어봐라. 기관, 세력, 주가 조작인 외인 아니면 증시에서 주식투자로 수익 많이 낸 진정한 솔로 개미들 있는가 있다면 그분들 여의도로 모셔가서 미래 증시 토대가 되는 기록 남기게 한다면 말씀하신 지수 5,000p 꿈의 실현 될 것입니다.

많은 말씀이 모여 각자의 생각들을 듣고 미래를 위한 국민을 위한 국민의 이익을 위한 제도의 틀 정착시키는 것이 정치의 행정이다. 다양한 목소리 듣고 사회 발전과 이익되는 방향 제시하는 것도 국가의 제도다. 동서남북 다양한 목소리, 100% 함께는 할 수 없다는 것을 이번 사면, 복권, 가석방을 보고 들으면서 사회의 많은 이중적 사고의 행동이 충격과 함께 전해온다. 어느 분이 대통령이 되던 미래를 위한 다양한 목소리들 품어가면서 살신성인의 정치로 사회를 보듬고 품어가길 바라는 마음이다.

그런데, 권력의 중추는 힘의 논리는 약자를 포용하지 않는 타협이 없는 구조를 만든다. 늦게라도 고뇌하다가 대화합 이루기 위한 대통령의 사면을 두고서도 각계각층은 법석이다. 법과 윤리 도리에서 중

한 결정 내리신 강한 용단에 국민의 한 사람으로서 감사드립니다. 이왕이면 이 기회에 원칙을 무시하고 이재용, 이명박, 김경수 모두를 사면했다면, 화합의 길 만들었을 것입니다.

나는 늘 생각한다. 인생 멈출 때 몇 사람과 가교의 연 끊어지지 않고 이어질까? 지금의 하늘을 보면 먼저 떠난 이들이 행복하게 보인다. 언젠간 따라갈 길이다. 누군가 열어주면 이승과의 인연도 끊어질 것이다. 모진 게 인간 목숨이라고 했다. 오지 않는 내일을 두려워할 필요는 없지만 주어진 시간에 최선을 다하면서 남은 생의 그림자 꽃씨 남기고 싶다.

내년부터는 미접종자들이 백신을 맞고 사망하게 될 때는 백신 접종 인과성 불분명하여도 5천만 원 지급한다는 뉴스 보았다. 그동안 백신으로 인한 사망자 수 1,300명이 넘는다는 뉴스도 보았다. 요즘도 하루 코로나로 인한 사망자 수 100명 넘었다는 뉴스도 보았다.
 그런 뉴스를 보고 듣고 할 때마다 '백신이 혹시?' 하고 망설였던 미접종자들에게 국가가 백신 후유증, 부작용으로 인한 사망위로금을 지급한다. 백신 부작용의 염려에 백신 패스하셨던 분들 이제 안심하고 백신 맞으셔도 됩니다. 최소한의 가족에 대한 걱정 덜게 되었습니다.

40년 동안 주사 한 번도 맞지 않고 생활해왔던 나도 이제 나의 금기를 깨야 할 것 같다. 대상포진에 걸렸어도 주사 맞지 않고 버틴 육체였다. 백신을 맞고 인과성을 밝히지 못하고 사망한 분들의 유족에게도 국가가 최소한의 금전적 보상을 해주신다면 미접종자 확률은 급격하게 줄어들 것이다. 늦게라도 백신을 맞고 사망한다고 하면 국가가 최소한의 예우로 책임진다는 행정적 제도에 감사드린다.

2021. 12. 25.

성공 투자의 길

다시는 오지 않을 신축년이 지나갔다.
이제는 역사에나 나올 시간이다.
세밑의 차가움은 체온까지 얼게 만들었다.
새롭게 시작하는 날이다. 임인년엔 좋은 소식들 따뜻한 이야기들 주식투자에서 성투했다는 소리가 많이 들렸으면 좋겠다.

기회는 누구에게나 주어지기도 하고 찾아오기도 하는 것이 인생이다. 기회는 오지만 준비된 자만이 그런 기회를 잡을 수 있다. 초조함은 조급함을 만들고 조급함은 결국 실수를 만든다. 투자금 1억이 있을 때는 10%~20%를 잃어도 만회할 수 있지만, 투자금의 90%를 잃는다면 손실금 찾을 확률은 거의 없다.

미수 사용했거나 상장 폐지 종목에 몰빵했다면 주식투자는 다시 할 수 있어도 손실금 찾을 수 있는 기회의 주식투자는 없게 된다. 그동안 수없이 경험했던 결과가 알려주고 있는 답이다.

주식투자가 왜 무서운 것인가는 직접 투자하면서 배우면 알게 된다.

투자금 10억이 있다면 그런 투자자는 1억이나 2억을 잃어도 다시 본전 찾을 수 있는 주식투자 기회가 온다. 그러나 투자금 1억이 전부라면 그 1억을 다 잃고 신용으로 빚까지 진 개미라면 주식투자에서 기사회생한다는 것은 하늘의 별 따기보다도 힘든 것이 주식투자다.

주식투자에서 수없는 실패를 하고 그런 경험을 토대로 재도전 7전 8기 투자도 개미의 틀에서 벗어나지 않는다면 개미는 개미가 될 수뿐이 없게 만드는 곳 주식시장이다. 10년간 주식투자로 수익 낸 개미라고 하여도 우량주 종목에서 눈 돌리는 순간엔 언제 어느 때 몰락하는 주식투자가 되는지도 모르게 된다. 종목과 생각 바꾸는 순간 지하실 주가는 세력이나 작전인들의 유혹의 주가에 휘둘리게 된다.

신축년에는 유난히도 주가 조작 종목들이 많았다.
전문가들은 주가 등락 폭을 가지고 자연적 수익구조에서 만들어지는 주가라고 하지만 어느 종목의 주가 전 세력과 작전인 종목은 주가 띄우기를 만들고 허문다. 주가 조작한 종목 주가는 긴 시간 하락하는 주가로 변한다. 세력과 기관 외인 작전인들이 모이지 않는 종목 주가는 몇 년 횡보하거나 하락하는 종목들이다.
종목에 기생하는 조작꾼들이 테마주를 만들고 세력과 작전인들과 야합 공생하면서 주가 띄우는 종목들 대다수가 작전주라고 생각하면서 주식투자하라.

한 번의 실패는 성공의 경험이다. 하지만 주식투자 실패는 한 번 실패하게 되면 연이어 머피의 법칙으로 가게 한다.

주식투자 경험으로 재투자에 도전하다가는 패가망신 투자도 될 수 있다. 개미는 개미이기 때문에 필패가 되는 것이 주식투자다. 인생 성투의 주식투자를 하겠다고 덤비는 주식투자자라면 처음 투자한 금액을 가지고 투자하다가 투자금을 다 잃게 된다면 2전 3기를 생각하는 주식투자는 금물이다. 그런 결심으로 주식투자한다면 성투할 수 있다.

주식투자에서 성투한 개미들 몇이나 될까요? 주위를 보면 답이 나온다.

2022년 임인년, 성투하기 위해선 스스로 결자해지하는 개미가 되어야만 주식투자로 성투할 수 있다.

임인년, 아침 해는 창밖을 비춘다. 나는 어떤 모습으로, 어떤 모습이 된 나를 볼까?

어쩔 수 없는 삶에 매달리며 사는 모습이지만, 코너에 몰렸어도 쉽게 포기하지 않고 지금까지 매달려온 주식투자였다. 그동안 열심히 살아왔다고 생각했던 철학들이 들도 보도 못한 흑사병, 스페인 독감을 넘어선 코로나19가 마음의 철책선을 만들고 있다. 설상가상 백신 접종을 하지 않은 사람들에게 사회의 족쇄를 채워가는 무소불위의 정책들이 나오고 있다.

그동안 해왔던 감염 예방을 위해 불편을 감수하면서 노력했던 행동과 인내들이 무너졌다. K-방역 무너짐의 책임을 백신 미접종자들에게 희생양을 만들고 있다. 옥죄는 정책에 맞서 싸워 이길 수는 없다.

전염병 옮김에 있어 백신 미접종자들보다도 더 시급하게 백신 접종을 해야 하는 곳은 교회, 기도소, 사찰 등 많은 이들이 매주 모이는 곳이다. 종교인들의 백신 접종은 우물우물 넘어가고 있다. 코로나

19의 확산을 막기 위해선 다중적 시설이나 종교인들이 많이 모이는 곳부터 백신 접종자를 가려내야 함에도 일상적으로 미접종자들에게 방역 체계의 책임을 돌리는 무능력의 극치를 보고 있다.

  미접종자들의 정확한 통계도 부족하다. 미접종자 분포 숫자 1세부터 10세까지, 11세부터 17세까지, 18세부터 100세까지 정확한 미접종자 전염 통계를 알려 자발적 참여 유도를 병행시켜야 함에도 전염 근원 원인을 미접종자들에 사회생활 족쇄를 채우면 감염자가 줄어들고 코로나19 퇴치를 할 수 있다고 생각한다.
  그러나 나는 근시안적 행정이라고 말하고 싶다.

2022. 01. 01.

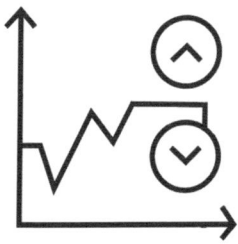

신념의 인생은 저문다

사공이 많은 속세다. 미풍에도 흔들리는 배 도착지를 찾지 못하고 있다.

젊은이의 꿈을 존중하고 키워주고 스승이 되는 어른들이 많아야 하는데, 그런 분들은 이제 많이 돌아가셨고 속세에 등을 돌리는 세상이다. 꿈을 가지면서 키우고 있는 2030세대도 사회의 꿈을 함께 키워가는 것이 아니라 자신의 영달만을 위한 이기적으로 변하게 하고 있다.

정직한 꿈을 꾸는 게 아니라 열정을 담는 게 아니라 야합과 무리의 힘에 동승해야 꿈을 이룰 수 있다는 도구로 정치는 가르치고 있다.

오락가락 지지부진 증시나, 오리무중 첩첩산중 이해집단으로 모인 국힘이나 정신 못 차리고 있다. 2030세대가 똑똑하다고 하여도 아직 선장의 그릇은 아니다. 사회의 풋사과건만 스스로는 부정하면서 그런 말을 하면 화부터 낸다. 누군가는 이런 말을 합니다.

"신년 초인데 부정적으로 보이는 현실의 시각이어도 부정적 말과 글을 쓰는 것보다는, 희망적 이야기와 덕담을 주고 받아야 된다."라고 한다.

지수 2,977p, 코스닥 1,033p로 시작한 임인년 해다.

그러나 늘 빙산의 일각이었던 암초가 수면으로 나왔다. 오스템임플란트 횡령, 배임 등 금액 1,880억 원 피의자로 지목된 용의자는 동진OOO, 지분 7.62% 매수했다가 5% 매도한 파주 거주자 이모 씨라고….

지금까지 주식투자하면서 상폐 종목을 보면서 상폐을 당하면서 늘 노심초사 전전긍긍하며 주식투자해왔던 나나 개미들은 그런 종목이 증시에 얼마나 많이 상장되어 있는지 알고 있다. 자본금의 90%나 넘는 금액이 횡령으로 거래정지 중이지만 그 종목은 상폐까지 되지 않는다. 항상 제도적 책임을 하는 것이 아니라 자율성 제도로 심의하기 때문이다. 그 종목 보유한 개미들은 걱정하지 마시라. 상폐는 아니 되지만 주가 변동성은 어쩔 수 없다.

실패는 성투의 어머니라고 하지만 주식투자 실패는 패가망신도 함께 주어질 수도 있다. 경험이 필요치 않게 만드는 것이 주식투자다. 주위를 본다. 해가 바뀌었다고는 하지만 연도의 숫자만 바뀐 것 같다. 태어난 해와 지금의 해를 비교한다. 벌써 이렇게나⋯.

고희가 지난 구백의 나잇대인 분에게서 전화가 온다.

해 가기 전에 미리 전화하려고 했는데, 깜박하고 이제서야 하게 되었다고 하시면서 새해엔 건강 축복, 덕담의 소리 하신다. 전화 준 어르신과 통화하면서 호형호제하시던 분도 작년 11월에 가셨는데 평시처럼 잘 주무시다가 운명하셨대요. 평생 우정을 나누면서 호형호제하여도 자주 만나지 않게 되면 운명하셔도 가족 간 교류가 없게 되면 한참 지난 후에야 북망산 갔다는 소식 듣게 되는 것이 요즘 세상 흐름이다.

김종O, 윤석O, 이준O, 그분들은 의리 있었을까? 권력욕에 사로잡혀 어쩔 수 없이 모인 분들이었을까?

준석아, 너로 인해서 벌어진 사태다.

이젠 새로운 벗을 만나도 호형호제 사이의 관계를 맺기 힘든 세상이다. 미접종자들에게 돌린 시선들이 많은 것을 생각하게 하고 있다. 주식에 미친 인생이었다. 이웃에게 보낸 웃음도 위선이었지 않았나를 생각하게 한다.

코로나19가 제대로 된 울타리의 철책을 치게 만든다. 살든 죽든 어쩔 수 없이 앞으로 가야만 되는 삶이다. 앞으로 또 다른 모습으로 변할 수 있을까? 가슴으로 와 꽂히고 있는 무서워진 세상을 보고 있다.

주위에 쌓여있는 책 부처님은 아무런 말씀이 없으시다. 항상 웃으시기만 한다. 살고자 하는 것도 죽고자 하는 것도 다 네 뜻인데, 내가 무슨 말을 해줄 수 있겠느냐고 하고 계신다. 각성이 생각에서 그쳐선 안 된다. 알에서 깨어나 와야 하늘을 날 수 있다. 아직도 보지 못한 첩첩산중에서 상전벽해 변수의 삶이다.

2022. 01. 05.

개미는 증시에서 짐 싸라

탈도 많고 말도 많은 세상이라지만, 요즘처럼 많은 것들이 시사하는 바는 크다. 오늘의 시간도 무사할지가 염려되는 속세다. 무책임한 상장 종목들이 많고 많은 증시다. 애플처럼 상장사가 되면 주주들의 수익을 위하여 주가 관리를 하는 상장사들은 대한민국 증시엔 없다.

오로지 정치인들의 입맛에 따라서 세력들이 주가를 만들고 편승하면서 주가 띄우기용 주식시장으로 변한 증시다.

지금 증시 흐름에서 수익 종목 찾기 힘든 장세가 연일 펼쳐진다. 증시 창을 보면서 지루함을 참지 못하고 혹시 하고 매수했다간 잃는 투자가 된다. 작전주 종목만 반짝인다. 전화, 메일로 무작정 띄운 종목들 시초가 급반등했다가 주저앉는 주가다. 그런 종목 추천받았다고 무작정 따라서 매수했다간 큰 낭패가 될 것이다.

요즘 종목들 눈에 띄는 많은 변화다. 세력들이 빠져나간 하락세 타기 시작하는 종목들 대다수가 어디가 바닥인지 모르게 하락한다. 이만큼 빠졌다고 매수했다간 지하실 밑 그 아래, 몇 층까지 있는지 도무지 감 잡을 수 없게 내려가는 주가다.

특히 제약주, 바이오주, 비대면주 종목들 주가는 끝이 보이지 않는다.

정치인 테마주는 작전주라고 대선자는 말했다. 정치 테마주라고 하면서 주가 띄운 종목 앞으로 오를 것이라고 하면서 매수, 추천받았다면 총알받이 개미가 될 것이다. 지수 3,000p 띄워놓고는 얼마나 많은 개미를 지옥으로 안내했는가를 누군가에게 물어보고 싶다.

그에게 물어보면 아니라고 답할 것이다. 당신이 주식투자해서 망했지 왜 제도를 탓하고 내 말 쫓아서 그런 종목군에 투자했냐고 도리어 우문현답의 큰소리칠 것이다. 그런데도 다시 지수 5,000p 달성하겠다는 공약 내건 분은 누굴까?

정치 테마주는 작전주라고 하면서 테마주 종목이 널뛰기 주가를 한다고 해서 작전주라고 색출한 종목들 그동안 있었을까? 그런 종목들 판친다고 해서 작전주라고 말은 하면서도 합법적 투자였다고 한 번도 주가 조작으로 잡았다는 종목 한 번도 본 적 없다. 주식투자의 허구성을 잘 말해주고 있는 증거다.

요즘 증시를 보면서 이만큼 주가가 많이 내려가고 있으니 수익 보겠다고 대드는 2030 개미들이 있다면 꿈에서 깨어나라! 쉬는 것도 투자의 지혜. 급한 자금으로 조바심으로 주식투자하는 개미라면 연령층 관계없이 백전백패의 주식투자가 된다.

다른 개미는 어떻게 생각할지 모르겠으나 나는 5년이 지긋지긋하다. 살아온 세월 14분의 일이건만 그 험하다는 시간에서도 오뚝이처럼 일어났지만, 누군가 띄웠던 K-방역주, 제약주, 바이오주, 비대면주, 쌓아왔던 노력이 순식간에 물거품이 되었다.
정치인의 혓바닥 논리에 현혹되는 2030들의 꿈, 기대지 말고 땀과 노력 열심의 열정만이 그대들이 꿈꾸는 시대를 만들고 열어갈 수 있다. 정치인들의 세 치로 만들어지는 종목들은 언젠간 그대들의 꿈을 밟고도 모자라서 더 많은 것을 잃게 만들어 버린다.
2030세대여! 증시에서 짐 싸서 떠나라…!

2022. 01. 10.

주식 인생의 민낯

소한을 지나서 대한을 앞둔 날씨가 차다.
머리를 식히려고 운동장을 걷는다. 매서운 삭풍이 가슴을 친다.
마음은 추위를 느끼지 않는데, 육체의 귀는 귀가를 재촉한다.

당뇨로 인하여 발가락까지 절단한 벗에게서 전화가 온다.
"백신 맞았니?"
"아니, 왜?"
이래저래 힘든 삶인데 백신 맞아도 갈O은 가고 안 맞아도 갈O은 가는 것이 인생인데, 백신 안 맞고 빨리 죽든가 해야지 스스로 끊지 못하는 삶인데, 코로나19가 목숨까지 가져간다고 하니 얼마나 고맙냐.
사실 그런 생각도 해본다. 정말 재미없는 세상이다. 그동안은 무서운 세상이라고는 생각하지 않고 살아왔다. 더불어 살아가는 세상이라고 생각해왔다. 상부상조하면서 나누면서 증시 창을 보면서 주식시장을 보면서….

유신 시대 박OO 님, 독재정권했다고 하는 이들을 보면 그들의 나이를 생각해 보게 된다. 지금 문OO 님도 동시대를 함께 사셨던 분이시다. 누구보다도 그런 시대를 몸으로 행동으로서 체험하신 분이시다. 그런 시대 사회의 아픔을 겪으면서 정치인으로 입문하신 분들이다.
애초에 미래 나라를 걱정하면서 행동을 하셨고 목적을 관철하기 위해선 정치를 해야 한다는 생각의 결단을 해왔고 봉황의 자리에 앉으셨다.

문OO님에게 묻고 싶다.
다시 태어나도 정치를 하시겠냐고?

나는 지금의 시대보다도 그때 그 시절로 돌아갔으면 하는 그 시절이 그리워진다. 문명의 혜택이 부족하고 일자리 드물고 먹을거리가 부족하여 방황했던 청춘이었으나 그 시절 사회는 사람 냄새가 있었고, 낭만이 있었고, 내일을 향한 꿈도 있었고, 노력만 하면 부자가 될 기회를 더 많이 주었던 시절이었다고 생각한다.

그건 시절의 시간들이 함께 주어졌던 생에서 누군가는 권력, 재물, 명성, 부를 다잡고 있는 분들이 성공 가도를 달리고 있는 분들이 도리어 그런 시절을 침 뱉어가면서 후학들에게 증오의 역사를 가르쳐야 하는가를 묻고 싶다.

앞으로 50년 후 지금의 시대 또한 후손들에게서 평가를 받을 것이다. 건국 후, 봉황의 자리에 앉았던 분들의 역사를 보면 생과 삶은 비극적이 되었다. 안타까운 우리의 역사가 시사하는 바는 크다.

역사와 사회는 고마움이 아니라 단죄로 치부되고 있다. 2030세대는 새 시대의 일꾼으로서 소명과 책임의 사회인이 되기를 바라는 마음이다. 주식투자보다는 땀 흘려서 사회를 만드는 일꾼이 되기를 바랍니다. 정치에 기웃거리지 말고.

2022. 01. 13.

📊 개미는 폭락장 대비

중함은 믿음과 신뢰를 심는다. 가벼움이 지나치면 믿음과 신뢰는 무너진다. 정치도 증시도 그렇게 만든다. 사회 많은 곳에선 가벼움의 도가 지나쳤다. 방역 체계의 신뢰와 명예는 그동안 고군분투한 의료진들의 노고와 노력이 일순간 사라지게 하였다. 누구의 잘못일까?

미접종자들은 국가에 목숨 지켜달라고 하지 않았다. 미리 호들갑 떤 제도 행정이 혼란과 불신만 키웠다. 미접종자가 마치 전염병 전파자처럼 이중 삼중의 사슬로 묶고 있다.
만약 백신 접종이 포장한 제도를 무너뜨린다면 누가 책임질까? 굵고 짧은 방역의 시간 놓치곤 가늘고 긴 시간의 코로나19 퇴치 방법이 되었다.
끝없는 지수, 주가 추락을 보고 있다.
끝없는 주가와 지수 폭락인데도 개미는 바닥이라고 생각하면서 물타기에 도전한다.
지수, 주가는 무너지기 시작하면 회복하는 시간은 아무도 모른다. 다만 어느 정도 선에선 반발 심리에 동참한 무리가 주가를 만든다. 주가의 출렁임은 반대매매를 만들고 투자자의 물갈이를 하게 된다. 물갈이될 때 주가는 잠깐 반등한다.
수없이 반복한 증시의 역사다.

백신 패스로 인한 정책 제도는 법원의 일부 제동에 갈팡질팡 오락가락한다. 델타, 오미크론 바이러스 균은 인간의 내면까지 흔들고 있다. 사회 불편과 생명을 지킨다는 정책은 도리어 불협화음과 불편의 돗자리를 펴고 있다.

코로나19는 이미 기저질환자와 노인들에게 사신으로 변했다. 백신이 만능이라고 외치고 있지만, 결과는 많은 이들의 생명을 뺏어갔다. 정치는 책임을 지지 않는다. 그 자리에 앉아다가 물러나면 그만이다. 권력은 면죄부의 자리다.

k-방역의 자화자찬에 무너진 제약주 주가 주가는 끝을 모를 어둠뿐이다. 오스템 횡령 종목으로 인한 더 깊어진 제약주 골이다. 지금 증시는 몇 종목만 띄우고 있지만, 삼일천하 주가로 변하는 것은 금방이다.

불안과 공포의 해일은 쓰나미가 되어 증시 주가를 크게 흔들 것이다. 추락하는 지수 주가를 보면 잊힌 관성의 법칙 이론이 다시 떠오른다.

2022. 01. 17

📈 주식과 인생의 교훈(서울시장님께)

D-day, LG에너지솔루션 상장주를 받기 위해 몰린 금액이 무려 1경하고도 6천억이라고 하네요. 개미들은 1인당 몇 주나 배정될 수 있을까 사회의 큰 이슈로 번지고 있다.

삼라만상의 고요를 앞에 온 대한의 찬바람이 깨운다.
LG화학에서 분사된 상장예정인 종목에 몰린 돈이 자그마치 천문학적이다. 천문학적 금액 중 1%만 밥퍼 재단에 기부한다면 불법 증축의 위법에 대한 갈등은 깨끗이 소멸할 것이다. 불법증축으로 인한 밥퍼와 서울시가 수면으로 떠오른 것을 보면 세인이 관심을 가지라는 하늘의 뜻이 담긴 것은 아닐까?

증시를 보면 지나간 많은 것들이 떠오른다. 보유한 종목 90% 주가가 하락했다. 서울시장이 이 종목 주가 매숫값까지 올려줄 수 없나요? 올려줄 수도 없고 올릴 수도 없다. 인위적으로 올리는 주가는 주가 조작이기 때문이다. (상당수 종목이 지금 그렇게 올리고 있는 시장이지만)

법과 질서는 만인에게 평등하게 주어지는 것이 법의 원칙이라고 우리는 배웠다. 법 준칙의 엄한 조항에도 예외적으로 적용할 수 있는 자리가 권력의 자리일 것이다.
내 욕심의 만족을 위한 것이 아니라 가난하고 어려운 불우한 이웃을 위한 것이라고 하면 법의 원칙은 조금 비껴가게 할 수 있을 것이다. 우리는 그것을 편법의 적용이란 잣대로 잰다.

 엄동설한 어려운 분들에게 국가가 다하지 못하고 있는 따뜻한 한 끼를 제공하고 있는 최일도 님의 봉사와 희생은 나중 천국의 영혼으로 가시겠지만, 그것을 빌미로 불법 증축을 합리화시킨다는 것은 만인의 법 원칙에 위배되는 사항이다.
 나는 선행을 베풀고 있으니 사람이 정한 법쯤 어길 수도 있다. 사리사욕을 채우기 위한 불법증축이 아니기 때문에, 하는 항변 또한 하느님의 말씀은 아닐 것입니다.

 30년 전, 1,004 빨간 벽돌 올릴 때 나도 그중 1장을 기증하였다 (어머님 이름으로). 최일도 목사의 헌신에 감동하여서다.
 무슨 인연인지 까맣게 잊고 있었던 밥퍼 재단의 불법 증축으로 인한 서울시와 마찰 기사를 읽게 되었다. 오세훈 님이 못하는 일을 최일도 님은 지금도 하고 있고, 평생을 하실 것이다.
 하늘의 부름을 받을 때까지는,
 불법증축 눈감아 준다고 하여서 서울시장을 욕하는 이는 없을 것 같다는 생각을 한다.
 서울시 땅인데. LG엔솔에 몰린 금액 중 1%만 밥퍼에 기부했다면….
 법과 원칙 사이에 나온 민원은 모두 해결될 것이다.

 생로병사, 희로애락을 비껴갈 수 없는 우리네 인생이다. 수명이란 것에서도 육체는 자유로울 수 없다. 깨달음의 도는 얻는다 하여서 육체의 수명이 늘어나지 않는다. 노화와 수명 앞에서 불법 증축에 냉혹한 법의 잣대를 대는 것은 대한의 찬바람을 더욱 냉혹하게 부채질하는 것이다.

이왕 이리된 것 서울시가 발 벗고 나서서 밥퍼 재단에 건축물 확대해 따뜻한 한 끼를 추위에 떨고 있는 이웃에게 삼시 세끼 제공한다면 이 또한 오묘한 하늘의 섭리가 아닐까 싶다.

2022. 01. 18.

개미들의 저주

신년 초부터 증시를 관찰하니 매우 부정적으로 보이게 하는 일들이 너무 자주 발생하고 있다. 케케묵은 주식 이야기겠지만, 초보들은 새겨들어야 할 것이다.

누가 띄운 지수인지 만든 지수인지는 모르지만, 순식간에 돌파한 배경엔 왠지 석연치 않다는 생각이 든다. 그동안 해오면서 증시를 보면서, 매매를 하면서, 주식이란 '왜? 주식투자에서 못 벗어 나오는 것인가?' 하는 말을 글로 쓰고 있다.

지금 증시는 지수 3,000p가 주는 저주의 폭락인 것 같다.

신라젠 상폐(상장폐지)가 결정 났다. 신라젠 주주명부에 있는 개미들은 망연자실이다. 암울한 새벽이다. 거래정지 후, 한 가닥 희망도 이젠 물거품으로 변했다. 나도 여러 번 상폐를 당한 경험이 있어 그

가슴앓이를 알고 있다. 증시에서 신라젠뿐일까? 앞으로 또 어떤 종목이 그럴까…?

K-방역 자화자찬 후부터 끝없는 제약주, 바이오주, 주가, 아니 카카오 그룹주들도 먹튀로 개미들을 지옥으로 안내하고 있지만, 그것은 빙산의 일각일 뿐이다. 이런 현실들이 빈번하게 일어나고 반복되면서 증시는 커져 왔다.

몇 분의 정치인은 이런 증시 상황을 보면서 미래의 증시 청사진만 각인시키는 말씀을 하신다. 증시의 고리가 어떤 사슬로 개미들을 절망의 나락으로 밀고 있는지 알면서도 하시는 말씀인지, 아니면 자신의 세력권에 작전꾼이 있어 조삼모사의 계를 퍼트리는지 참으로 안타까운 증시다.

신라젠 뒤이어 터질 종목은 코오롱티슈진, 큐리언트, 태웅 아니면 오스템임플란트. 상폐가 아닐 수도 있지만 이미 거래 정지된 종목들 불안감은 더욱 증시를 짓누를 악재가 되고 있다.

지수 3,000P 수렁에 빠진 개미들이여, 계속 증시 주식시장을 찬양하라! 그대들의 자자손손 부를 축적하여 기름진 뱃살로 이승에서 편안하게 살다가 저승으로 가시라. 저승에서 기다리고 있는 핏발 선 개미들의 채찍질이 기다릴 것이다.

집단소송제 한참 떠들더니만 증시에선 쏙 들어갔다. 집단소송제 뜻 알고 있을 동학 개미들 몇이나 될까? 집단소송제 이행되고 있다면 신라젠 카카오 창시자들은 하루에 모두 있는 것 숨긴 것 다 토해낼 수 있는 제도다.

이곳 증시 창만 하여도 주식에 대한 경각심 주는 글은 없고 누구의 파라호인지 모를…. 정말 주식투자에서 성투했다면 성투기를 써서 가슴앓이하는, 할 수 있는 2030세대에게 주식투자에서 얻을 수 있는 투자의 실패를 미리 막아줄 수도 있을 것이다.

　주식투자에서 실패하지 않고, 가슴앓이 만들어 주지 않고, 주식투자할 수 있게 하는 그동안의 보아왔던 예전의 증시 흐름이 아니다. 이런 증시 흐름은 처음 겪는 것 같다.

　험한 증시 파도에서도 살아남았지만 지금 증시 흐름에서 살아남을 수 있을까? 정말 주식투자 무섭다. 뭘 모르는 10년 경험 가지고 우쭐대는 어리석은 개미들에게 글 쓰고 있는 개미들에게 묻고 싶다. 지금 어느 종목 매수하여 수익보고 있는지 밝힌다면 그대가 작전세력인지 아닌지 내가 말해줄 수 있다.

　밑으로 2,700P 깨진다면 분할매수로 도전하라. 3월 대선 전 증시는 한바탕 뛸 것이다. 어쩌면 2월 중순쯤 시작될 수도 있다고 생각한다. 증시의 실체를 안다면 주식투자는 하지 않게 될 것이다. 인간의 욕심은 귀와 눈을 막지 않는 한 주식투자의 유혹에서 벗어 날 수 없다.

2022. 01. 19.

📊 금리 인상의 후유증

주식투자는 종목을 잘 골라도 결과가 나쁠 때도 있다. 때론 잘못 고른 종목의 결과가 대박의 행운을 주는 때도 있다. 주식투자는 과정과 결과가 용을 잡으려고 하다가 꼭 이무기도 놓치게 만드는 곳 주식시장이다.

지금 증시는 제2의 신라젠이 나오지 않을까, 조바심인 개미들이 많아졌다. 또한, 벌점 15점이 되거나, 5년 적자기업군도 조심해야 할 종목들이지만 널뛰기 주가를 보곤 덩달아 매수의 유혹에 빠지는 투자를 하는 경우도 많아진 증시다. 12월 결산기 종목들의 3월 감사보고서가 나올 시점인 종목군도 많아졌다. 언제든 시한폭탄의 뇌관 역할을 할 종목들이 발생할 수 있다.

물가를 잡기 위한 미 금리 인상에 증시는 하락 이후 급반등 기대는 점점 수면 밑으로 가라앉는다. 떨어질 만큼 떨어졌다고 생각하는 종목의 주가지만 증시 주가의 반등은 기술적 반등이지 상승세를 타기엔 주위 여건이 불확실성의 파고가 높다. 증시 격언에 주가는 3일 오르다가 3년 빠진다는 말도 있다. 개미들이 종목 매수 후부터 3년 보유한다는 것은 매우 힘들다.

나 또한 3년 보유 종목이 없다. 그만큼 주식투자의 기복을 견디는 투자를 할 수 없게 만드는 것이 주식투자다.

비몽사몽 중에도 떠나지 않는 주식에 대한 생각이다. 만사가 귀찮지만, 생리적 현상까지는 어쩔 수 없어 일어난다. 누워 있을 땐 모든 것이 끝났으면 하는 생각도 해본다. 모진 게 목숨이라고 목숨줄이 왜 이리 질기고 튼튼한지 끊고 싶어도 끊어지지 않는 생이다. 지금 세상은 천수를 누리고 싶어도 생각하지 않았던 질병 때문에 돌연 생의 마감을 하는 이들도 많아졌다.

거리 두기 미접종자들의 사슬 등 제도의 행정을 비웃듯 델타, 오미크론 변이체는 인간을 숙주로 영역의 범위를 넓히고 있다. 설상가상 전철을 타기 위해 기다리는 시간, 생면부지의 낯선 이가 다가와 인사한다.

"일터 나가시나요?"

"아닙니다. 잠깐 나들이할 곳이 있어서…."

"선생님은요?" (기억에 없는 얼굴이고 나이도 지긋하게 연륜이 있는 모습이다)

"코로나19 3차 예방까지 맞았는데, 일터에서 다시 PCR인가 뭔가 검사받고 와야 한다고 하여서 지역 보건소 방문했는데, 이젠 코로나19 검사 안 한다고 하여서 헛걸음하고 왔습니다. 혹시 그 이유를 알고 계시는지요?" 하고 묻는다.

웬 봉창 두드리는 소린가? 속으로 다녀온 분이 헷갈리는 소리를 하고 계시는지? 아니면 내가 잘못 들은 소리인지 헷갈린다.

"혹시, 미군 부대 다니시나요?" 그렇다고 하신다. 거기도 만 65세가 넘으면 정년….

빵~ 열차가 온다. "새해 복 많이 받으시고 늘 건강하세요." 하는 인사의 작별이다.

보약과 영약을 처바르고 먹어도 앞으로 세수는 천수를 누리지 못하고 20년 내 떠날 군번들이 많아진 세상이다. 코로나19가 골라낸 기저 질환도 많이 가려졌지만 아직 안심을 논하기엔 코로나19 변종 변이체의 시료 약이 발명되지 않았다.

거리 두기, 백신 미접종자에게 몇 겹의 방충망을 쳐놔도 델타, 오미크론 숫자는 줄어들지 않고 늘고 있다.

미접종에 대하여 의견을 내도 제도와 정책에 부응하지 않는다면 제재 대상군이 된다. 코로나19가 오기 전엔 일주일에 4~5일 두꺼비와 이슬을 놓고 갈매기살과 벗하던 벗들의 왕래가 이젠 한 달에 많아야 2~3회다. 그만큼 만남도 줄었고 가교의 끈도 끊어지고 있다.

만날 때 이야기 화제가 단연 정치 이야기였는데, 곡차 나누면서….

세간 화두엔 이번 대선이 끝나면 누군가 상대방은 잡곡밥을 먹을 것이라고 하는 말을 자주 듣고 있다. 한 후보는 대장동이 아킬레스고 한 후보는 마누라가 덫이 되고 있다. 관망자라고 하면서 누군가의 행보는 천주교와 불교의 종교를 정치권으로 끌어들였다. 누군가 방정맞은 입은 고요한 수행의 행보를 갈지자로 만들고, 불교의 명경지수 덕행은 묵언의 수행을 깨고 표의 심지에 불을 지폈다.

"세상만사 어디로 흘러가든 무슨 걱정이냐?" 하는 말을 하는 벗도 당뇨, 고지혈증, 지방 복용하는 단골이다. 건강에 신경 쓰는 것이 아니라 술, 담배, 육식 등 자주 먹지 말고 멀리하면 노인네들 먹는 약도 줄어든다. 나는 늘 감사드린다. 가끔 육체가 신호 보내줄 때 먹는 약이라야 O화탕, 활O수에 관절에 붙이는 OO파스 뿐이다. 지금까지 무탈한 인생의 육체에 장기에 감사드린다.

제약사가 내 피를 내 피부조직을 연구용으로 하고 싶다고 연락해

준다면 언제든 기꺼이 응할 수 있다. 어차피 오래전 장기기증서약 했기 때문이다. 지금 미접종자지만 그 이유는 40년 동안 주사 안 맞고 살아왔기에 피는 맑을 것이다. 변도 깨끗하고 소변도 아주 맑다 못 해서 호수다. 제약사, 병원은 언제든 연락하면 연구용으로 기증하겠다.

2022. 01. 23.

지수 2,700p의 중요성

궂은 날씨만큼이나 증시 또한 역량의 물결이다. 요즘은 증시 창을 열기가 겁난다. 얼마나 더 하락할까?

미 증시는 폭락 후 재반등을 하였는데, 우리 증시도 오후엔 떨어진 만큼 회복해줄까를 생각한다. 초록이 물결치는데 바람까지 불고 있는 증시에서 난파선에 승선한 개미들, 깡통 계좌가 되지 않기를 바랄 뿐이다.

가끔은 어둠을 뚫고 한 줄기 빛도 보일 때가 있지만 지금 증시는 그런 요행도 주지 않는 흐름이다. 주식 보유자는 손절매 구간도 지났을 것이다. 나 또한 그동안의 경험으로 6개월을 버텨왔지만 속수무책으로 내려가는 주가를 보면서 허탈한 심정이다.

예측은 맞았는데, 주가는 반대 방향이 되었다. 주식투자의 무서운 함정이다. 오를 것 같아서 재무 상태 실적을 예측한다고 해도 이런 증시를 맞으면 약이 없다.

거사, 도사는 아니지만, 이번 대선에 봉황에 앉을 운명의 그림자는 예측할 수 있다. 이번 대선자에 베팅하는 베팅액이 있다고 하면 주식투자에서 잃은 손실액 모두 찾을 수 있다. 대선의 판세보단 주식투자의 예측이 그만큼 어렵다는 방증이다.

이번 폭락에 깡통 계좌가 속출한다면, 다시 증시는 부메랑이 될 것이다. 오미크론 확산에 방역의 제도들이 많은 허점들 도출되고 있다. 거리 두기, 백신 패스, 사회 봉쇄, 영업시간 제한 등 불편을 해소하고 많은 희생을 줄인다고 연일 떠들지만, 델타와 오미크론 변이체의 속도는 제도의 방역을 비웃듯이 주가 하락보다도 더 가파르게 번지고 있다.

미접종자들을 볼모로 방역의 화살을 돌린 대책이 잘못되었다는 것을 알면서도 수긍하기는 힘들 것이다. 거리 두기, 백신패스, 영업시간 제한, 강제적 조치들의 후유증이다.

민심의 자발적 참여가 얼마나 중요한 것인지 다시 새삼 일깨우면서 가르친다.

그동안 강제적 봉쇄가 있었기에 거리 두기 시간제한, 미접종자 봉쇄 등 해왔기에 그나마 감염자 수만 명 선 밑이지 그렇지 않았다면 지금보다 더 많은 수만 명 감염자가 나왔을 것이라고 공치사의 대책 화살을 쏠 것이다.

개미들에게 이런 증시 흐름을 보면서 되도록 주식투자는 멀리하라고 하는 조언의 글에 돌멩이는 수없이 날아온다. 행정의 제도 증시의 불공정성을 고쳐(예시: 공매도 완전 폐지, 상장사 여건 강화, 신용 미수금 완전 철폐 등) 개미들에게 유리한 증시 제도를 펼친다면 주식투자에서 오는 초보투자자들에게 주식투자의 황폐함과 너무도 자주 일어나고 있는 깡통 계좌의 방패 역할을 해줄 수 있다.

조건 없는 상장사 배출이 아니라 상장사는 일정 기간 주가 관리를 해야 하는 책임 부여도 함께하는 장치적 제도가 정착된다면…. 먹튀의 종목이나 상폐의 종목 또한 많이 줄어들 것이다.

주식투자야 본인의 책임이라고 하지만 투자의 무한정 책임만 있는 증시에서 개미들은 언제나 봉 노릇 하는 투자에서 벗어날 수 없게 만드는 것이 바로 주식투자기 때문이다.

굵은 밧줄도 세월의 풍상엔 썩는다.
권불십년 허무의 그림자를 보면서도 그 자리는 천국이다. 네거티브, 포퓰리즘 쏟는 혀는 책임이 없다. 어느새 다다른 종점이다.
길잡이가 되었던 석양도 어둠 속으로 잠긴다. 감각으로 걷기엔 사방이 어둠뿐이다. 그동안 걸어왔던 길이 잘못된 길일까? 내가 지금 길을 찾지 못해 헤매고 있는 길일까? 두서없는 동문서답을 하고 있다.

왜 지수 2,700p가 중요한 지수대인지 지수 흐름을 보면서 경험하면 알게 된다. 사실 주식투자 경력 30년이라고 하여도 증시 흐름을 알 수 없다. 다만 지금은 주식투자 쉴 때다.

2022. 01. 25.

공포는 끝나지 않았다

　공포로 인한 투매가 시작되었고 뒤이어 나오는 반대매매 또한 줄어들지 않았을 것이다. 다만 오늘 시초가 급반등은 달아날 기회를 주는 것은 아닐까하는 생각을 해본다. 보유 종목도 5% 이상 시초가 반등하기에 팔까 말까 망설이다가 매도하지 더 오르길 기다렸지만, 주가는 다시 어제 주가로 되돌리고 있다. 너무 많이 손해 본 금액이라 선뜻 매도를 못 하는 것은 다른 개미들의 마음과 똑같다는 생각을 해본다.
　이곳 증시 창에 글 올리는 분들은 고수인 것 같다. 이런 폭락장에서도 공유의 글이 아니라 혼자만 고수익 챙기는 왕개미인지 아니면⋯. 개미들이 성투하는 글을 많이 쓰고 이곳에 성투기 글이 많이 나와주기를 바라는 마음이다.

　공포로 인한 투매를 부추기고 만드는 세력들은 누굴까? 솔로 개미가 성투하기 힘든 곳이 증시다. 이곳에 늘 좋은 글 올렸던 분들은 다 떠나셨다. 나처럼 부족한 글쟁이만 남은 것 같다는 생각해 본다.

　사람에겐 똑같은 지문이 하나도 없다. 그래서 범죄에 지문이 남는다면 범인을 쉽게 잡을 수 있는 단초가 된다. 그렇듯이 문맥의 문체에도 글을 쓴 사람의 성향과 성격을 알 수 있다.
　문맥과 문체만으로도 인격의 형성을 유추할 수 있다. 글이 어렵다는 것은 말은 쉽게 할 수 있으나 글은 문체의 뜻이 있어 기승전결과 미사여구 등 스스로 지식 지혜가 낮으면 글의 뜻을 이해할 수 없게 된다.

조현병, 사이코패스가 왜 별안간 무서운 흉기로 돌변하는지는 행동을 보면 알게 되지만 사이코패스의 진면목을 숨기고 위선의 탈을 쓰고 있다면 알아내기가 힘들다. 그러나 쓰는 글의 문체엔 문맥의 심성이 드러나게 된다.

글이란 내가 쓴 글이라고 하여도 독자가 읽는다면 읽게 된다면 그 글은 내 글이 아니라 읽는 분의 글이 된다. 예전부터 정치, 사회 이슈엔 아림의 정서보다는 이익에 의존한 형평성이 많이 기울어진 때가 많았다.

정치의 잣대가 나와 다르다 하여서 상대가 적으로 인식되면 안 된다. 언제부턴가 생각이 다르면 정치는 상부상조, 상생이 아닌 사생결투로 변했다. 사회적 예민한 소재가 나오면 정확한 근사치의 토론으로 가는 것이 아니라 감정의 골만 파이는 논제로 변하는 풍토가 되고 있다.

글 또한 진실로 사실에 입각한 판단으로 읽는 분에게 공감대를 형성하는 매개체다. 울분이든 고발이든 시사이던 각자 고유의 생각을 글로서 공유하는 것이 증시 창이다. 만인이 써놓을 수 있는 공간이다. 누구를 지지하던 미래를 위한 마음을 담아서 글로 녹여내는 것이 문맥과 문체라고 생각한다.

쓰레기 글이 많은 곳도 증시 창이다. 쓰레기 걸러내는 것도 개미들의 몫이다. 댓글 또한 판단의 자유지만 글의 문맥은 당신의 인격을 스스로 나타내는 얼굴이다.

2022. 01. 26.

📈 주식 물타기의 비극

증시 창을 보면 망망대해에서 등댓불만 보인다. 몇 종목 외엔 파랗다. 어느 정도 예측한 하락이었지만 연일 내리는 종목을 보면 질식사를 시키듯 주가가 옥죈다.

그렇게 많은 경험을 해왔고 당해본 나도 이런 마음인데, 이런 폭락장을 연일 보는 2030세대 개미들은 지금 어떤 마음으로 증시에 대응하는 생각들을 할까? 소나기는 비하는 것도 상책이라는 말도 무색하게 만들고 있는 증시다.

"옷은 이미 젖었을 텐데, 벗으세요."라는 말도 잘못하면 이성을 잃게 만들 수 있는 많은 종목의 하락 폭이 지나치게 크다.

SG에너지솔루션 배터리 대장주 등극 주가는 이런 폭락장에서도 상따(상한가 따라잡기)는 이루지 못했지만, 상장주 받은 400만 소액 개미들은 몇 십에서 몇 백은 손에 쥐어졌다. 마치 설날 세뱃돈처럼 시가총액은 삼성그룹을 제치지 못했지만, 코스피 2위 자리를 차지했다.

그런 명성이 언제까지 주어질지는 아무도 모르게 하는 것이 주가다. 상장주 받은 개미들이 수익 본 금액에 취해서 다른 종목 기웃거리게 된다면….

설은 코앞인데, 증시의 많은 90%는 폭락의 주가를 그리고 있다. 일희일비 투자는 손실을 키운다는 것을 이제 개미들은 알고 있다. 그동안 보유주 손실에 몇% 오른다 하여서 매도하는 개미보다는 매수하고자 하는 것이 지금 증시를 보고 있는 개미의 마음일 것이다. 그러다 보면 물타기 생각이 들고 급기야 최대한의 금액을 끌어모아서 손실의 단가 맞추려고 도전하는 개미들도 꽤 있을 것이다.

나 또한 상폐 경험도 있지만, 물타기로 본전 찾은 종목도 있었다. 그러나 물타기 주식투자는 실익보다는 손실이 더 많이 발생하게 한다. 증시는 한 번 하락세를 타게 되면 바닥의 예측을 할 수 없다.

연기금, 외인, 기관, 투신 모두가 증시 상황을 역이용하는 투자를 하는 곳이 주식시장이다. 주가가 폭락하면 할수록 풍부한 자금력과 정보력으로 증시를 좌지우지할 수 있는 여유를 가지고 있다.

개미들은 많아야 1억이나 2억 원 정도의 투자금이거나 몇천 몇백만 투자금으로 한 종목 몰빵이나 나눠서 분할매수로 주식투자를 하고 있을 것이다. 그러나 지금처럼 이런 폭락장을 맞게 되면 투자 패턴이 갈팡질팡하게 된다. 주가가 많이 내려가 있어 자칫 물타기 매수의 유혹 충동을 이기지 못하고 십중팔구는 물타기 주식투자를 하게 된다.

물타기에 도전하는 주식투자는 십중팔구 실패하는 주식투자라고 나는 확실하게 자신할 수 있다.

내 경험의 반증이다.

OO제약 5만 원대까지 오르는 것을 보고 기다리다가 3만 원대에 오기에 매수, 코로나19 쉽사리 꺼지지 않을 것이라는 확신에 떨어지면 재매수 물타기, 또 내려가면 재매수 물타기, 신용금 풀가동, 1년을 그 종목만 고집했지만 결과는…? OO제약 지금 주가는 8,000원대까지 떨어지고 있다.

신용금까지 몇천만을 사용했기에 주가가 내려가면 신용금 140%

까지 맞추기 위해서 매도 재매수. 그렇게 흐른 시간이 1년이다. 지금은 손실액이 무려 2억에 가깝다. 주식투자 전형적 물타기의 실패다.

그 종목 지금도 500주 가지고 버티고 있다. 나만 그럴까? 주식투자, 물타기 투자, 신용금 투자 결국은…. 왜 창피하게 이런 주식투자 실패기를 쓰고 있는지 무엇을 위해서, 누구를 위해서?

글 읽는 개미들 특히 2030세대는 생각하면서 읽어라. 주식 물타기 신용금 투자는 백전백패의 주식투자가 될 것이다. 내 글이 틀렸다고 생각한다면 30년 경험의 글 이곳에서 읽든지 사서 보든지 읽고 주식투자하라!

물타기 투자의 요행수는 계좌를 빠르게 깡통 계좌로 만드는 지름길로 안내할 것이다.

하락장이 계속되다가 언젠간 아니 내일이라도 급반등할 수도 있다. 증시의 세력은 개미들이 상황파악을 하지 못하게 많은 종목 주가를 흔든다. 계속 개미들이 매수 동참하지 않으면 주식투자 유혹하는 많은 불기둥 종목들이 나타나게도 만드는 곳 바로 주식시장이기 때문이다.

2022. 01. 27.

📊 주식투자의 버릇

설산을 오른다. 수없이 오르던 산이라 익숙한 길이다. 자주 만나는 사람도 있고 새로운 얼굴들도 만난다. 마주치면 먼저 인사 할 때도 있고 내가 인사하기 전 먼저 인사하는 이들도 있다. 오랜만에 설화가 만발한 산 소슬바람에도 눈꽃이 낙화한다.

정상에서 만난 부녀, 어디서 왔냐고 물었더니 서울서 왔단다. 고등학생이 되는 딸을 데리고 여기저기 산행 장소를 물색하다가 태조산은 그렇고, 딸에게 무난한 산을 고르다가 성산까지 왔다고 한다. 첫 산행인 딸아이에게 설산을 산행시키니 코로나에 지친 마음이 씻겨가는 것 같다고 한다. 산기슭을 따라 걸으면 4Km 정도 되니 운동량엔 딱 좋을 것 같아 산행을 왔다고 한다. 정상서 마주친 부녀와 인사를 나누면서 하산길, 평일 보다는 덜 만나는 사람들 손엔 설경을 배경 삼아서 스마트폰으로 사진을 찍는 이들도 있다.

산신령에게 나는 소원 하나를 빌고 왔다. 그 소원 하나를 빌기 위해서 산을 오른 것은 아니었지만 설경을 보면서 산을 오른다는 것이 드문 날이라 밑져야 본전이라는 생각으로 산행길을 오르면서 정상에 남기고 온 소원이다.

미 금리 인상과 러시아, 우크라이나, 북 미사일 악재는 끝없이 이어지고 있지만 미 시장은 연이틀 상승하였다. 우리 2월 첫 장에 긍정적이겠지만 하도 변수가 많은 증시라 예측하기 힘든 장세다.

코로나19 변이체는 변화무쌍하게 변종이 연일 나타나고 있다. 델타에 이은 오미크론 확산에 뒤이어 나온 스텔스 오미크론 변종 ba2

가 국내에서도 31건 확인 이 중 6건은 국내 감염이라고 한다. 코로나19로 인한 후유증 확진자가 되었다가 완치자가 되어도 피로감, 기억력, 사고력 저하, 미각, 후각 상실, 호흡곤란, 불면증, 우울증, 불안감 등 다양한 사소한 증상들을 일으키고 있다고 한다.

접종률은 전 국민 87%가 넘었다고 하는데도 오미크론 감염자 수는 예측도 하기 힘들게 빠른 전파를 타고 있단다. 예나 지금이나 마스크 쓰기는 선택이 아닌 필수다.

백신 미접종으로 인해 많은 사람의 가교의 인연들이 끊어지고 허물어지고 있다. 이럴 때 진짜 친구가 누구인지 가까운 이가 누구인지 하는 친구 판별하는 글도 나왔다. 친구를 사귐에 인간관계를 맺는 것은 금전이나 권력이 아니건만 진정한 친구 오랜 시간 함께할 수 있는 관계의 인연을 맺기 위해선 이런 좋은 친구 판별법이라고 한다.

'착한가? 배우는 것을 좋아하는가? 의리 있는가? 타인을 돕는가? 정직한가? 절제를 잘하는가? 선을 잘 지키는가? 무엇을 자주 부탁하는가?'

박OO님은 충고를 자주 하는 친구를 멀리하라고도 한다. 늙을수록 자식 자랑만 하는 친구도 멀리해야 할 스트레스라고 한다.

세 살 버릇이 여든까지 간다고 하는 우리네 속담이 있다. 한 번 몸에 밴 버릇을 고친다는 것이 얼마만큼 힘들다는 것을 말하는 속담이다. 손버릇, 말버릇, 술버릇, 주식투자 한 번 두 번 습관이 되면 뇌가 인식하고 있다고 하여도 인성을 지배하게 된다. 버릇이란 몸에 배게 되면 좋은 쪽보다는 나쁜 쪽으로 기울게 된다.

주식투자의 버릇

좋은 버릇이야 몸에 밴다면 모두에게 이익 쪽으로 기울겠지만, 이익을 추구하지 않는 버릇도 나쁜 버릇이 몸에 밴다면 바늘 도둑이 소도둑 되는, 무심코 몸에 밴 버릇은 나이들수록 조언과 훈계도 통하지 않게 된다.

위선의 탈을 쓴 인생으로 변하게 한다. 지금 사회는 가교의 끈 인연의 끈 코로나19가 단절시키고 있다. 반면에 코로나가 살아온 삶을 다시 되돌아보게 하는 예시를 주고 있기도 하다. 자신도 모르게 배어있던 나쁜 버릇들을 털어내라는 계시다.

코로나19로 인하여 많은 생명이 천수를 누리지 못하고 이승을 떠났다. 남은 사람들도 생로병사를 벗어나지 못하고 언젠간 저승으로 여행을 떠날 것이다. 이승에서 100년을 산다고 하여도 100세 된 어른은 '세월 참 빠르다.' 하면서 언제 하직 인사를 남길지를 모르실 것이다. 고희의 분들이 과연 100세 남은 생 무병장수 한다는 보장 있을까?

목적을 위해선 과정을 무시하고 대의를 위한다고 소수에게 핍박을 가하는 정의, 잘못된 뜻을 이루기 위해선 집단의 행동을 정의라고 외치는 목소리들, 내가 아니면 안 된다는 편견의 틀을 깨지 못하고 있는 정치, 주식투자 성투할 수 있다고 믿는 개미들, 주식투자 잘못된 습관이 정말 여든까지 갈까 두렵다.

임인년 구정, 개미들 새해 복 많이 받고 꼭 성투하기를 빕니다.

2022. 02. 01.

📈 증시, 춘래불사춘

입춘대길이라, 입춘이 지났다. 대동강 물도 풀린다는 우수가 앞에 있다. 절기는 봄을 알리지만 주식시장은 아직 봄이 아닌 것 같다. 오늘 지수는 오르고 있지만, 언제 다시 폭락이라는 개미들에게 두려움을 주는 장세로 돌변할지 모른다.

주식시장 활동 계좌는 2,136만 개에서 21년 말 3,690만 개까지 늘었다고 한다. 활동 계좌가 많다고 하여서 증시 지수가 오르는 것은 아니다. 그동안 보유하고 있는 종목에서 손실률이 많은 종목을 손절하지 못하고 끙끙대다가 주가가 조금 오른다고 하여서 매도하는 개미는 드물다. 그래서 종목 하나 잘못 들어가면 물먹는 투자가 되고 본전이 오면 매도하게 되는 것이 주식투자다. 개미들이 점점 수익 내기가 어려워지고 있는 장세다.

종목 주가 폭이 비좁게 만들고 있다. 호재성 공시에 널뛰기 종목도 많이 줄었다. 대선 D-29일 앞두고 정치 테마주가 잠시 기승을 부리겠지만, 초보가 쫓아가는 매수를 했다간 십중팔구는 손실투자를 할 수 있다. 요즘 주가는 장투의 역설도 줄어들고 있다. 새로운 증시 흐름이다. 대처하기가 쉽지 않다.

COVID-19의 범람은 입춘이 지나도 둑이 무너진 듯이 더블링 현상으로 번지고 있다. 미접종자들에게 사회적 격리를 했지만 비웃듯이 들불이 되었다. 정부 방역은 무너졌다. 오미크론은 행정제도를 비웃고 있다. 이젠 정부 방역이 아니라 개인 스스로가 알아서 해야 하는 방역 대처로 변했다. 방역 당국의 예측대로라면 선거날이 가까워지면 감염자, 재택치료자는…?

예측할 수 없게 감염자, 재택치료자 수는 어떻게 변할지 모른다. 감염자, 재택치료자 등 투표할 수 있는 공간을 미리 준비하지 않으면 사상 초유의 투표 기권자가 나올 수도 있다. 많은 기권자가 나오게 되면 당의 유불리를 떠나서 국운의 침체가 현실로 변할 수도 있다.

50년 전, 1,970년대 면목동 신천지 위 건물 2층에 있는 당구장에 가면 라인볼, 4구, 쓰리쿠션 등 자주 어울려 쳤다. 때론 손님이 없어 혼자 당구 연습을 하고 있으면 찾아온 손님이 "한 게임 하실래요?" 나는 "몇 치는데?" 그러면 상대는 "RE백이요." 알이백은 당구 진짜배기 200(이백) 친다는 용어다. 사실 300 실력이지만 게임비 내기 싫어서 줄이는 은어다. 맛세이 또한 250 이하는 찍지 못한다. 그런 용어가 생각난 것은 이번 대선 4자 토론에서 나왔다.

RE100은 renewadle electricity 라뉴어블, reonenundred 언드레드 2050년까지 태양광, 풍력, 수력, 자연적 에네지, 친환경 녹색 분류로 재생에너지 전환을 뜻하는 국제용어다.
EU 택소노미(EU taxonomy)에서 토론 주제어다. (시황 참조)

4자 토론을 들으면서 대권 주자들의 국가 운영 자질이 누가 위인지 판단하면서 미래 국가 운영을 잘해서 국민의 삶의 질을 높여주는 리더의 역할을 잘할 수 있는 판단, 잣대의 주제였다.
사드 토론은 정반대, 대장동 토론은 진실의 부재, 외교 토론은 수장을 만나는 순서로부터 국방력은 현대전 SSF사업부터 F-5 전체적 합의안 중 하나만 모든 연금개혁의 필요성만 한마음이었다.

토론 점수는 4자 모두가 합격점 미달이었다. 내 생각이다. 질문자나 답변자나 모두 주제의 뜻에서 제사는 생각지 않고서 잿밥에만 가있는 것 같았다. 다음 토론 때는 정말 어필할 수 있는 정책 하나만이라도 보는 분들의 머리에 쏙 들어가는 질문과 답변을 하는 뜻의 주제어가 있기를 바랍니다.

뿌리 깊은 중화사상의 그림자를 어제 쇼트트랙에서 보았다. 공산주의, 중화주의 사상에서 벗어나지 않은 중국이다. 스포츠 정신과 올림픽이 추구하는 정정당당 승부는 오명 정도가 아니라 썩었다는 것을 보여준 장면이다.

문화공정을 시도 때도 없이 펼치는 중국을 정치인은 마음에 담고서 실리를 떠난 한마음으로 대응하여야 정의가 무엇인지를 중국에 가르쳐야 할 것이다. 중국은 중화주의 사상을 벗어나지 않는 한 대국인이 될 수 없다는 알려준 쇼트트랙 경기였다.

2022. 02. 08.

주식투자 타이밍의 중요성

오늘은 어디로 갈까? 마음을 정하지 못하고 망설인다. 서울, 산행, 벗, 점심… 하다가 다시 펜을 든다. 나는 기자, 언론인, 학자, 정치인도 아니다. 어떻게든 하루 일당을 벌어야 하는 밑바닥 민초지만 꿈과 열정만큼은 아직도 가슴을 뜨겁게 만들고 있는 사람이다.

인생의 많은 경험은 대선에 나온 분들보다도 더 깊은 바닥을 맛보았고 재판을 위해서 서초동 뜰을 내 집처럼 꽃이 피고 지는 해를 수 없이 거닐었다. 그때의 심정은 너무도 다급한 삶이었는지라 나에게 위임장을 준 분들을 위해서, 나를 위해서 동분서주 해도 모자라서 끼니도 채우지 못하고 다녔지만 포기하지 않고 일 해왔다.

대권을 잡기 위해서 봉황의 자리에 앉으려고 하는 분들이 과연 진정성 있게 민초들의 삶을 어루만져 준다고 하면서 토론하는 말들의 진정성은 그 자리에 앉고 나서야 알 수 있다. 현 대통령 또한 그런 말씀 하셨지만, 결과는….

어지럽게 널려있는 곳을 뒤지다가 눈에 띈 책『명심보감』이다. 서문을 펼치니, 고려 충렬왕 때 문신이었던 추적이 저술한 책이다. 원래는「계선」,「천명」 등 19편으로 되어 있던 것을「효행」,「염의」,「권학」 등 6편 증보하고 내용을 보강하여 24편으로 만든 책이다. 책에 실린 금언들은 인간 수련, 가화만사성, 사호, 국가 문제 등 수행해야 할 원칙론에 입각한 광범위한 요체를 시대 흐름과 생활인의 지켜야 할 좋은 양식의 글이다.

왜 이런글을 지금 나는 쓸까? 대선자들의 토론을 보면서 정치학보다는 봉황에 앉을 분이 알고 있겠지만, 더 알아야 할 상식의 주어로 인식하면 민초의 삶을 위해선 무엇을 해야, 하셔야 하는 교훈이 될 수 있기 때문이다.

1차 학습 효과 탓인지 2차 토론의 격은 높아졌다. 건강한 언론을 위해선 언론인 자신의 인식도 바꾸어야 한다. 사회의 공정성은 무엇보다도 중요하다. 사회의 불평불만을 줄이고 젊은이들에게 희망과 기회를 주기 위해선 기득권층의 반칙과 특권이 없어야 공정과 정직 상식이 통하는 사회가 되어야 한다.
 2030세대의 꿈과 희망을 잃게 하는 것은 정치 탓이 크다.

 노동 이사제는 노조 출신이 85%다. 한수원에 노동 이사가 제대로 했다면 원전 후퇴는 없었을 것이다. 코로나19 대응책은 실패였고 언론과의 소통은 무소불위였다. 대선자들은 언론과의 소통이 사회 기능을 살리고 감시하는 중요한 대동맥 역할이다.

 대체로 높아진 토론의 격이었다. 봉황의 자리를 차지하기 위해선 권불십년의 뜻을 알면서도 그 자리에 앉게 되면 참새떼들의 소리를 쫓아간다. 5년의 세월이 잘 가르쳐준 교훈이다. 봉황 혼자선 새떼의 무리를 평정할 수 없다.
 봉황의 자리는 화중지병인 것을 알면서도 달려든다.

 우크라이나 vs 러시아 상황은 예측불허로 치닫고 있다. 대립각의 고조에 미 증시는 연이틀…. 미 증시의 고뿔에 걸려 몸살을 앓을까 겁나는 월요일 장이다.
 사람의 마음이란 환경에 따라서 천차만별의 대응력으로 나타난다.
 누군가는 위기가 기회가 되고 누군가는 기회가 위기가 되기도 한다.
 주식투자에 있어 매수 타이밍은 너무도 중요하다. 주가를 보고 있으면 빨리 매수해서 손실이 오기도 하고 빨리 매도해서 손실을 줄이기도 한다.
 게시 창에 종목 강력하게 올린 분이 있다. 대단한 실력자지만 100% 쫓아간다고 다 수익을 주지 않는다. 나 또한 혹시 하고 들어갔다가 손실보고 나왔다. 그만큼 매수 타이밍과 매도 타이밍이 중요하다. 오늘 당장 내가 두 종목 수익 내는 종목이라고 추천하여도 매수한 개미가 다 수익 낼 수 없다.

  나는 성투자가 아니라서 종목은 추천하지 않는다. 자신도 없고 찾아낸 종목 또한 단타 종목이 아니다. 내 글은 경험의 글로서 읽는 분에게 주식투자의 무서움을 알려주기 위해서다.

2022. 02. 12.

지금 증시는 참는 것이 복이 된다

폭락하는 주가를 보고 있으면 좌불안석이다. 지금 증시 흐름을 겁내면 모든 것을 망칠 수도 있게 된다. 손절도 때를 놓쳤다. 매수하려고 하여도 미수금 외엔 계좌에 빨간불이 켜진 개미들이 많을 것이다.

  설령 내일 주가가 폭등한다고 하여도 미수금으로 매수하지 말라. 신용금은 언제든 부메랑으로 시장에 돌아온다.

  증시를 보다가 골이 아파서 책을 뒤적이니, 좋은 글이 있어 올린다.
자허원군의 성유심문에 말하기를,
"복은 검소하고 맑은 데서 생기고, 덕은 겸손하고 사양하는 데서 생긴다.
  도는 편안하고 고요한 데서 생기고 근심은 욕심이 많은 데서 생긴다.
  재앙은 탐욕으로부터 시작하고 과실은 경솔하고 교만함에서 나온다.

죄악은 어질지 못한 데서 생기니, 보는 마음의 눈을 경계하여 그릇된 것을 보지 말고 남의 결점을 말하지 말고 탐내고 성내지 말며 나를 경계하여 나쁜 벗을 따르지 말라고 하셨다.

임금을 공경하고 부모에게 효도하며 장유유서를 지키고 덕이 있는 이를 받들며 어질고 어리석은 것을 분별하고 무식한 자를 꾸짖지 말고 용서하라.

물건이 순리로 오거든 물리치지 말고 이미 내 것이 아니면 쫓지말라.

어려운 환경에 처하여도 내 것이 아니면 바라지 말고 지나쳐라."

총명한 사람도 주식투자에 실패할 때가 많고 계획을 치밀하게 세우고 장투를 하여도 지금 같은 상황을 맞게 되면 편의를 잃고 화가 나고 마음을 손상케 된다. 세력에 의존하면 언젠간 재앙이 따른다.

경계하는 것은 마음에 있고 지키는 것은 기운에 있다. 절약하지 않음으로써 인생을 망치고 청렴하지 않음으로써 지위를 잃는다. 자신의 행동과 마음을 스스로 경계하면서 바른 것을 지키고, 마음을 속이지 말고 스스로 늘 경계하고 경계하라.

참으면 복이 되고 화내면 화가 온다. 지금 증시를 보면 이런 상황이다.

러시아, 우크라이나 대립으로 인한 미 증시의 폭락에 덩달아서 고스란히 파급력이 증시에 왔다. 좌불안석이라, 정치판 또한 어떤 대책도 내놓지 못하고 대책이 없는 것으로 보고 있다. 믿지 못할 정치판이나 증시판이나 판박이다.

수수료만 걷어가는 증시판, 2030세대에게 혹독한 증시의 맛을 잘 보여주고 있다. 문자 온 몇 종목 주가는 그런대로 선방하고 있지만, 시초가 따라간 개미는 울상이 되었을 것이다. 개인으론 수익 낼 수가 없는 주식시장이다.

    점점 주식에 대한 기대치는 낮아지고 있다. 요즘 정치판 이슈가 개천에서 용은 이제 나오지 않는다는 말이 화제다. 밑바닥에 선 인생은 그만큼 성공의 길은 멀어졌다. 2030세대 개미는 주식시장 개미도 성공 투자의 길은 멀다는 것을 알고서 투자하라.

2022. 02. 14.

기술적 반등 vs 추세 전환

    오늘은 모처럼 증시가 개미들을 웃게 하였다. 오늘까지 폭락했다면 아마도 많은 개미의 계좌에 빨간불이 켜졌을 것이다. 이왕 가는 것 내일까지 폭등으로 만들어 준다면, 빠질 개미들도 더러 있을 텐데, 그래도 수익 내지는 못하고 겨우 본전치기 매수가 근처까지는 도달한 계좌도 있겠다. 증시의 딜레마를 잘 보여주는 요즘 증시 흐름이 아닐까 싶다.

    푸틴도 선물, 현물 주식투자를 하나보다. 푸틴의 밀고 당기기에 세계 증시가 울고 웃었다.

    일희일비하는 투자하지 말라는 격언도 통하지 않는 증시 흐름이다. 우크라이나를 두고 서방과 특히 미국과 밀고 당기기를 하는 푸틴이 바이든의 경고에 겁먹었는지, 아니면 고도의 전략전술인 이보 전진을 위한 일보 후퇴인지는 시간이 알려주겠지만, 바이든의 러시아 16일 침략설은 설로 끝났다.

  바이든과 푸틴의 행동에 세계 경제가 몸살을 앓는다.
  미·러 행동에 따라서 출렁이는 증시와 주가다. 미·러 전쟁이 아니더라도 증시는 첩첩산중이다. 3월 감사보고서 나오기도 전에 오스템에 이어 계양전기도 직원의 횡령액에(자그마치 230억 원) 거래정지다. 터지면 몇 백억 원이다. 민초에겐 천문학적 금액이다.
  상장사 종목들 빙산의 일각이다. 계양전기는 상폐까지는 가지 않는다. 워낙 재정이 튼튼한 회사다.
  3월 감사보고서 시즌에 어느 종목이 또 나타날지, 공시창을 보면서 매수한다고 하여도 나나 대다수 개미는 대략 흩어보고서 매수하지 정확한 공시내용까지는 살피지 않는다. 주가의 널뛰기에 때론 추천 주에 홀려서 매수, 매도 단타로 해왔던 주식투자다.
  그러나 그 결과는…?

  밤 기온이 장난 아니다. 오미크론 감염자 수도 장난 아니게 늘고 있다. 지금까지는 무탈하게 모르는 사람 만나지 않기, 회식 피하기 외출 자제하기 공공장소 피하기 등 나름대로는 철저하게 자신의 방역을 해왔기에 코로나19에 걸리지 않았는데, 이제 이런 감염자 숫자로 늘어난다고 하면, 안심하지 못하는 생활이 될 것 같다.
  정부는 그동안 무엇을 해왔는지 정말 한심한 생각이 든다. 국민 스스로 얼마나 정부 정책에 잘 따라왔는가. 말 잘 듣고 시키는 대로 해왔지만, 결과는…?
  차라리 자영업자 영업시간 제한을 모두 풀어라. 소읍의 밤거리도 오후 7시만 되면 행인 보기가 어렵다. 외국인들만 조금 다니지 내국인 보기는 어렵다.

천안에서 안 대권 주자의 일을 돕다가 버스 안에서 일산화탄소로 인한 안타까운 일이 있었다. 기호지세를 탄 대권 주자들의 행보에 동참한 동행한 사고들이 일어나지 않기를 바란다. 누가 봉황의 자리에 앉던, 대선일이 빨리 지나갔으면 좋겠다.

하지만 선거가 끝나도 어쩌면 더 시끄러울 일도 일어날 수도 있다. 깨끗한 대선의 승복이 없다면, 죽기살기식 선거의 행태가 된다면, 아름다움의 동행의 선거가 아니라 유권자들도 서로의 동행이 아니면, 적이 되어 갈라서는….

치정 편에 이런 글이 있다. 당 태종이 어제 이르기를,
"위에는 지시하는 이가 있고 중간에는 이에 의하여 다스리는 관원이 있고, 그 아래로는 이에 따르는 백성이 있다. 예물로서 받은 비단은 옷 지어 입고 곳간에 있는 곡식으로 먹는다. 너희의 복록은 다 백성에게서 나온 백성들의 땀과 기름이다. 아래에 있는 백성은 학대하기가 쉽지만, 위에 있는 푸른 하늘은 속이기 어렵다. 고로, 관리된 자가 지켜야 할 법과 몸가짐은 청렴, 신중, 근면이다."라고 했다.
성냄과 옳지 않음의 행동은 부패의 근원이 된다.

2022. 02. 16.

📊 전쟁은 투자의 기회다.

증시의 파고에 투자의 몸살을 앓고 있는 개미들이 많을 것이다.

우크라이나 국민에겐 미안하지만, 푸틴이 일으킨 사태로 인하여 세계인은 좌불안석하는 이도 있겠지만, 위기의 공포 속에서 거대한 자금들은 주판알 튕기기에 여념 없다. 증시 또한 가파른 계곡을 보는 것처럼 개미들이 불안한 것도 사실이다. 연속의 폭락에 신용금은 20조대로 줄어들었다.

푸틴의 욕심이 성공할지 아니면 바이든의 경고가 먹힐지는 시간이 알려주겠지만, 포탄이 떨어지는 순간 세계 증시는 반등을 줄 수도 있다.

"증시 격언에 드러난 악재는 악재가 아니다."라고 하였다. 어쩔 수 없어 신용금으로 매수한 종목들 주가는 우수수 낙엽이 되었다. 그 떨어진 낙엽을 자금으로 연속 거둬가는 세력들도 많다. 많이 오르고 내리는 종목은 세력들이 몰린 종목들이다. 몇 개 종목은 작전주다.

공자가 말하길 "높은 낭떠러지를 보지 않으면 어찌 굴러떨어지는 환란을 알 수 있으며, 깊은 샘에 가지 않으면 어찌 빠져 죽을 환란을 알며, 큰 바다를 보지 않으면 풍파가 일어나는 무서운 환란을 알 수 있겠나?" 하셨다.

미래를 알려거든 먼저 지나간 일을 살펴보라 하셨다. 요즘 시대상엔 맞지 않은 글도 있겠으나 현실에서 벌어지고 있는 일이라, 비교하여 대비한다면 투자엔 도움이 될 수 있겠다 싶다.

이번 2차 4자 토론을 보면서 정치의 수준의 격을 알려주었다. 괴물이냐, 식물이냐, 경제냐, 나 아니면 아니라는 분들의 말씀입니다.

관상학적으로 하는 말이 아니라, 1번은 살기가 어렵고, 2번은 어리벙벙이었고, 3번은 도리도리였고 4번은 얼음이었다. 내가 본 네 분의 언어에 담긴 뜻으로 전달된다. 이무기였다가, 잠룡이였다가, 대룡이 되어 나타난 분들의 모습에서 이제 13일 후면 누군가는 황룡이 되어 5년을 봉황의 자리에 앉을 것이다. 그리고 가진 역량이 미래의 대들보를 만들 것인지 아닌지는 역사가 서술할 것이다.

2022. 02. 23.

혼돈의 증시 대응책

절기는 봄을 알리고 있지만, 증시는 춘래불사춘이다.

연일 우크라이나 사태로 인하여 증시는 폭락했다. 2030세대가 경험해보지 않은 증시 흐름에 당황하고 있는 신용금 쓴 초보 개미들도 있을 것이다. 악재가 현실로 나타났지만, 증시의 반응은 없고, 더 주가가 떨어지지 않을까 가슴으로 속앓이하는 개미도 많을 것이다.

많은 종목이 폭락인데도 방산주 몇 종목은 홀로서기 주가다. 그런 종목을 보면서 화중지병의 주식투자라는 것에 주식의 회의 느껴지게도 한다. 여유 자금으로 투자하고 있다면 참고 견디면 언제든 주가는 제자리 찾는 종목도 있겠지만, 미수나 신용금 쓴 개미가 이런 장 만난다면 속수무책이 될 수밖에 없다. 혹시 하고 오늘도 단타로 대든 개미는 주식투자 허상을 실제 보았을 것이다. 증시에서 많은 경험을 하였다고 하여도 단타론 수익 볼 수 없는 장 종목들의 흐름이다.

이런 장에선 그 어떤 대응책도 소용없다. 되도록 미수금으로 본전 찾으려고 하는 것은 자칫하면 더 깊은 수렁으로 빠지게 한다. 지금 최고의 투자는 한 박자 쉬는 투자자가 되는 것도 현명한 투자자라고 말씀드리고 싶다.

우크라이나 심지에 불이 붙었다. 심지에 불을 붙인 자는 푸틴이다. 장기 집권자는 언제든 세계의 민폐를 끼치는 독재자로 탈바꿈한다고 하는 속설이 틀리지 않는다는 것을 확인하였다.
결국, 바이든의 경고가 정확했다. 이번 우크라이나 침공은 러시아가 의도한 전쟁이기에 분명 세계가 책임 묻겠다. NATO에 협력해서 대응하겠다고 선언했다. 우크라이나 사태가 언제까지 지속할 것인지는 푸틴 외엔 아무도 모른다.
속전속결의 지상전이라고 하여도 재래식 전투는 지지부진으로 증시의 파고만 키우고, 그 여파는 고스란히 개미들에게 화살로 꽂힐 것이다.

강 건너 불구경이라지만, 톱니바퀴 경제는 전쟁 당사국이 아니라고 하여서 피해의 여파가 비껴가는 것은 아니다. 유비무환 태세가 지금 꼭 필요한 시기다.
선거에 몰두한 대선 주자들 또한 선거전에만 몰두할 것이 아니라고 생각하는 분도 많을 것이다. 죽기살기식의 당파가 아니라 국민의 힘을 하나로 모으는 지혜가 꼭 필요한 시기라고 생각한다.

　참고로 연일 폭락하는 증시가 된다고 하면 건전하고 재무가 확실한 종목으로 압축하여서 긴 안목으로 장투를 생각하는 투자도 필요할 때다. 되도록 신용금 투자는 멀리하는 것이 주식투자에 도움된다. 빨리 본전 찾으려고 나처럼 매일 단타로 승부를 겨루면 필패다.
　요즘 세력주는 길게 간다고 하여도 삼일천하로 끝난다는 것을 염두에 둬라.

2022. 02. 24.

📈 묵은지 맛

　황금보다도 더 값이 나가는 것은 편안하고 즐거운 마음을 주는 벗의 마음이다. 황금 천 냥의 귀함보다는 벗의 좋은 한마디 말이 천금보다 값지다.

　증시를 보면 소태 씹는 맛이다.
　증시의 아이러니를 잘 보여주고 있는 요즘 며칠 동안의 흐름이다. 우크라이나 전쟁이 현실로 변한 순간 나스닥 선물 또한 폭락했지만, 미 증시가 열리니 폭락 후 급반등이었다. 덩달아서 25일 증시도 시초가 주가와 지수는 몇%씩 많은 종목이 뛰었다. 그러나 시간이 갈수록 그 폭은 다시 좁혀지고 원위치로 돌아온 종목들도 많았다.

일동제약의 눈부신 휘둘림은 주가의 생성 현실을 잘 대변해주고 있다. 일동제약이 아닌 다른 종목 시초가매수자는 아마도 물먹은 하마가 되었을 것이다. 많은 종목 흐름을 보고 있지만, 차트 매매량 체크한다고 하여도 요즘처럼 많은 변동성 주가엔 예측 매수는 속수무책이 된다.

단타는 특히 더 어려운 장세다. 종목 분석을 많이 한다고 하여도 금맥은 찾지 못하고 험한 돌산만 캔다. 돈 되는 곳 알면서도 계속 헛삽질이다.

꽃이 피고 지기를 열 번, 강산도 열 번 변했다. 죽마고우처럼 매일 보던 얼굴이었다. 법률적 고민이 생기면 근사치에 가까운 정답을 알려주던 아우였다. 일찍 대학교 졸업 후 직장을 잡고 성실히 일한 댓가로 이순에 접어둔 나잇대에 apt 장만하고 젊은 날의 땀 흘린 보상을 받았다.

우연히 어느 사건을 놓고서 이야기를 나누다가 아우가 말했다. "형님, 이거 타자 쳐서 가져와요."라는 말에, "이런 뭐? 네가 나 시킬 군번이냐…?"

참고 조용히 타자 쳐서 갖다 주면 될 것을…? 아니면 곡차 나누면서 의견을 말했어도 될 일을 그땐 왜 그런 혈기가 넘치고 기죽기 싫어서 손아래 아우들에게 엄한 잣대로 관계의 연을 맺었는지, 지금 생각하면 낯부끄러워진다.

주위를 둘러본다.

그 많던 벗들 아우들 때로는 저승길 먼저 떠난 이도 있고 지금도 곡차 나누면서 만남의 시간을 가지는 이들도 있다. 그러나 코로나19

로 인하여 만남의 시간들은 줄은 정도가 아니라, 만남의 횟수는 10분의 일로 줄었다.

그 아우도 코로나19에 혹시 하고 다이얼을 돌렸다.
받자마자 "형님"하고 들려온다. 잊지 않고 기억하는 반가움이 담긴 목소리 수화기를 타고 전해온다.
"잘 지냈냐?"
"형님은요?"
"그럭저럭 나도 잘 지내고 있다. 요즘도 그 사무실 나가냐?"
"예, ○○ 청○빌딩 3층에 있어요."
"내일 찾아가도 되냐?"
"오세요."
마주 보는 얼굴 많이 늙은 모습이다. 머리 쓰는 직업이라 지끈거릴 만 한데도 더 노련해진 말투다. 이런 아우에게 그동안 작은 오해로 만남을 외면했는지…. 몇 시간 덕담을 나누고 가져간 책『주식, 귀천주서』주면서 "내가 쓴 글이다."

그 다음 날 전화가 온다.
"책 잘 읽었어요. 잘 쓰셨네요."
속에 없는 말이겠지만 기분은 그런대로… 진솔하게 썼다. '몇 권 더 주어야 했는데' 속으로 생각하는 중에 아우가 말했다.
"형님 책값 드렸어야 했는데, 계좌번호 좀 문자로 보내세요."
"왜? 싫다." 처음엔 사양했다.
"몇 푼 안 보낼테니 계좌 주세요."
계속 알려달라고 하기에 알려줬더니, 책값 50권 값이 입금되었다.

이번에 받은 책 값이라는 명목으로 받은 50권 값 고맙다. 잘 쓰겠다.

주식에서 많이 깨졌다는 소식을 들은 것인지, 아니면 책을 읽고서 더 좋은 글 쓰라는 뜻인지 인간관계의 맛이 새삼 전해온다. 다음 만날 땐 이슬과 묵은지로 끓인 안주와 곡차로 꼭 대접해야겠다.

2022. 02. 25.

📈 흔들리는 투심

만고의 진리는 많은 시간이 흘러도 변하지 않는다.
『경행록』에 이르기를, 삶을 보전하려는 자는 욕심을 적게 하고, 몸을 보전하려는 자는 이름을 피한다(명성과 먼 곳을 보라).
욕심을 자제하기도 어렵고 탐욕과 욕심을 없게 하는 삶은 곤궁할 수 있고 없게 하기는 어렵다.
고로, 착하다고 유능하다고 나를 추켜세워주는 자는 해로운 사람이요.
나의 나쁜 점을 말하여 주는 사람은 인생의 스승이다.

요즘 증시의 흐름은 투심(투자 심리)을 흔들리게 하고 있다. 여타의 많은 전문 의견들은 폭락을 예고하는데, 증시는 거꾸로 역행한다. 판단의 착오일지는 시간이 말해주겠지만, 투자의 어려운 상황이다.

"선거일이 앞에 다가오고 있는데, 누굴 찍을까?" 하고 하는 표심 또한…. 부동층을 제외한 표심 또한 예측한다는 것도 안갯속이다. 기초연금을 40만 원으로 올린다? 이왕이면 50만 원으로 공약하시면…?
노년층에겐 솔깃한 미사일 공약이다.

최가 고집이 아니라 김가 고집이 이겼네요. 결국, 방역 패스 중지 됐네요. 어쩔 수 없는 정부 고육책이 되었지만 늦게나마 환영합니다. 제도가 국민의 권리를 이길 수 없다는 것을 역사는 알려주고 있다.

이번 우크라이나 사태도 반면교사 삼아서 국방의 허점이 무엇인지 보고 잘 보완해야만 전쟁의 비극을 막을 수 있고 이길 수 있다는 것을 알려주고 있다. 애국의 의미 제대로 된 인식은 공산주의, 사회주의, 극단적 피폐를 잘 알려주는 교육이다.

증시를 보면 답답함, 기대감, 공포, 환희 등 인생의 맛 제대로 느끼게 한다. 때론 수렁에 빠지는 분들이 다수겠지만 주식의 맛에 길들인 삶은, 중병에 걸려도 자가 증상을 모른다는 것이 주식의 맛이다.
'주식 중독증, 혹시? 나는 아닌가?' 판단하는 판별법이 있다. 주식에 맛들인 개미는 헤어나올 수 없다. 인간의 욕구는 갈증에 시원한 물 한잔이 필요하듯이 냉수를 마실 때 느끼는 상쾌한 기분처럼 땀 흘린 후 마셔보아서 다들 그 느낌을 잘 알고 있을 것이다.

주식 중독증에 대한 글이 있기에, 나 또한 그 글을 읽으면서 주식 증세가 과도하다는 것을 새삼 깨닫게 해주고 있습니다. 매일 단타를

1~2회 하지 않으면 몸살 날 정도니 중증 현상이라는 자가 판단을 내리고 있습니다. 매일 증시 창을 보면서 쉬지 않고서 매매하시는 분들 참고삼아 읽고 투자 판단하신다면 성투의 시간도 많아질 것이라고 생각한다.

2022. 02. 28.

주식, 각자도생

기미년, 3월 1일 정오에 터진 일제 침략에 맞선 유관순, 가녀린 소녀의 몸으로 일본의 총칼에 대항한 항일 정신의 본보기의 모습이었다.

지금은 우크라이나 사람들이 러시아 군대를 향하여 결사 항전을 하고 있다. 전쟁 NO, 우크라이나 STOP WAR! 자연의 세계에서 약육강식은 조화로운 먹이 사슬의 연결고리지만 인간계에선 힘이 없으면 국익도 짓밟힌다는 교훈을 다시 우크라이나의 전쟁이 잘 말해주고 있다.

D-day가 얼마 남지 않았다. 3월 4일부터 5일 사전투표일이다. 어느 분이 대권을 잡던 아전인수가 아닌 협치의 정치로 많은 젊은이가 꿈을 키워가는 정치 풍토의 씨앗을 심는 분이었으면 좋겠다.

3월 상장폐지 종목이 나오는 달이다. 개미들에겐 투자에 더욱더 조심해야 하는 달이다.

감사보고서 제출하지 못한 종목이나 감사보고서 제출했다 하여도 한정, 부정적 의견 거절 비적정이 되면 곧바로 상폐가 된다.

상폐 후 정리매매 기간을 주지만 대다수 주식은 휴지보다도 못한 주식으로 변한다. 나도 상폐된 주식 10만 주는 넘을 것이다. 하나도 쓰지 못하고 있다. 갑을 10만여 주는 증권사에서 사라지고 없다. 관리 종목도 조심해야 한다. 5년 적자 종목이면 곧바로 상폐 사유가 발생한다.

천스닥이 무너졌다. 삼천피 지수도 무너졌다.

지수는 올라도 많은 종목은 개미들 매수가격까지 왔는지가 궁금하다. 다행히 2월 마지막 장 많은 종목이 올랐기에 그나마 안도의 숨을 쉬었지만, 지수나 주가나 연일 오르기를 바란다는 것도 투자의 욕심이 아닐까 싶다.

하락장에서도 오르는 종목이 있고, 상승장에서도 내리는 종목도 있다. 게시판에서 종목 이야기하는 분들은 고수가 많다. 실명도 모르고, 투자금도 모르고, 나잇대도 모르고, 개미인지 세력인지 아무것도 모르지만 쓰는 글에서 연륜이나 품성을 읽어낼 수는 있다. 왜? 주식투자자들이 개미들이 함께 뭉칠 수 없는가를 글에서 알 수 있다. 주식투자는 오랜 병간호엔 효자 없다고 하는 속담대로 만들 수 있는 것이 주식투자다.

요즘 연이틀 주가가 많이 뛴 종목은 원전주. 5년 원전주 하락세였다. 개미들은 그때 다 털리고 나와서 원전주만 보면 자라 보고 놀란 가슴 솥뚜껑 보고도 놀란다는 투자로 변했다. 쳐다보지 않던 종목이었던 원전주가 별안간 그분의 말씀에 고공으로 뛰었다.

참 아이러니한 주가다.

도박이나 알코올중독에서 벗어나고자 하는 사람은 중독의 의미를 비교적 잘 알고 있지만, 주식에서의 중독은 본인의 이해가 낮다. 아울러 주식시장의 주식투자가 도박인지 투자인지 이제 논의가 필요한 시점이라며 유독 주식투자의 사행성에 대한 인식은 없고 국가 또한 이에 대해 경고를 하지 않고 있다는 신경대 안OO 교수의 말씀이다.

이제 사회적 논의를 거쳐 일정 수준 이상의 중독성 투자를 사행 행위에 포함하는 것도 검토할 때라고 말했다.

주식투자에 정신이 팔린다면 삶의 길은 헝클어진다.

매일 증시 창을 본다는 것도 하나의 질환으로 번지게 하는 유형이 된다.

다음 봉황의 자리에 앉는 분은 주식시장에 대한 이해도가 깊고 높아져 개미들의 애환의 소리를 경청하고 '왜? 유독 증시에선 개미의 투자 확률이 90%가 넘게 실패하는가'를 살펴보면서 개미투자자들에게 투자 수익을 높여줄 수 있는 제도 방안을 마련해 줘야 한다. 그래야 주식시장에 작전주가 아닌 건전한 주식투자 풍토가 자리잡을 수 있다.

2022. 03. 01.

📊 우울증의 무서움

오늘도 많은 뉴스를 듣고 읽는다.

미 증시가 온탕과 냉탕을 오가는데도, 우리 증시는 선방하였다. 방산주에 기댄 개미를 허탈하게 만든 종목도 있었을 것이다. 열 길 물 속은 알아도 한 길도 안 되는 사람의 속은 모른다고 하는 속담대로 주가의 변동성을 예측한다는 것은 매우 어렵다. 변동장에서 하루하루 종목을 교체하면서 단타를 한다는 것도 전문가들이 하는 것이지 초보 개미들이 따라 하다간 깡통 차게 만드는 장이다.

김신조가 넘어온 해에 태어난 넥센 창업주의 비보를 뉴스를 통해 들었다. 한창 사회의 주역인 50대의 나이에 재물과 명성이 높다 한들 마음의 평안도 함께하지 못한다는 것을 말해줬다. 망자의 북망산 길 오름에 평안하기를 빈다.

사회를 보면서 온갖 뉴스를 듣고 보고 접하면서 많은 것을 느끼게 한다.

마치 영화의 장면처럼 우크라이나에선 오늘도 많은 무고한 생명이 이승을 떠나고 있다. 꽃다운 나이에 피지도 못하고 전쟁이라는 악마의 발톱에 무고한 생명이 스러지고 있다. 남의 일처럼 강 건너 불구경처럼 보다가는 언젠간 우리도 우크라이나처럼….

한 번 겪었던(6·25 전쟁의 참상) 시간이 72년 지났다고 하여서 정치인들은 잊고 있다. 전쟁을 막기 위해선 힘이 있다고 이웃 나라를 침범하는 국가에겐 엄한 처벌과 전범에겐 용서하지 않는 본보기의 국가적 제재가 있어야 히틀러의 망령이 지구 상에서 사라질 것이다.
　고로, 푸틴에겐 가혹한 엄벌의 제재가 꼭 주어져야 할 것이다.

　사람을 보면 입을 겁내지 말고 두 마음을 두려워하라고 했다. 나를 잘 아는 벗을 만나면 천 잔도 적고 뜻이 맞지 않는 벗은 한 마디도 많다. 세계가 보내는 전쟁광에게 하는 말이다.

　오늘 밤, 마지막 네 분의 토론이 있다. 국가 미래의 5년을 책임질 분을 선택하게 하는 지표가 될 수 있다. 나의 한 표가 당선에 도움 된다면, 누구에게 표를 주던 상대방을 존중하는 정치가 되었으면 좋겠다.
　이미 대선 주자들은 사선에 놓였다. 한 분이 봉황의 자리에 앉아도 모두의 지혜가 필요한 시대다. 티격태격하여도 한잔 술로 털어내는 대장부의 주군이었으면 좋겠다. 입은 사람을 상하게 하는 도끼요. 말은 혀로 베는 칼이라고 하였다. 입을 막고 혀를 깊이 감추면 정당이 달라도 뜻이 달라도 마음은 평안케 할 것이다.
　토론에서도 인격의 격을 높이고 상대방을 귀하게 하는 마음으로 인격과 예를 갖추는 토론이 되었으면 좋겠다.

2022. 03. 02.

📊 투심의 화살을 쏘았다

어제 미 증시의 여파는 파도를 넘어서 고스란히 오늘 장에 반영되고 있다.
지수와 주가도 삼일천하도 아니고 일희일비로 변하게 한다.

세계인의 손가락질을 받는 푸틴이다. 설상가상 러시아로 인하여 ETF 투자자는 망연자실이다. 투자의 비껴갈 수 없는 암초가 드러났다.
모건스탠리가 MSCI 모든 지수에서 러시아를 퇴출하기로 결정한다는 소식에 투자한 ETF(상장지수 펀드) 거래가 정지된 상황이다. 그 여파로 오늘 ETF는 하한가다.

푸틴의 정적, 전 석유 재벌 미하일이 프랑스 24시 TV 대담에서 이렇게 말했다고 한다.
"푸틴은 historic 역사적 실수를 저질렀고 emotional(감정적) 이성의 결핍 이상, paranoid 과대망상적 증상으로 인한 행동이 나타났다."라고 하였다. 그 결과는 참혹한 전쟁이라는 현실이 말해주고 있다.

세계인의 손가락질을 받는 러시아 지도자의 인성이 국민을 편안케 하고 평안하게 할 수 있는가를 잘 보여주고 있는 현실의 단상이다.

한 명의 지도자가 끼치는 역량은 파괴와 건설을 좌지우지할 수 있다는 것이 정치권력의 힘이다. 네거티브, 포퓰리즘, 아전인수, 적반하장, 내로남불, 죽기 살기, 촌철살인 등 미사여구 없는 권력을 잡기 위한 인간말종의 언어들을 우리는 듣고 보았다. 공생공사 없는 정치가 열어준 미래의 길이다.

　역대 대권 주자 분 중 최악의 모습이었지만 이젠 선택의 시간만 남았다. 누가 되든 앞으로 5년은 미래의 잣대가 되는 시험장이다. 녹록지 않은 국제 정세의 휘둘림에 흔들리지 않고 때의 시기를 선택하는 지혜의 지도자가 필요한 시기다. 내로남불이 아닌 절대적 사명감의 리더의 역할을 해야 할 것이다.

　참새들의 소리에 흔들리지 않는 독수리의 위용과 여우의 지략을 겸비한 지도자가 되어야 할 것이다. 너와 내 생각이 다르면 적이라는 인식을 과감하게 탈피되어야 할 때라고 나는 생각한다.

　포용의 정치라면서 힘의 논리로 득세하는 시대는 지났다는 것을 OO당은 알려주었다. 지식이 부족하고 연륜이 없어도 적의 지혜도 빌릴 수 있는 지도자가 된다면 푸틴처럼 국가를 위태롭게 하는 광자는 안 될 것이다.

2022. 03. 04.

📊 주식과 인생의 고뇌

천신이 민심을 헤아렸을까? 강풍이 멈췄다.
고성에 이은 울진, 삼척까지 번진 산불이 많은 곳을 태우고 지나갔다.
열 번 백 번 조심한다고 하여도 언제 어디서 터질지 모르는 것이 산불이다.
주위를 보면 겉은 멀쩡한데 행동을 보면 사이코패스, 조현병, 광자들이 은근히 많다.
정신질환을 앓는 자들을 우리는 판별할 수 없다.
개인적 프라이버시라고는 하지만 이젠 국가가 나서서 관리해야 관계없는 재산적 피해를 사전 막을 수 있을 것 같다.

국민통합, 공존화, 협치 등 많은 공약이 메아리가 되는 공약으로 끝나는 현실이다.
죄를 저지르지도 않았는데, 왠지 느껴지는 감정은 주식투자에서 오는 공포처럼 서늘하다.
천신은 알고 있겠지만, 미래를 모르고 살아가는 것이 인생이다.
미래의 운명의 뜻은 천주님일까? 부처님일까?

또 이글도 삭제시킬까?

역대 최고치 사전투표다. 35%를 넘는 유권자들이 투표를 마쳤다.
누구에게 유리할지는 뚜껑을 열어봐야 알겠지만, 그만큼 이번 민심이 미래를 좌우하는 시험대 대선이기 때문이다.

   대선 주자의 예상평을 하고 싶지만, 글도 마음대로 올릴 수 없다는 것이….

무엇이 두렵기 때문일까?

주식투자에서 오는 절망감 보다도 표현의 자유가 자유롭지 못하다는 것이 씁쓸하다.

2022. 03. 06.

신궁의 묘기

사대에 선 12명의 선수가 쏜 화살은 과녁을 향해 떠났다.
온 힘을 다해 쏜 화살촉에 담긴 염원.
당파의 노론과 소론, 조선 시대, 골수파 의식은 변하지 않는다.
말을 하여도 뜻을 모른다.
뜻을 알면서도 네 말은 틀리고 내 말은 맞다.
시비의 말도 옳고 머슴의 말도 옳다.
황희 님의 말씀이 21세기 이승으로 돌아왔다.

피부색을 떠나서 사후에도 존경을 받는 정치인.
세계인의 마음에 이정표가 되는 명언.

투표는 총알보다도 무섭다.
-에이브러햄 링컨-

펜은 칼보다도 강하다.
필설한 언론은 어디 있나?

과녁에 꽂힌 화살의 주인은
삼천리 방방곡곡 꽃씨가 되었으면 좋겠다.
오늘 밤, 미 증시의 향방이 3월의 증시에 대한 지표가 될 수도 있다.
6만 전자로 변한 종목, 언젠간 7만 전자로의 회귀하겠지만,
기회의 시간은 인고 없이는 주어지지 않는 것이 주식투자다.
총유권자 수 4,419만 명 중 총투표자는 3,600만 명쯤 되리라 예측했다.
투표율은 83%를 예측했다.
섣부른 예측이었지만 많은 기사의 예측성과 나름대로 분석으로 글을 썼다.
이제 남은 것은 모두의 협치가 화답이다.

2022. 03. 09.

📊 증시의 심술이 멈췄다

미 증시의 영향인지 지수는 개미를 즐겁게 만들었다.
삼일천하가 될지는 모르겠으나, 지금 순간에 웃음을 주는 것에 감사드린다.
많은 것을 바라지 않는다. 그러나 적은 금액의 수익에 만족하지 못하고 도박성 단타가 주는 유혹에 매번 도전하는 주식투자다.
많은 경험 하였음에도 단타가 주는 미혹을 벗어난 주식투자를 한다는 것도 내공이 부족한 개미들 힘들게 만드는 것 주식투자다.
30년 내공으로도 증시 창을 보고 있으면 상대를 이길 것 같아서 싸움을 건다.

오늘 하루도 지나면 내 생에선 다시 돌아오지 않는 시간들이다.
주식투자를 하면서 그동안 손실 본 것을 언젠간 찾겠지 하는 희망, 기대를 놓지 못하고 글의 주제를 찾기 위해서 동분서주다.
권토중래라,
민심은 천심이라고 한다.
민심은 영원한 것이 없다. 정치의 회초리는 민심이다.
권불십년도 아니고 권불오년이다.
오만함의 징치는 민심만이 해결책이다.
깨끗한 승복과 페어플레이 정신을 보여줄 때다.
갈라진 민심도 안아주어야 한다.
내로남불, 옹고집, 오만함의 극치엔 여·야 구분 없이 등 돌리는 것이 민심이다.

공정과 상식 정직과 믿음의 중용 미래를 위한 정책과 정쟁으로 명분 없는 다툼엔 민심이 보고 있다.

하해불택세류라…(河海不擇細流, 바다는 소로의 물도 마다치 않고 다 받아들인다).
 정치인은 모두가 동근연지라(同根連枝, 하나의 뿌리에서 나온 형제다).
 정책이 다르다 하여서 적으로 보면 안 된다.
 이번 봉황의 자리는 호남도민들과 불심이 만들어준 자리다.
 봉황의 보금자리엔 가시넝쿨을 심어라.
 봉황은 알을 낳아도 나눠주면 안 된다.
 논공행상은 빠른 쇠락의 길을 만든다.
 민초의 어려움과 아픔을 뇌로 느끼지 말고 몸과 마음으로 진정한 머슴이 되면 명예는 따라온다.
 자아도취의 무서움을 뇌에 새겨라.

 패자에게도 길을 열어줘라.
 대인은 말이 아닌 행동이 믿음이다.

 책을 읽으면서 주절주절 넋두리를 합니다.
 사이비 신자라, 부처님도 찾고 천주님도 찾고 하느님도 찾습니다.
 모든 귀결은 선함과 베풂의 줄기가 된다면, 동토에도 꽃은 핀다고 하였습니다.
 언론인의 중요성을 사회는 말하고 있습니다.
 사리사욕이 아닌 민초의 한 사람으로서 정직한 기사는 꽃씨의 거름이 됩니다.

사람은 살아가면서 후회하는 일을 할 때는 모르지만, 시간이 지나고 나서야 하게 됩니다.

이번 선거에서 앙금이 남는 많은 토론을 듣고 보았습니다. 흑색 선전, 네거티브, 그러나 지나가면 망각이 됩니다. 용서와 포용은 대인의 마음에서 나옵니다. 승복 또한 대인이 아니면 못합니다.

영원한 것은 없습니다.

물질적 조건은 행복에 결정적이지 않고 가진 것에 의미 두는 노력이 더 중요하다고 했습니다.

가까운 사람과 지금 함께하고 밥 먹는 순간이 최고의 행복이라고 했습니다.

산을 오를 때 정상을 밟을 생각에 몰두하면 스치는 바람의 소리도 못 듣고 떨어지는 낙엽의 소리도 못 듣고 눈 안에 들어오는 산의 절경이 주는 행복의 시간을 무의미하게 보낸다고 한 故 이○○ 님의 말씀이셨습니다.

2022. 03. 10.

📊 주식, 초심의 중요성

지나간 시간을 돌아본다. 아무것도 모른 채 그저 잘나가는 종목 하나 매수하면, 설마…?

처음 수익 본 댓가가 지금 인생의 황혼을 만들고 있다. 모든 것은 내 탓이지만, 받아들인다는 것은 인고의 경험 없이는 푸념을 넘어서 원망으로 변한다.

인생이나 주식투자는 스포츠 경기가 아니다. 더구나 정치에선 승패에 따라서 많은 잡음이 나왔다. 깨끗한 승복도 대인이 아니면 하지 못한다. 정치에서도 페어플레이 정신을 보여준 패자의 모습에 박수를 보낸다.

주식이나 정치나 초심을 유지한다는 것이 얼마나 어려운 것인지는 모두가 알고 있다. 그러나 경험을 쌓다 보면 귀가 엷어져 자아도취에 빠진다. 알면서도 유혹의 수렁을 빠져나올 수 없다. 스스로 깨달을 때는 시기와 때를 다 놓친 후다.

공자 왈,
총명하고 뛰어난 지혜가 있어도 어리석은 체하고,
임금을 뛰어넘는 공을 세웠다고 하여도 겸허하고 겸양하여야 하고,
용맹이 천하를 지배할 힘과 재주가 있어도 늘 조심하여야 하고,
부유한 재물을 얻었다 하여도 늘 자세를 낮추면서 교만하지 않아야 한다.
은혜를 베풀거든 보답을 바라지 말고 준 것은 잊으라.

유붕자원방래 불역락호(有朋自遠方來 不亦樂乎)

늘 벗에게 즐겨 쓰고 하는 말이다. 다른 한자는 못 써도 이 글은 쓸 수 있다.

삼라만상에 잠든 시간에 올빼미가 된 벗에게 문자가 왔다. 너무 늦은 시간이라 답신을 보내지 않고 글 쓰는 시간에 전화해, 오늘 꽃이 피었으니 당신 말대로 중식이나 하자고?

오미크론이 많이 발생하고 있어 다음에 하잔다. 머무는 지역도 그제 2,400명 발생하고, 다음 날 3,400명 오늘은 4,300명 발생했다고 말하면서….

코로나19 사태가 아직 끝나지 않았는데도 선거 열기에 취했던 민심들이 깨어나지 못하고 있는 것 같다. 당국 또한….

우한 화산시장에서 초기 발병된 바이러스 숙주가 박쥐, 나무두더지, 개미핥기, 천산갑에서 이젠 밍크를 넘어 너구리까지 바이러스 숙주로 변하고 있다.(애리조나 대학교수와 스크립스 연구소에서 밝힌 결과를 인용하였음)

또 얼마나 많은 가축과 짐승들에서 인간에게로 사람은 사람에게로 그 매개체는 광범위하게 퍼지고 있다. 위중한 환자는 숫자가 무의미해지고 있고 사망자가 늘어 화장장이 모자라다. 오미크론 확산이 쓰나미처럼 커지는데도 중증 현상이 감기 정도로 인식되고 있다는 상황이 매우 위험하다. 손 놓고 있는 모습이다.

헌법 제1장 대한민국은 민주주의 공화국이다.

투표로 뽑은 대권 주자에게 거는 기대치가 높으면 기대치를 충족시키지 못할 때 오는 충격은 크다. 대통령에게 건 기대치를 충족시키지 못한 결과가 결국, 투심이 보여주었다. 20대 대권 주자에게 거는 기대 또한 크면 클수록 실망은 메가톤급이 될 수도 있다.

봉황의 재주가 가난까지 모두 해결해 줄 수 없다. 모든 경제의 정책을 봉황의 힘으론 해결하지 못한다. 공약은 공약이다. 공약은 공약으로 끝날 수도 있다.

주식 투자나 정치나 초보의 마음이 개인의 행복과 국가의 미래를 밝히는 등불이다.

불청객이라고 부르는 벗에게, 늘 주고받는 이슬에 띄우는 '유붕자원방래 불역락호'라. 고희의 삶이 주는 시간의 중요성 내가 그대의 삶에 지루하지 않은 가교라니 고맙습니다.

2022. 03. 12.

자업자득

증시를 보면, 개미들 소리 환청으로 들려온다.
세상을 보면, 원혼들 절규 환청으로 들려온다.

나에게 당장 피해가 오지 않으면,
세상사 보든 듣든 벙어리 되라고 한다.
욕하지 말고 분노하지 말고 기도하면,
다 해결된다고 하는 벗의 말.

옳고 그름의 잣대가 되는 판단력, 분별력을 잃어 간다.
지금 시대는 옳고 그름의 판단은 세력과 힘이 정의한다.

무엇이 겁날까?
무엇이 두려울까?
무엇을 감추려고 할까?

가뭄을 예견했는지
미꾸라지 판친다.

코로나로 은둔하던 벗들 하나 둘 찾아온다.
점심 공양을 받는다.
위장에 이슬이 젖는다.

얼마나 많은 개미가 눈물 흘려야
당신의 마음 편안한지요.

2022. 04. 21.

📊 투심의 악화와 민심

장밋빛 증시가 와장창 이다.
기댈 데, 비빌 데가 없는데도 '내가 매수한 종목은 오를 것이다!'하는 생각으로 매수, 재매수에 나서고 있는 개미들이다. 외인과 세력들은 이런 장세를 예측하고 소낙비를 피해서 달아났다. 무주공산의 장터에서 작전꾼들은 설치고 개미들은 서로 물어뜯고 있다.
'때론 콩 볶듯이 띄우는 주가를 보면서 주식투자를 하면 수익 볼수 있다.'하는 생각으로 매수하는 순간….

실패 투자를 몇 번 했다고 하여서 그런 경험들이 주식투자엔 도움되지 않는다. 그만큼 주가의 변동성은 개미들의 예상치를 넘어서 감당하기엔 버겁다 못 해서 힘들게 만드는 것이 증시 흐름이다.

장투로 가는 이유 중 하나는 개인들이 매수했다가 물리는 경우가 대부분이다. 손실을 보면서 손절을 못하고 결국은 장투자가 된다. 주가의 형성은 변동성에서 만들어진다고 누구나 다 생각하고 있겠지만, 주가의 형성을 잘 살펴보면 주가가 왜 오르는지 내리는지를 말려줄 것이다.
주가의 형성은 절대로 공정하게 오르지 않는다. 누군가 인위적으로 만들고 허문다. 개미들이 보고 있으면서도 믿지 않을 뿐이다.

주가의 형성은 오로지 세력과 작전꾼만이 주가를 만들고 허문다.
주식투자에서 인내와 인고 끈기가 있어야 성투할 수 있다고 전문가들은 말하지만, 인내, 인고, 끈기가 있어도 주식투자로 성투할 수 있다면 이웃과 주위를 둘러봐라. 이곳에 글 쓰는 개미들이나, 그동안 머물다가 떠난 개미들의 글을 읽어보면 답을 알려준다.

  주식투자의 허구를 귀로 듣지 말고 눈으로 확인하면서 주식투자를 한다면? 백문이 불여일견이라고 했다.
  별안간 코스피 지수가 1,500p까지 폭락하다가 3,000p까지 급등을 하면서 동학 개미라는 신조어가 생겼다. 지금 동학 개미들은 어떻게 되었을까?

  입, 귀, 글까지 막으려는 진실의 위정자들도 개미들 도태되듯이 언젠가 그들 또한 역사가 알려줄 것이다. 민낯을 보면서도 부끄러움을 모르는 이들이 지금 사회엔 너무 많다.

2022. 04. 28.

지금도 바닥 아니다

점심 공양을 받고 왔다. 찾아주는 벗들의 고마움이다.
늙어서도 그래도 잊지 않는 벗들이 자주 찾아와줘서 고맙다.

요즘 많은 종목이 갈팡질팡하고 있다.
게거품 뿜는 신용 쓴 개미들도 많을 것이다.

많은 곳에서 문자로 오는 종목들 그러나 그런 종목에 대한 것을 알려주어도 믿지 않는 개미들이 많다.
문자로 온 두 종목 매수했다면 오늘 계좌는 웃었겠지만…!

주식에 진저리를 치면서도 증시 창을 보고 있다.
전생에 업을 많이 지고 온 것 같다.
아까운 별들이 하나둘 이승을 떠나고 있다.
안타깝지만 저마다 지고 온 운명이라 거역할 수 없는 생이다.

하나둘 정리할 시간이다.
하늘은 기우는 해를 보게 한다.
주식도 정리해야 한다고 생각하면서도 미련의 끈 놓지 못한다.
갈아타기, 장투, 중투, 단투, 단타, 물타기 신용금 풀매수 그 어떤 방법의 투자든 물거품으로 변한다.
다양한 투자 방법이 있지만, 개미들이 따라 하기엔 지금은 바닥이 아니다.
많은 사람과 대화를 나눴지만 주식투자 이야기에선 진실이 없다.
돈이 아니라 사람과의 만남을 가교로서 곡차와 인생 나눔의 덕을 쌓고 싶었다.
그러나 증시에선 능력과 실력이 모자라서 많은 도움을 못 드리고 있다.

호랑이는 죽어서 가죽을 남기고 사람은 죽어서 명예를 남긴다고 했다.
그러나 지금 시대에선 정의도 진리도 세력의 힘 권력의 힘 앞엔 모든 것이 무너진다.
　소설이 아니라 현실이다.

　칠순의 푸틴도 팔순의 트럼프도 각자의 변명은 있겠지만, 자화자찬 속 시간과 세월이 업적을 평가해 줄 것이다.
　나는 주식투자에서 무엇을 남기려고 죽자 살자 매달리고 있을까?
　타인에게 도움을 주겠다고 생각하면서 쓴 글들이 나에겐 독소가 되고 있다.
　원망도, 욕심도, 미움도 다 내려놓을 나이건만 아직도 미몽에서 깨어나지 못한 삶이다.

　미 증시의 시소 게임을 보면 아찔하다.
　난다 긴다 하는 손들도 이런 장세를 만나면 힘을 못 쓴다.
　그런데도 나는 혹시나 하는 마음으로 매일 단타를 한다.

　어떻게 이렇게 되었을까?
　거울을 본다.
　거울 속 얼굴 하나.
　내 얼굴이 아니다.
　너는 누구냐?
　왜 거기 있니?
　아무런 대답도 없다.
　되묻는다.
　너는 누구냐고.
　코스피 1,500p에서 3,300p까지 끌어올렸던 세력들, 철부지처럼 꿈을 안고서 주식시장 입문한 동학 개미들, 침묵의 통곡이다.
 증시가 가두리 장세에 갇히면 밀물이 들어오기까지는 스스로 탈출할 수 없는 구조가 주식시장이다.

2022. 05. 09.

📈 증시의 봄은 온다

 요즘 세상의 각박함은 노인을 이유도 없이 때리고 해쳐도 외면해야만 하는 것이 현실이다. 따뜻한 마음을 간직한 이들도 많지만, 대다수 분들은 "법, 법, 법!"만 외치고 따지는 정치의 잣대에 세뇌되어 양심을 외면하는 걸음들의 행보다. 정의가 없는 집단은 결국은 폭력 집단이라는 것을 세력화 집단은 알려주었다.

 초록의 계절에 초록빛이 증시를 누르고 있다. 사면초가 증시다.
 돌파구가 없는 것 같지만, 순식간 돌파구가 뚫리는 것도 주식시장이다. 바겐세일 종목이 수두룩하지만, 선뜻 매수하기도 겁나는 증시의 흐름이다. 투자의 지표가 되는 많은 데이터들이 모두 투자의 도움이 되지 않고 있다.
 세계 경제는 불확실성이 더 높아졌고 러시아의 우크라이나 침략은 끝나지 않는 전쟁으로 미로의 터널이 되고 있다.

 민주주의, 공산주의, 강대강, 사상적 대치 시기다.

같은 언어를 쓰고 있던 형제국 우크라이나를 침략할 것이라고는 미래를 내다본 석학들도 전쟁 연구가들도 예상치 못했던 푸틴의 전쟁이었다. 너무나 충격적인 21세기 전쟁이다. 언젠간 미친 푸틴 같은 국가의 지도자가 나온다면, 세계사 3차 대전 화약고는 터질 수 있다.

절체절명의 현실에서 우리는 새로운 도약의 닻을 올렸다.
잃어버린 5년을 디딤돌 삼아서 재도약을 위해서는 여야가 함께 힘을 하치고 함께해도 성장의 토끼를 잡기도 힘들고, 국가, 국민을 위한 평화의 경제 이뤄내기도 힘든 현실에서 여야 야여 힘겨룸은 누구를 위한, 무엇을 위한, 미래를 위한, 심각하게 생각할 문제다.
아예 이참에 국회의원 숫자도 151명으로 축소하는 국회법을 신설한다면, 국민은 박수칠 것이다.

이 어지러운 시국에 북한은 평양 봉쇄령이 떨어졌다고 한다. 코로나19 변이체 환자 발생으로 일어난 원인이라고 한다. 중국만 봐도 우리나라 인구와 엇비슷한 도시에 봉쇄령을 펼치고 있는 것을 보면 공산주의 폐쇄된 국가관이 얼마나 많은 민초에게 고통을 주는지를 알려주고 있다.

아무리 어려워도 증시의 봄은 온다. 미 증시가 연일 폭락하고 악재가 연일 나와도 언젠간 증시는 활황 시장이 될 것이다.
개미들은 폭락, 폭등, 폭락, 변화무쌍의 증시를 반면교사 삼아서 주식투자한다면 삶의 가시밭길은 피할 수 있다.
주식 실패자가 글을 쓴다는 것, 사실 자존심도 많이 상한다. 그러나 자존심을 감추는 것보다는 증시의 실체나 세력의 실체에 대한 것을 알려준다면 초보나, 투자자들에게 투자의 결실도 함께할 수 있다는 생각으로 쓰고 있다.

 주식투자는 때와 시기가 있고, 그런 때를 위해선 실탄을 비축해야 하고, 신용금이나 빚으로 무장한다면 결국은 필패의 경험을 쌓는다는 것을 말하고 싶다.

 다 잃고 나니 허허로움과 시원함을 느낄 수 있게 되었다.
 자본주의 꽃길이라는 증시, 주식시장은 삶의 꽃밭은 아니라는 것을 말해주고 싶다.

2022. 05. 12.

📈 변수와 훈수

 초록의 5월이다.
 꺼져가던 증시에는 잠깐이나마 꽃이 피었지만 쌍두마차처럼 달리던 암호 화폐(가상 화폐)는
 날벼락을 쳤다.
 듣도 보도 못한 코인의 폭락은 코인에 투자한 많은 젊은이들을 갈팡질팡 한순간에 벼랑 끝으로 떨어트렸다. 루나(LUNA), 테라UST의 전무후무한 폭락으로 많은 삶을 망가트렸다. 권도형이 만든, 도

덕적 해이를 넘어선, 법망을 미꾸라지처럼 빠져 나가게 만든 21세기. 희대의 발명을 핑계로 한 사기극이라고 해야 할 것이다.

정치는 '검수완박'이 우선 아니라 이런 수법으로 금융 혼란을 부추기는 자들을 징계할 법제정을 완수해 주식이나, 코인이나 어떤 투자를 하여도 투자자가 순식간에 재산을 모두 잃는 악순환의 고리를 미리, 사전에 막을 수 있는 법 제도를 정착시켜야만 경제의 활성화와 젊은이들의 미래의 꿈을 마음껏 펼칠 수 있는 사회를 만들 수 있다는 것을 망각하고 있다.

인생을 스스로 무너지게 하는 것과 누군가 무너지게 하여 걷는 인생의 길은 차이는 크다.
누구나 언젠간 격을 수도 있고 피해 갈 수도 있는 것이 운명의 굴레라고 조언할 수는 없다.
월급과 하루 일당만으로는 미래의 꿈을 이룰 수 없는 젊은이들이 아껴가면서 쌈짓돈 모아서
투자처라고 만든 곳들이 일순간 무너지게 하는 곳들이라면, 그런 곳에 투자하는 투자자들에게 책임 전가를 해야 하는 사회 구조라면 '제도가 무슨 필요가 있을까?'하는 의문이다.

나 또한 15년 전 상폐 종목 피해자들이 위임을 해주어서 재판 중 피해자 한 분이 "비트코인 100만 원어치만 사두세요." 몇 번 말씀하셨지만, 주식에 몽땅 몰빵 후 상폐가 되어 상폐의 부당성을 놓고서 (사기, 주가 조작, 횡령, 배임 등) 고소 중이라서 코인을 사두지 못했다.
주식투자에서도 이렇게 상폐 종목 매수하게 되면 하루아침에 알

거지 되는 것은 시간문제다.

오늘 매수하고 오후에 거래정지 된 종목도 매수한 적이 있었다.

주식투자 또한 1억이든 2억이든 몰빵한 종목이 거래정지 된다면, 될 수도 있다.

그런 종목들 거래정지 된 종목도 지금 주식시장엔 있다.

그런 상폐 종목 만난다면 루나, 테라의 투자자처럼 되고 만다.

조심한다고 하는 투자를 하여도 언젠간 피할 수 없는 운명으로 변할 수 있는 곳,

돌발 변수가 시한폭탄처럼 주위에 널려 있는 곳이 주식과 가상화폐다.

나는 30년 동안 20억을 잃었지만, 글이라도 남았다.

그러나 루나, 테라 가상화폐 투자자 중 한 분은 하루아침에 18억 원이 400만 원이 되었다는 증명서를….

더군다나 루나, 테라는 상폐까지 갔고 루나 테라 투자자는….

시간이 지나고 세월이 흐르면 또 지금의 경험들을 잊고 망각하면서 증시와 코인은 방긋 웃게 만든다.

주식시장은 그런 일들을 겪으면서 지금까지 성장해 왔다.

그동안 많은 민초의 삶, 개미의 삶, 헝클어진 이들도 많은데도 그런 개미들은 잊히고, 새로운 투자자들은 실패한 개미들처럼 전철을 밟지 않는다는 자신감으로 무장하곤, 이런 글 올린 이들을 비웃고 냉소한다.

요즘 글을 쓰다가 보면 오타가 많이 나온다. 시력 저하와 손가락 신경이 무뎌진 탓이다.

철학자 김OO 님에 비하면 어린애건만 육체는 빠르게 노화를 재촉하고 있다. 이루지 못한 것, 쓰지 못한 것이 많은데, 증시 창을 보려면 글을 쓰려면 안구와 타자 치는 손가락만큼은….

이런 바람도 욕심일까?

인생에서 3뿌리를 조심해야 된다고 늘 배워왔다. 입뿌리, 발뿌리 X뿌리다.

욕망, 탐욕, 음욕을 견뎌내지 못하고 전도유망한 사람들이 유성으로 변하고 있다. 3뿌리에 걸리지 않았다면 인생 꽃길은 따 놓은 당상일 텐데, 한순간의 유혹에서 벗어나지 못한 음심은 끝내 인생의 발목을 잡았다.

잘못을 알면서도 뉘우치지 않고 있는 이들이 정치인에겐 많이 있다. 이곳 하늘 아래 제일 편안하다고 하는 동네에서도 3선의 OO 의원이 결국은 자신의 발목에 족쇄를 채웠다.

이곳은 3선의 국회의원이 나오기 힘든 곳이다. 그만큼 유권자들의 색채가 분명하고 표심이 뚜렷한 곳이다. 그런 곳에서 3뿌리 중 하나에 걸려서 정당에서 제명되는 치욕적 망신살이 뻗쳤지만 뉘우침은 없는 것 같다.

60, 70년대 말초 신경을 자극하는 화담은 무료한 졸음을 쫓는 특효약이었다.

그러나 지금 시대는 성희롱죄에 해당하는 문구가 된다. 성도착증, 권력 도착증, 주식 도착증, 코인 도착증, 부 도착증. 만족을 모르는 감정은 결국 파멸의 길을 걷게 된다.

나 또한 글의 만족을 느끼지 못하고 있다.
주식 또한 만족을 모르고 있다.
글 도착증, 주식 도착증 환자다.

2022. 05. 14.

📊 주식의 신은 없다

천고마비처럼 5월의 신록은 푸르다.
자연만 보고 있다면 누구나 선한 마음을 가질 것이다.
그러나 주식 시장을 보고 있으면 그런 마음들은 퇴색된다.

증시 창을 보고 있다.
종목을 분석하면서 매수한다고 하여도 오를 확률은 50%다.
잘못 매수하면 몇 개월은 속앓이다. 주가가 계속 하락하면 매도조차도 할 수 없다.

삼고초려 종목도 주포가 아니라면 주가 향방을 예측한다는 것은 매수 할 때는 100% 확신하고 매수하지만, 매수 후부터 주가가 하락한다면 예측은 급속도로 냉각된다.
개미들 대부분이 그런 주식투자를 하고 있다.

이틀 연속 하락하는 종목이 있어 살펴보니 지분을 매각했다는 시황으로 주가가 급락하고 있기에 너무 많이 떨어진 주가이고, 기업도 우량주여서 매수가 15,900원 매수했지만, 주가는 생각대로 오르지 않고 하락하고 있다.

　매수 후 16,200원까지 올랐지만, 우량주라 생각하곤 매도하지 않았다. 그러나 결과는 다시 하락하고 있는 주가다.

　미 증시가 폭등했지만 한 증시는 미 증시의 폭등이 반영되지 않고 폭락하였고 그 여파로 인하여 많은 종목의 주가가 내렸다. 오늘은 그 반대로 미 증시가 빠졌는데도 한 증시는 지수가 오르고 있다. 증시의 변동성을 보면서 손절을 생각하다가도 매도하지 않고서 버티고 있다.
　이런 장세를 만나면 주식 보유자는 계좌를 보고 실망하는 경우가 많다. 이러다가 지수, 주가가 조금 오르면 팔게 되고, 손절하게 되고, 다른 종목 널뛰기 종목으로 매수하고, 매수한 종목 주가가 내려가면 또 손절매를 생각하게 하는 것이 주식투자다.

　"이 나이에 무엇을 걱정하랴." 하는 말도, 많은 것을 잃게 되면 현실을 직시하게 된다.
　주식투자의 귀재라는 워런 버핏은 개미들의 우상이겠지만 개미가 전부를 잃고 빚까지 짊어진다면 그 개미의 인생은….
　주식투자의 무서움을 알면서도 주식시장을 떠나는 개미보다는 주식투자에 암호 화폐에 더 열을 올리는 사람들이 늘고 있다. 아이러니한 증시 현실이다.

　우크라이나 전쟁에 참여했다가 전쟁을 체험한 의용군인이 한 말이 있다.

"우크라이나 의용군들은 총알받이가 된다." 전쟁을 겪지 않고 전쟁에 참여한 결과다. 정의라는 혈기가 결국은 객기가 되었다.

인류애와 정의를 앞세워 침략자인 러시아를 상대로 지원물품을 보내고 있는 민주주의 모범국이면서 모태인 미·유럽도 막상 큰 확전으로 번질까 봐 러시아 본토를 공격할 힘이 있는데도 러시아 본토를 공격하지 않고 우크라이나 영토에서만 밀고 밀리면서 방어에만 치중하며 무기만 제공하고 있다. 현대전의 아이러니한 전쟁의 참상이다.

만약에, 우리나라가 북한과의 전쟁이 일어난다고 하면 중국, 러시아는 북한을 도울 것이라는 사실은 불 보듯이 뻔하다. 혈맹 국가와의 보증서가 있다고 하여도 국민이 목숨 바쳐서 지킬 국가관이 없다면 전쟁의 상황은 순식간에 끝날 것이다.

20·30·40세대의 정의와 국가관 홍익인간의 인성을 새겨야 한다는 것을 우크라이나 참상은 말하고 있다.

주식투자 무섭다는 것을 매번, 이번 폭락장에서 20·30·40 개미들은 경험했다.

코인, 루나, 테라 암호 화폐 등 주식시장에서도 그동안 상폐된 종목들은 지금 상장된 숫자만큼 사라졌다. 상폐 경험자 중 증시를 떠난 개미도 있고 증시를 떠나지 못하고 나처럼 기웃대는 개미도 있다. 주식이 무섭다는 것을 알면서도 경험을 하여도 뇌는 망각의 기능이 있어 꿈에서 깨어나지 못하게 한다.

주식시장은 개미들이 수익 내는 것을 아주 싫어한다는 것을 잊지 말고 투자를 하라.

2022. 05. 25.

📈 증시도 꽃은 핀다

　증시를 보고 있는 많은 눈이 투자의 실력이 뛰어나도 각자의 개성이 다르다 보니 뭉칠 수 없는 것이 개미다.

　일간엔 많은 종목 문자들이 하루에도 몇 십통씩 날라왔다.
　그러다 요즘 증시가 지지부진 박스권에 갇히고 나쁜 놈들을 잡는 증권범죄단이 부활하니, 그런 영향 탓인지 문자 보내는 세력들이 많이 줄었다.
　종목 추천주 보내는 세력들이 다 작전꾼은 아닐 것이다.
　그러나 대부분은 '선자불래 내자불선'이라는 뜻의 무리다.

　직접 경험하지 않으면 아무리 알려주어도 인연의 글이 되지 못한다.
　이곳에도 사이코패스 작전주 비슷한 무리도 있다.
　판단이야 다 인연의 뜻이니 좋은 글은 탐독하고 아니다 하면 외면하면 된다.

　지지부진 장세에 몸살을 앓는 날도 있다.
　주야장천 증시에 매달려도 뜻과는 먼 결과만 초라한 성적표가 웃는다.
　오늘도 일찍 일어나 어제 미 증시의 폭등에 오늘 장은… 기대하면서 문을 연다.

　며칠 안 보이던 41년생인 이웃집 형님이 찾아온다.

요즘 여행 다녀오셨나요? 안 보이셨네요.

웬걸, 죽다가 살았네, 말씀하신다.

왜요? 어디 아프셨어요?

코로나19에 걸려서 병원에 2주 입원했다가 퇴원한 지 며칠 안 되네.

얼굴색은 좋으신데요. 지금은 건강은 어떠세요?

괜찮다고 하시면서, 4명이 식사하러 갔는데, 함께한 일행 3명은 감기처럼 지나갔는데, 자신만 입원할 정도로 아파서 죽을 뻔했다고 하신다.

불행 중 다행이셨네요. 코로나19 걸렸어도 살아서 나와 저랑 마주 보고 있으니.

허허허 웃으면서 모닝커피를 마신다.

요즘 코로나19가 없어지고 물러간 것은 아니다. 주위에 항상 맴돌고 있는 것이 균체다.

조금만 방심하면 다시 유행될 수도 있다. 거기다가 천연두 균도 발생하였다.

아프리카 돼지 열병도 다시 고개를 들고 있다.

제약주에 무거운 침묵이 계속되고 있다.

문 정권 때, 코로나19 치료제 선착순으로 만들 수 있다는 기대감을 한참 띄운 행보에 바이오주, 제약주가 고공으로 치솟았으나 그런 바람들은 결국, 동학 개미, 일반 개미들에게 주식의 관을 만들어주었다.

어느 기업은 총리가 방문하면서 2,000원대 주가에서 22,000원대까지 주가가 치솟더니만 지금 결국은 5,000원대까지 하락하고 있다. 원전주 미래를 밟더니만 결국은 많은 개미의 계좌를 털어 다시 세력들이 배만 채웠다. 정치인의 행보와 언행에 따라서 많은 종목의 주가는 천당과 지옥을 오간다. 이런 잘못된 증시 상황은 이제 고쳐야 한다.

그런 이상하게 작전주 만드는 세력들을 골라내고 잡는 것이 금융·증권 범죄수사단이건만 무슨 연유였는지 해체를 시켰다가 부활하였다. 추OO도 자유로울 수 없을 것이다. 권불십년의 뜻 아니 권불오년을 반면교사 삼아서 윤 정부의 행보는 일체 증시에 대한 언행을 삼가야만 건전하고 개미들이 합리적 투자할 수 있는 주식시장으로 변할 수 있다.

증시의 지수 3,300p 돌파와 하락 지수 2,600p에서 박스권에 갇힌 지수대가 앞으로 더 오를지 내릴지는 경제의 돌파구가 말해줄 것이다.

2022. 05. 27.

📊 주식투자의 환상

천기를 읽는 눈도 자신의 운명은 알지 못한다.
의, 예, 도, 신.
의는 세력에 대항하고 불의를 보면 참지 못한다.
예는 높고 낮음을 가리지 않고 나를 낮춘다.
도는 자신의 아는 지식을 말하지 않고 분란에 참견치 않는다.
신은 벗을 사귐에 목숨도 주는 믿음으로 맺는다.

정사를 다스리는 군주라면 사사로운 정에 치우치지 않고
공평하고 욕심 없는 깨끗한 마음의 눈으로 덕을 행하고 논한다.
정대하지 않은 공정하지 않은 베푸는 자리는 민심을 잃는다.

요즘 증시 창을 보면 예측한 종목이라도 빠질 만큼 빠졌다고 생각하고서 매수하면 더 빠지는 종목이 많다. 일희일비하지 않는 주식투자를 하라는 뜻을 알면서도 매수 후부터 하락하는 주가를 보면 작심삼일 투자가 된다.

상한가 종목 찾아낸 지도 벌써… 수년이 흘렀다.
지금 장세에서 상한가 종목 찾아낸다는 것은 더 어렵다고 생각되는 장세다.
계속 내리는 종목의 주가를 보다가 확신을 가지고 이젠 바닥이겠지 하고 물타기 하여도 결국은 손절매를 하게 된다. 미수 사용한 댓가는 두 배의 손실로 변한다.

Fantastic 경기로 PK없이 득점왕을 차지하고 금의환향한 손흥민처럼 개미들의 주식투자도 환상적 투자가 된다면 주식시장은 불길처럼 타오를 것이다.

20년 전에도 읽었고, 지금도 읽고 있는 글의 뜻을 알면서도 지키지 못하고 있는 주식투자다.

어제 찾아온 아우라 칭하는 안성에 사는 이O주 님, 25년 경력으로 어려운 장세에서도 현상유지를 하고 있다고 하면서 2-3개 종목을 말한다. 이 어려운 장세에서도 현상유지 투자라… 당신이 고수다.

- **실패 투자의 유형**

  » 주가가 내릴 때 매수한다.
  » 몇 번 수익이 나다가 한 번에 크게 당한다.
  » 이익 난 종목은 매도하고 손실 본 종목은 매도하지 않는다.
  » 매수 후 주가가 하락하면 물타기 한다.
  » 발송지를 모르는 문자 종목을 매수한다.
  » 신용금으로 몰빵한다.
  » 계좌에 현금 보유를 않는다.
  » 저가주 종목만 매수한다.
  » 리스크 관리를 하지 않는다.
  » 주식투자로 나는 실패 투자를 하지 않는다는 자신감이 있다.
  » 분산투자를 하지 않는다.

실패 유형의 글은 많으나 올린 글처럼 그런 매매를 수없이 해왔던 나는 결국….

그러나 개미에게 전하는 글은 남기고 있다. 초보 개미는 참고하여서 주식투자한다면, 증시 창을 보고 있으면 알고 있는 글의 뜻대로 행할 수 없다는 것이 주식투자의 무서움이다.

이번 선거의 결과는 11대6 정도에서 밀리면 12대5까지도 예상된다. 경기도와 인천 계양이 승패의 분수령으로 희비가 갈린다. 결과는 민심의 뜻이겠지.

2022. 05. 29.

📊 내가 졌다

『경행록』에 이런 글귀가 있다.
귀로 남의 그릇됨을 듣지 말고,
눈으로 모자람을 보지 말고,
입으로 남의 허물을 말하지 말아야,
군자라고 했다.

입적하신 스님이 생존해 계실 때, "스님, 왜 부처님은 악인에게 벌을 주지 않고 계시는지요?"
스님 왈, "악인을 벌하는 것은 부처가 사람입니다."
나는 군자가 아니라 미친 견자에겐 몽둥이가 약이라고 생각한다.
이곳에 후안무치한 만고의 후레자식이 하나 있다. 앞에 있다면,

징역을 가더라도 잘못된 양심을 고쳐주고 싶다. 폭력이 전부는 아니지만 미친개에겐 몽둥이가 약이다.

 법, 법, 법만 따지고 외치는 무소불위의 반지성인들이 사회를 버려 놓고 있다. 요즘 법은 잘못하는 일을 저지르는 자를 만나도 훈계하지 말고 참견하지 말고 외면하라고 가르치고 있다.
 젊은이가 노인네를 때리고 죽여도 솜방망이 처벌이다. 지금 성인이 아닌 아이들도 촉진법의 뜻을 잘 알고 있다. 비행소년들이 줄지 않고 있는 까닭이다.
 국회의원들은 국회에선 예는 없고 장유유서도 없고 오직 정당의 이익만 앞세운다. 그런 장면들은 여과 없이 고스란히 청소년들에게 전달되는 시대다.

 살신성인의 의로운 삶을 살다 가는 사회의 모범생도 있지만, 협기의 의로운 행동을 하는
젊은이들이 사람들이 줄어들고 있는 현실이다.
 나 또한 '참을 인' 세 번을 세면 만사가 편안하다는 것을 알고 있지만, 시도 때도 없이 댓글로 시비를 거는 후안무치의 견자를 이곳에서 보았다. 살면서… 허허허 헛웃음만 나온다.
 나는 군자가 아니라서 그런 견자에겐 육두문자를 써왔다. 인터넷 에티켓이 사라진 시대다. 그O은 아마 작전꾼이 아닐까 싶다는 생각을 해본다.

 누구의 잘못일까? 다 부족한 내 잘못이다. 주식투자에서 성투를 했다면….

이곳을 찾아서 글을 읽는 주식투자 초보들이여, 이곳의 글들은 쓰레기 글이 많다. 좋은 글, 투자의 도움 주는 글을 쓰던 분들이 이곳을 많이 떠나갔다. 왜 이곳을 떠났는지 쓴 글들을 읽어보면 알 것이다.

참고하면서 주식투자에 도움되기를 바랍니다.

2022. 05. 30.

폭락은 멈췄나?

위선자들이 사회엔 많다.

사이코, 조현증 환자는 사건이 벌어져야 알 수 있다.

문맥은 그 사람의 얼굴이다. 글의 뜻 또한 읽는 사람에 따라서 천차만별로 변한다. 간단한 문맥조차 이해하지 못하는 사람도 때론 있다. 동문서답이라….

증시는 보이지 않는 피 터지는 투자처다. 종목 하나하나가 희비의 쌍곡선을 만든다.

주식투자의 잣대가 되는 많은 종목의 가치와 성장을 따지는 투자도 점점 힘들어지는 주식시장이다.

주변 여건에 따라서 이유 불문 주가가 곤두박질치는 경우도 많아졌다. 기술주의 성장세가 멈췄다고 하는 소리에 나스닥지수는 연일 폭락했다. 그 영향인지, 석연치 않게 많은 종목이 덩달아서 주가가 요동치고 있다.

  증시를 보면서 관망한다고 하면서도 급등락 종목을 보고 있으면, 십중팔구는 어느새 손가락은 마우스 Key를 누르게 된다.
  증시, 증권사 구조가 개미에게 주식투자 수익을 얻을 수 있게 만든 시스템은 없다. 많은 세월 고군분투 주식투자를 반복하게 되면 알게 된다. '뭔 소리야?' 하면서 뜻을 모르는 개미들도 있을 것이다. 소소하게 지껄여 봤자 득 보는 세력에겐 귀찮은 뜻이 되겠지만, 초보 개미들은 투자하면서 왜 개인과 개미는 주식투자 성공률이 낮을까…?
  생각만 하면 모른다. 구조 시스템 자체를 유심히 살펴보면 주식투자 성공률은 높아질 수 있다.

  기다리는 투자 장기 투자, 생각하는 투자를 한다고 하여도 증시 변동 상황에 따라서 초심의 투자 맹세는 일희일비로 변하게 하는 것이 주식투자다. 증시의 노련한 고수라고 하여도 진정한 고수가 아니면 작심삼일의 투자로 변한다.

  곰곰이 지나간 투자에 대한 글을 읽으면서 성찰과 반성 주식투자에 대한 실패 원인이 무엇이었나를 생각하였다. 주가가 내려가는 종목은 지하실 밑 지하실이 있다.
  그런 종목 매수하면서 이만큼 내려간 주가니 오르겠지 생각하면서 매수하는 개미도 많을 것이다. 나 또한 그런 투자를 많이 해왔다.

그러나 한 번 곤두박질치는 주가는 그 끝을 알 수 없다.
증시 주변 여건들이 좋지 않다면, 우량주를 매수하여도 투자 손실을 피할 수 없게 된다. 주식투자 실패한 큰 원인 중 하나는 많이 떨어진 종목 가치와 성장성을 가진 종목이라도 '이젠 바닥이겠지' 하고 매수했고, 매숫값보다 더 떨어지면 매수가 낮추려고 물타기 매수를 했고 미수, 신용금 풀가동 몰빵했던 주식투자가 실패원인이었다.
미수는 투자의 손해를 세 배 이상 만든다. 주식투자는 스스로 겪지 않으면 설명으론 이해가 어렵다. 누구나 알 것 같지만….

전부를 잃고도 모자라서, 건강까지 잃게 되면 얻게 되는 것이 깨달음이다. 주식투자도 공수래공수거라고 생각하는 개미는 증시를 떠나라고 조언 드리고 싶다. 불신의 시대에서 청청하고 바다처럼 만인에게 존경을 받으시며 철학의 삶을 살다 가신 딴따라 인생의 길을 걸으시던 임의 가시는 걸음에 존경의 마음을 보냅니다.
투자금 잃고 반환소송 건으로 판결의 분풀이를 사건과 무관한 사람들의 목숨을 앗아간, 많다면 많고 적다면 적은 부자에겐 껌값이요, 빈자에겐 천문학적 금액이요. 인생 전부가 재물이 아니건만, 인성의 결핍을 자폭으로 끝마무리한 망자에게 돌을 던질 수 있을까?
우리 사회에 던지는 메시지다.

증시의 주식투자를 보면 인성의 결핍을 만드는 요소들이 많다.
자신의 능력 부족함을 사회의 책임으로 몰아갈 수는 없다.
물질이 전부가 아닌 인성과 도덕을 중요시하는 사회관과 교육관이 절실한 시대다.

2022. 06. 10.

📊 증시, 무서움

미 지수를 보면서, 열리지도 않은 내일의 장을 걱정하는 개미도 있을 것이다.

주가는 두려움의 투심을 타고 오른다.

많은 종목 주가는 투심의 공포를 먹이로 주가를 올린다.

증시의 먹구름이 몰려와도 소낙비가 그치면 해는 뜬다는 격언을 생각하라.

화려함에는 가시가 많다. 화려한 버섯은 독도 있다.

가시에 찔리고 독을 먹으면, 위태로움을 넘어 생명까지 잃는다.

세상살이엔 많은 인연을 맺고 끊어진다. 악연과 선연 운명의 굴레는 소용돌이다.

관포지교, 붕우유신, 장유유서, 부자유친, 군신유의를 찾기 힘든 사회상이다.

가난은 나라도 구제하지 못한다고 했는데, 이젠 나라는 백성의 삶과 인생까지 돌봐야 권력을 잡을 수 있는 시대다. 민심은 천심이라 냄비처럼 끓는 물, 무거움의 도, 가벼움의 처사가 무엇을 만든다는 것을 알고 있다.

어느새 정치는 꼰대와 청년의 사이로 나뉘게 만들었다. 변화의 개혁은 나뉘는 것이 아니라 합심해도 모자란다. 중이 고기 맛을 알게 되면 절간의 빈대도 남지 않는다는 민담도 있다.

권불오년의 세월도 지키지 못하는 자리건만 20년을 외치는 망상의 정치는 사회의 많은 것을 후퇴시켰다. 다시 권력을 잡아도 오만 불손, 인면수심, 자가당착, 후안무치한 행동을 한다 하여도 내로남 불로 생각하는 사람이 많아질까 두렵다.

  문명의 발전과 생활의 편안은 정신을 환상으로 채워지고 돈육의 향기는 더 많은 재물의 유혹에 쉽게 무너진다.

  인내는 쓰다. 증시 주식투자에서 오랜 시간 장투한다는 것도 옛말이 되고 있다.

  현대차, 포스코 등 다양한 우량주들 장투자들의 손실액이 커지고 있는 지금의 증시 흐름이다.

  제약주, 바이오주 종목군은 더 심하다. 불과 2~3년 보유자도 고가 대비 주가 손실률은 기본적으로 반 토막인 종목들이 많아졌다.

  5년의 세월 주식투자는 빈부차를 극명하게 갈라났다.

  여의도 금융, 증권 합수부 해체가 준 주식시장에 끼친 영향은 꾼들의 배만 채웠다.

  금융, 증권 합수부 해체에 대한 이유도 밝혀져야 할 것이다.

  지금 증시의 상황은 사면초가다. 러시아가 일으킨 전쟁이 아니었더라도 증시는 요동쳤을 것이다.

  침체기에 들어선 증시에 러시아가 우크라이나 침략은 세계 경제의 화약고에 불을 질렀다. 물가의 고공은 결국은 증시에 쓰나미로 몰려온다. 증시의 요동침에 공포는 공포를 낳고 두려움의 투심이 극에 달할 때, 증시는 화려하게 꽃을 피운다.

  전문가들은 폭락장을 조정장이라고 표현한다.

분명 증시엔 상승장, 조정장, 하락장, 폭락장이 존재한다.
폭락장을 경험하지 못한 동학 개미나 초보 개미는 참을 인 세 번 생각하고 세 번 글을 쓰면서
투심을 다스린다고 하여도 인생에선 통할 수 있어도 주식투자에선 통하지 않는다는 것을 많이 배우게 될 것이다.

절치부심도 때가 있다. 여유가 있다면 증시가 아우성치고, 모두가 증시에서 주식 못하겠다고 사회 모든 지면을 채울 때 주식투자를 하라. 주식 선배인 내가 조언을 한다면 증시에 대항하지 말고 순응해야만 성투자가 될 수 있다.
지금 증시 상황은 손자병법 중 으뜸인 36계 중 1계를 생각할 때다. 주식투자를 해오면서, 지금도 매일 2~3회 도박을 하면서 오만불손 고집으로 버티고 있는 결과의 댓가는 댓가가 되지 못하고 있다. 몇 번의 깡통 계좌를 경험했으면서도 아직 깨닫지 못하는 주식투자를 하고 있다.

금천구청에서 광명역이라, 새로운 인연을 만나러 가야 할까?
약속은 했는데, 총괄본부장이라…. 과연 선연일까? 악연일까?
주식투자자들과의 인연은… 두꺼비를 보고도 개구리라고 하는 분들이 많은데?

전철을 타기 위해 길을 나섰다. 역사 안으로 들어가니 노트북을 보는 분이 있어 곁으로 다가갔다. 옆에 서서 보니 증시 창을 열심히 보면서 매도, 매수 주문을 낸다.
"봐도 괜찮겠지요? 참 대단하십니다. 연세도 지긋하신 분이…. 주

식 경력은?"

대답하지 않으신다.

"투자 재미는 많이 보셨나요?"

말이 없으시다. 괜한 걸 물었구나, 열심히 두드리는 주문 창을 본다. 주문 창을 보니 1주 8주 10주씩 매수 숫자가 뜬다.

"어르신 1주, 8주, 소량으로 매수하면 수수료가 더 많이 나가지 않나요?"

수익보고 매도하니 괜찮다고 대답하신다. 그러면서 관심 창에 관심주 10~13개 종목 살핀다고 한다.

"그 관심주 어르신이 찾으신 건가요?"

유료주 주는 자들, 그렇게 자신 있으면 자신 돈이나 가족들 혈연한테 추천하고, 자신 돈으로 주식투자해서 돈 많이 벌면 되지, 왜 돈 받고 추천지 준다고 하는지 이해되지 않는다고 하신다.

그 말을 들으면서, "그럼 공매도에 대해선 어떻게 생각하고 계시는지요?"

공매도 제도는 개미에게 아주 불리한 것이지만 자신은 공매도 하고 싶어도 잘 몰라서 하지 못한다고 하신다.

"혹시, 이 지역에 거주하고 있으신지요?"

아니라고 하시면서, 수원에서 볼일 보려고 왔다가 노트-북 켜고 매매한다고 하신다. 80세에도 주식투자라⋯. 치매 걱정은 없으시겠다. 많이 버세요.

주식투자라는 것 요즘은 스마트폰으로 주식투자하는 젊은 층들이 많아졌다.

주식투자 누구나 다 수익 볼 수 있다면 좋으련만, 대다수 개미는 이런 장 만나면….

주식 성투기를 나는 쓸 수 있을까?

2022. 06. 12.

투자의 악순환, 매수 타이밍

설마 했던 지수가 폭락이다. 증시 창이 파랗다.
이런 장에서도 상한가 종목이 있다.

윤 정부는 절대로 증시의 향방에 영향을 주는 행동과 말을 하여서는 민심을 잃게 된다는 것을 명심하는 정책을 펴야 할 것이다. 죽이던 밥이던 증시의 파고에 맡기면 언젠간 제자리를 찾을 것이다. 증시를 그동안 봐왔던 생각이다.

투심의 악화일로가 증시를 패닉으로 만들고 있다.
더 떨어질 곳 없다는 생각으로 재매수에 나섰지만 폭락의 물결은 방파제가 있어도 바닷물이 넘치고 있다.

지레 겁먹고 개미는 오도 가도 못하고 구조대의 손길만 기다리는 증시 흐름이다.
이런 폭락장에서 모든 종목의 주가가 내려간다면 이해하겠지만,

유독 보유한 종목만 더 주가가 내려가고 있다는 생각에 빠져들게 된
다. 물타기라도 하면 좋겠지만, 대다수 개미는 신용까지 끌어 쓰고
빚까지 얻어서 투자하고 있기에 투자의 여력이….

 지수와 주가는 2~3일도 모자란다고 1주, 2주, 연일 하락이다.
 이런 하락장에서도 모트렉스, 신송홀딩스 종목은 상한가 안착이
다. 덩달아서 에이○○○, 엠○○○, 미래○○○○, 헤○, 몇 개 종목
은 주가가 오르고 있다. 일○○○ 종목은 외인이 연속 매수하고 있다.

 염장 터진다. 저런 종목 매수했다면. 주가의 악순환은 이번 뿐이
아니다. 패닉 후 주가는 언제 폭락했냐 하는 현실을 뒤집고 다시 폭
등장으로 변하게 한다.
 신용금 미수 풀 배팅한 개미는 이런 장을 만나면 이기지 못하고
견디지 못하고 도태된다. 그리곤 다시 다른 개미들이 새로운 개미들
이 얼씨구 하면서 주식시장으로 몰린다. 폭락 후 폭등하면 매수에
나선 새로운 개미는 투자 이익을 얻게 된다.
 주식투자에서 수익 보았다고 좋아하면서 투자 땅 짚고 헤엄치기라
고 생각한다면, 하는 개미는…. 재투자에 나서게 되고 계속 증시에
머물게 된다. 폭락장에서 폭등장으로 증시가 변할 때 수익 본 개미
가 증시에 계속 머문다면….

 지수 2,500p가 무너진다면 매수 타이밍이라고 나는 생각한다. 잠
깐이겠지만 반등장으로 변할 수 있다. 아니 당장 내일이라도 지수는
폭등할 수도 있다. 하락의 폭이 너무 커서 반등 또한 관성의 법칙의
힘이 지남철처럼 투자의 힘이 분출할 수도 있다. 오늘 밤 미 지수가

폭등한다면….
　증시 격언에 3일 폭락은 매수 타이밍이라고 했다. 지금 증시는 7일 폭락 후 에서야 반등하는 증시의 현상으로 변하고 있다.

　아이고, 곡소리 나올 때마다 조금씩 매수하면….
　이런 증시에선 방망이를 짧게 잡고 치는 타석에 서는 타자가 되라.
2022. 06. 13.

무서워서 주식 하겠나?

　과도한 폭락이라고 하는 곳이 하나도 없다. 뉴스와 세력은 혼연일체가 돼서 증시의 폭락을 즐기고 있다.
　신용 쓴 개미들 몽땅 쓸어가려는 해일은 무서움을 느낄 사이도 없이 물귀신으로 만들고 있는 폭락이다.

　한줄기 인생의 빛이라고 믿고 대든 2030의 주식투자 붐을 누가 일으켰을까?
　믿고 싶지 않은 현실의 대폭락을 개미는 보고 있다.
　삼한사온처럼 증시도 미풍이라도 불면 도망가려고 했던 개미도 오도 가도 못하는 투자자로 전락시키고 있는 증시다.

　빚은커녕 빚도 모자라서 아예 인생 쪽박까지 차게 만들고 있다.

신용금 투자는 부메랑으로 증시 폭락을 더욱 부채질하고 있는 현상이다.

개미들의 진을 뺄 만큼 뺐다고 생각한 2,500p 뺄 만큼 뺐다고 생각했는데 의외로 투매가 적었던지 아예 물에 빠진 개미들 보따리까지 내놓고서 주식 시장 떠나라고 하고 있다.

오늘만이라도 참으면 내일은….
육두문자가 나오는 과도한 폭락장이다. 이런 장에서도 상한가 가는 종목이 있다.
그런 종목 보면서 잃는 놈만 바보라고 하는 것이 주식투자다.
개미는 서로 정보공유를 할 수 없다. 서로 피 터지게 싸우는 곳 증시다.
이런 날 세력과 왕개미 외인들 기관은 과도한 폭락을 즐긴다. 더 빠져라, 자금력이 풍부하니 뭘 걱정하겠나?

주가가 계속 내려가지는 않는다. 바닥의 끝을 모르지만, 지금은 과도한 폭락인 거 같다. 신용 쓴 개미 계좌 깡통 소리 요란하게 뉴스, 지면을 더 타야 그때서야 소방관은 출동한다.
왜, 개미라 불리고 있을까?
증시의 통곡이 들려도 끝이 보이지 않고 증시에 몰려드는 것이 개미들의 실체다. 지금은 증시가 아우성치고 있지만, 곧 폭등장이 되면 언제 그랬냐는 듯이 새로운 개미들이 몰려올 것이다.

신용금의 부도덕한 돈놀이지만 쓰는 놈이 있으니 계속 신용금 이자는 늘고 신용금 액수는 줄지 않고 있다. 한 줄기 빛이라고 믿었던 증시에 발등 찍힌 개미여, 끝내 주식투자의 호굴에서 벗어날 수 없다.

 증시에 용감하게 대든, 누군가 부추겼던 허황된 주식의 꿈.
 증시에 용감하게 대든 2030 젊은 피도 실탄이 고갈되면 투자의 용기는 만용으로 변한다.

 지금을 이기려면 참는 것이 진정한 도움이다.
 물어뜯는 증시에서 살아남아라.
 내일은 해가 뜬다.

2022. 06. 15.

📈 패닉의 투매

 겁에 질린 개미들의 투매가 계속되고 있다.
 끝 모를 주가의 폭락에 망연자실이다.
 호랑이에게 물려가도 정신만 차리면 살 수 있다는 속담이 있다.
 지금 증시 상황이 개미에게 던지고 있다.
 환율 1,350원이 증시의 진 바닥을 확인해 줄 수도 있다.
 미 증시도 이렇게 폭락을 하지 않았다. 세력들과 외인, 증시의 우호적이지 않은 불순한 세력들이 증시의 상황에 융단폭격이다. 공매도는 더욱 기승을 부린다.
 이젠 증시도 한 단계 업그레이드가 되기 위해선 반드시 신용금에 대한 정부의 입김이 불어야 할 것이다.
 증시의 악순환과 신용금의 반대매매는 이 증시가 누구를 위한 투자처인지를 이젠 과감하게 수술해야만 증시의 악순환으로 반복되는 개미들의 무덤을 막을 수 있는 대안이다.

 전문 분석가들도 이런 장세에선 TV에 나와서 종목을 이야기해서는 안 된다.
 TV에 나와 이야기하는 종목들은, 이미 세력들이 매수해 놓곤 개미들을 끌어들이기 위한 선전에 불과한 것을 알면서도 시간에 다급한 개미들은 전문가들이 말한 종목인데, 설마 하고 매수에 동참하는 개미들이 많다.
 정보에 목마른 주식투자의 환상이기 때문이다.

 지금은 버텨야 할 때라고 나는 생각한다.
 이런 폭락장에서 손절한다는 자체가 이미 투자의 상실이겠지만, 이런 바람이 지나면 언제 그랬냐는 듯이 증시는 다시 요동치면서 개미들을 우롱한다.
 떠나간 개미만 손실 본, 개미만 봉노릇 하게 만들고 있는 증시다.

 하지가 지났다.
 지금 개미의 마음을 아는지 하늘은 비를 뿌리고 있다.
 가뭄에 목말랐던 대지는 해갈을 멈추고 단비에 목마른 줄기를 마음껏 즐기고 있다.
 인생사 알면서도 멈출 수 없게 만드는 것이 주식투자다.
 일개 원숭이 두창 증세가 2명에게 나왔다고 관련주들은 광란의 주가 파티를 열었다.

  뒤늦게 뛰어든 개미는 지금 망연자실한 모습으로 주가의 폭락을 보면서 안절부절못한다.

  손절, 물타기같은 고민도 여유가 있는 개미들의 생각일 것이다.

  당장 오늘의 폭락에 대비하지 못하고 신용 쓴 개미들은 내일 반대매매의 두려움에 떨고 있을 것이다.

  평생 투자를 해오면서도 나도 피하지 못하고 있다.

  어제, 장 마감 때 시간 외 종가로 오를 것 같아서 매수한 종목이 무려 13%의 폭락을 하고 있다.

  손실액이야 기 백이지만 그런 충격은 한참을 가게 한다.

  지금 증시의 폭락은 비이성적 투매 현상이 일어나고 있다.

  개미들 정신 차려라.

  평생 돌에 먹줄을 긋고 불상을 새겼던 석공이, 무산 오현 선사에게 (설악산 신흥사) 말했다.

  "스님, 평생을 돌에 (먹줄을 그으면서)걸었는데, 이제 보니 다 헛것이네요. 눈을 감고 이 돌을 가만히 들여다보면 천진한 등불들이 놀고 있는 모습이 아니라… 저 암벽에는 마애불이, 그 옆 바위엔 연등불이 그 앞 반석에는 삼존불이… 젊었을 땐 봐도 나타나지 않아 먹줄을 그어야 했는데…"

  석공은 무산 오현 선사에게 돌에 새긴 참뜻을 마지막에 깨닫고 던진 말씀이었다 합니다.

  (나한 오백상 이OO 님의 글을 인용했음.)

  주식 투자한다고 하여도 성투하는 개미는 3%에 불과합니다.

더군다나 홀로서기 개미는 99%가 실패의 투자를 하게 됩니다.

증시의 무서운 계다. 평생을 투자한다고 하여도 성불보다도 더 어려운 것이 주식투자다.

깨달았다고 하는 개미님 있으면 언제든 말씀하시라, 곡차 드신다면 따라 드리리다.

2022. 06. 23.

📊 증시의 바닥

앞으로의 주가는 세력만 알고, 작전꾼은 종목 하나의 주가를 알 수 있을 뿐이다.

나는 증시를 살피는 눈이라 월요일 오를 종목 하나를 놓고 이야기한다면 (갭상승할 종목) 내기를 걸어도 좋다. 다만 갭상승 종목은 따라가지 않는 투자가 증시에 오래 머물 수 있다는 것을 알라.

증시의 바닥은 아무도 모른다. 주신도 모르는 곳이 증시다. 전문가들 모두 주식에서 성투했을까? 이곳에 글 올리고 있는 개미가 있다면 매일 종목 설정한 후 2~3일 발표해라.

나는 광남이다. 치료를 받을 정도로 도취해 있다. 다만 인성의 밑바탕이 튼튼하여 '아름다울 미'자를 생각하면서 글을 쓴다.

성투기를 쓰려고 매일 주식투자를 하고 있다. 그러면서 때론 나도

'주식 환자가 아닐까?'하는 생각도 하고 있다. 매일 단타 2~3회 하면서 보고 느꼈던, 중투를 하다가 억 소리 나게 실패하고서야 글이 탄생한다. 주식투자의 실패를 거울삼아서 쓰는 글들이 읽는 개미들에게, 아니 어쩌면 나에게 읽으라고 던지는 화두라 생각하면서 글 올리고 있다.

나는 소설가가 아니라 수필가다.

문맥은 사람의 얼굴이다.
문맥을 보면 지난 삶의 자취를 유추할 수 있다.
글의 문맥은 사람의 지문과 똑같다.
문맥에 나타난 글은 삶의 현실을 대변한다.
감출 수 없고 거짓말할 수 없다.
문맥은 감춘다고 감추지 못한다.
문맥은 자신의 거울이다.
문맥은 전달된 뇌에 심어질 때,
꽃도 되고 화도 된다.

정신병자에게 "당신 환자요."하는 의사가 있을까?

닉네임 '성환친구'의 실명은 세상에 공개돼 있다.

2022. 06. 25.

📊 폭등, 폭락, 투심의 원인

호국의 달.
나라를 지키다 순직한 용사들에게 묵념의 기도 드린다. 역사와 문화를 잊는 민족은 발전하지 않는다. 숭고한 조국애에 잠깐이나마 고개를 숙인다.

화창한 날씨다. 장맛비가 예상되지만 외출의 유혹이다. 냉면 사준다고 하는 분이 있어 점심은 호식할 것 같다.
6월 20일, 22일, 23일은 공포의 날이었다.
장맛비처럼 쏟아지는 매도물량은 주가, 지수를 침몰시켰다. 고물가, 고이자, 고환율 변수의 집합체로 팔만 초가의 벽에 쌓인 증시는 난파선이 되었다.
공매도, 신용금, 부메랑은 연일 하락세의 증시에 기름을 부었다. 폭락이 연속적으로 이어지면 투자의 인내를 따지는 것이 아니라 계좌를 보는 투심으로 만든다.

여유가 있는 개미는 장투자가 되고 여유가 없는 개미도 장투자가 되게 만든다. 신용 쓴 개미는 반대매매로 깡통 계좌를 보면서 주식투자의 회의를 느낀다.
몇십 년 동안 이런 악순환의 고리의 사슬이다(고리에서 벗어나지를 못한다). 폭락장일수록 공매도 극성은 더 깊은 늪의 지수와 주가를 만든다. 거부와 세력은 웃고, 개미와 빈자는 고통스럽다. 도박이냐? 투자냐? 늘 이분법에서 망설이는 것이 개미다.

옥석 가리기 투자도 폭락장에선 무용지물이지만 상승장을 대비한 종목 고르는 개미가 고수다.

테마주에 편승한 개미는 내일의 주가를 볼 수 없게 만드는 것이 세력의 흔들기다.

깨달음이란 가르쳐 주고 알려준다고 하여서 얻는 것이 아니다. 고행의 수행에서도 인연이 닿아야 얻을 수 있고 평생을 수행해도 인연이 닿지 못하면 헤매다 귀천한다.

알이 알에서 나올 때 느끼는 고통이 크다는 것을 알고 있는 자가 몇이나 될까? 때가 되면 알에서 나오는 생명체로 알고 있는 석 자가 꽤 많다.

알이 스스로 두꺼운 껍데기를 깨고 나와도 이승의 시간은 짧다. 그것이 종의 운명이다.

- **주식투자가 주는 좋은 교훈이다**

  » 폭락의 시간이 길 것 같았던 증시가 모처럼 6월 24일 호국의 영령들이 개미들의 마음을 읽었는지, 예상외의 폭등으로 투심을 일깨워 빈자의 주머니를 채워주었다.

  » 20, 21, 22일 폭락적 지수 주가는 투자의 방향 상실을 만들었다. 다양한 폭락의 이유도 많이 나왔다. 하락장엔 공매도, 반대매매가 지수와 주가에 끼치는 영향은 크게 작용한다. 반대로 상승장에선 도리어 공매도, 신용금이 상승의 불쏘시개로 예상외 폭등장을 유발한다.

  » 일장일단, 양날의 칼날이다.

자포자기 심정이었던 투심이 6월 24일 금요일, 마치 하락장을 마감시키듯이 폭등장으로 변했다.
주식의 걸신처럼 마구 탐심을 드러냈다.
이런 잔칫상에서도 계좌를 털린 개미들도 있다.
아이러니한 주식투자의 실체다.

금요일 밤, 미 증시도 양대지수 폭등하였다(다우 나스닥)
미 증시 또한 미 투자자들이 주식시장을 떠난다는 뉴스가 지면을 도배하자 온탕·냉탕을 오가던 양대지수가 열탕으로 화화산으로 변하였다. 활화산을 보면서 즐겨야 하는지, 피해야 하는지, 이제 증시가 바닥이라고 믿어야 하는지….

환율 1,350원이 경기의 고점대고 증시의 진바닥이라는 뉴스를 타자 환율 또한 고개를 숙였다.
개미투자자들은 이제부터가 고민이 될 것이다.
이젠 개미들은 선택의 투자를 할 때다. 월요일 장은 상승과 하락의 갈림길에 서는 잣대가 될 수 있다. 증시의 변곡점이 되는 중요한 변수다. 금요일처럼 월요일 장도 미 증시 영향을 받아서 폭등장이 된다면, 당분간 증시는 탄력을 받아서 투심도 살아날 수 있다.
그 반대로 월요일 장이 지지부진 약세장이 된다면, 정말 투자의 고심이 필요한 순간이다. 탈출구가 열렸으니, 손절이냐? 아니면 물타기냐? 개미 투자자는 선택의 갈림길에서 고민할 때다.

2022. 06. 25.

📊 증시 흥분하면 당한다

모처럼 웃음 준 증시였지만, 이제부터가 진검 승부처다.
되로 주고 말로 받는 곳이 주식시장이다.
양봉도 더 위로 오르기 위해선 쉰다.
모두에게 주식투자에서 많은 이익 얻기를 바랍니다.
근묵자흑이라, 게다가 과대망상증에 집착증까지 보인다.
완전 중증이다.

수풀 속 삼림에 숨은 쥐새끼,
가시덤불이 철옹성인 줄 알고 있다.
하늘엔 매의 눈
땅엔 삵의 눈
밤엔 올빼미가 호시탐탐 노리고 있다.
언제 죽을지 모르고 구멍 속 들락날락,
뒤지지 않는 곳이 없다.
떨어진 낱알갱이 있을까?
단명 상이건만,
삼림 속 수풀에 가린 가시덤불 속 숨어서
이리저리 페스트만 옮긴다.

- 잃는 복 얻는 화

  » 말은 하기에 따라서 글은 쓰기에 따라서 복과 화가 된다. 말과 글은 하기에 따라서 쓰기에 따라서 덕과 한을 쌓는다. 말은 정확하게 해야 하고, 글은 기승전결과 미사여구가 따라야 한다. 입에서 나오는 말이라고 막 할 순 없다. 가벼운 말과 글은 경박의 비중이다.

행한 말 지키지 못함은 신의가 없음이요, 행하지 못할 말 쉽게 하면 가볍다고 외면한다. 말과 글엔 흥과 망이 함께한다. 남녀노소 입이 따로 없다.

할 말과 못할 말 구분한다면 잃는 복과 얻는 화가 없다. 말과 글로 얻는 화는 무엇보다도 크다. 예를 지키지 못하는 말은 화로 돌아오고, 예를 지키는 말은 복으로 돌아온다. 좋은 입 가지고 어찌 천하게 살려는가요.

모든 것 내 하기에 달렸으니 보지 못한다고, 듣지 못한다고, 보고 듣는 이 없다고 천둥벌거숭이로 살려는가요.

대인이 되지 못한 부족한 사람이라 정신병자 증세와 사이코패스 환자에겐 설득할 능력이 부족함을 글로 채웁니다.

2022. 06. 27.

📊 폭락의 공포

Z의 공포가 우크라이나를 삼키더니, R의 공포가 증시에 쓰나미로 변했다. 개미들의 곡소리 이곳에 있는 분들은 피했을까?
 신용금도 한 달 사이에 무려 4조가 줄었다. 반대매매 영향도 있었지만, 증시에 환멸을 느끼고 발을 빼는 개미들이 많기 때문일 것이다.

 유난히 한 증시만 가파르게 폭락하고 있다. 투자의 지표가 되는 모든 것이 한순간 무너졌다. 손절매 못 한 투자자는 이젠 장투자가 되었다. 어쩔 수 없는 장투로 가는 투자가 되었지만 우량주를 보유한 개미라면 득이 될 수도 있는 투자가 될 것이다.

 recession이 부각되면서 증시는 가속페달을 밟는다. 가속에 가속이 되면서 공포는 투매를 만든다. 이제 손절의 투자는 의미가 없어졌다. 신용금을 쓰지 않았다면 참는 것이 투자의 도움된다.
 육만 전자가 고지 앞이었는데, 고지를 밟지 못하고 내려온다. 원숭이 두창주의 파티가 끝나니 광란의 주가를 만들었다. 곤두박질치는 주가를 보면서 개미들의 한숨은 깊어지고 있다.

 지금 증시는 프로들의 리그다. 작전인, 세력인이 몰리지 않는 종목은 주가가 오르지 않는다.
 섣부른 실력으로 지금 증시 상황을 우습게 보면서 종목에 맞짱 뜨겠다는 개미는 십중팔구는 객사의 투자가 되고 만다.
 오늘도 단타로 대들었지만, 운이 좋아서 수익도 없고 손실도 없었다. 수수료만 주었다. 요즘도 하루 수수료가 10만에서 20만 원 정도 나간다. 한 달이면 몇 백이다. 개미들이 매매하면서 신용금 쓰면서 수수료, 이자 가볍게 생각하면 안 된다. 매일 매매를 한다고 하면 거기다가 손실액까지 커진다면, 웬만한 투자금은 잠깐에 거덜 난다. 하루 몇 백 수익주는 종목 만날 때도 있지만 그런 운은 자주 주어지지 않는다.

요즘 증시에선 손실 보게 하는 종목들이 많아졌다. 어제 미코바이오주에서 빠져 나와서 다행이었지 오늘까지 미련 두고서 보유했다면…? 타 종목군보다 바이오주, 제약주는 하락의 골이 깊어졌다. 반도체주 또한 골이 깊어지고 있는 시장이다.

끝 모를 추락일 것 같지만, 골이 깊으면 산도 높다고 하는 증시 격언이 있다. 전문가들이 말하는 바닥권은 2,100p까지 염두에 둔 주식투자를 해야 할 것이다.

계속 하락한다고 하여서 전문가들은 매매하지 않을 수 없다. 그래서 매일 TV에 나와서 언론에 나와서 종목 관련주들을 이야기한다. 이야기 잘 듣고 종목에 신경 쓴다면 예상외의 투자도 할 수 있다.

2022. 07. 01.

📈 개미가 이길 수 있는 증시

동 트기 전 새벽은 어둡다는 속담을 생각해야 할 때다. 운동장을 새벽에 돌면서 늘 주식시장의 변화에 대해서 생각한다. '왜 나는 주식투자에서 깨지고 있는 원인에 대해서 글을 쓰고 있는데도 성투기를 쓰지 못하고 있는 것일까?' 하는 많은 고민을 하게 된다.

50대의 조카가 찾아와 주고 간 용돈 50만 원에다가 두 번째 순댓국 운영인 아우가 찾아와 저녁 겸 반주로 부대찌개와 이슬로 주식의 목마름을 달랬던 하루가 지났다. 많은 시간은 순식간에 지나간다는 것을 운동장을 함께 도는 60대의 아우들과 이야기하면서 새삼 느끼고 있다.

늘 머리에서 떠나지 못하고 있는 주식투자의 마지막 반전은 내게 주어질까를 생각한다. 수없이 많은 세월 반복된 학습효과가 있어도 주식투자는 개미들이 이길 수 없다. 지식, 지혜 경험이 많이 있어도 폭락장이 되면 빠져나오지 못하고 주식의 늪에 빠진다. 밀물 때 물결을 따라서 올라오다가 썰물 때 물길을 따라서 빠져나가지 못하는 마치 가두리에 갇힌 물고기처럼 변하는 것이 개미들의 주식투자다.

전문가들은 지금 바닥권 지수대를 2,100까지 밀릴 수 있다는 의견들이 지배적이다. 언론, TV 매체 등에서 증시의 과도한 폭락에 대해선 어떠한 대비책 뉴스는 없다.

증시의 변동 폭이 점점 커지니 내놓는 대책들이 고작 공매도 재검토나 연기금 운영에 대한 연기만 나고 있다. 증시 주식시장 주식투자에서 개미들을 보호할 제도적 장치는 없다.

　문 정부 때, 지수 1,500p대에서 3,350p까지 올랐을 때도 개미는 웃었을까? 동학 개미들에게 지수 3,300p대는 모래성을 쌓게 만든 주식의 유혹이었다.

　이런 글을 읽게 되면 반론하는 사람들은 이렇게 말할 것이다. 그때 1,500p에서 주식 사놓고 있다가 3,300p에 주식 팔았으면 부자 되었지 왜 주식시장을 원망하고 문 정부 때 이야기하느냐고 할 것이다. 증시에서 정치 간섭은 쥐약이다. 정치권 행보에 따라서 테마주는 극성을 만드는 만성적 취약성을 가지고 있는 우리나라 증시 편향성은 변동 폭이 유난히도 크게 자주 나타나고 있다.

　증시의 변동 폭을 쥐락펴락하는 세력들은 과매도 구간과 과상승 구간을 만들고 허문다. 주가는 실적관 무관하게 널뛰기 투자가 되게 만든다. 그런 결과의 피해는 늘 고스란히 개미들에게 돌아온다.

　문 정부 때 씨젠, 알서프트 종목 기업 방문한 정치인은 누구였을까? 정치인 방문으로 인하여 제약, 바이오주, 비대면주는 환상을 거품으로 만들었다. 주가의 거품에 취한 개미들은 무엇에 홀린 듯 매수했다. 그리고 지금 그 결과의 주가는···.

　환상의 유혹에서 깨어난 개미들은 제약, 바이오주 침몰을 보고 있다.

　증시의 브레이크 없는 페달은 가속도를 올리고 있다. 지금 그런 페달을 밟고 있는 자는 누굴까? 외인, 기관, 세력···. 개미들을 제외한 모두가 한통속으로 증시의 가속도 폭락을 즐기고 있다. 주가 폭락이 마치 경기 침체의 영향으로 등락 폭이 커지고 있는 것으로 개미들은 알고 있다. 주가는 경기의 선반영 그림자라고 이야기한다.

이런저런 폭락의 뒷이야기는 과거다. 이제부터가 중요한 투자의 구간이다. 반복된 학습효과도 때론 보약이 될 수 있다. 증시의 폭락에 너무 겁먹지 말고 유연하게 지혜롭게 생각하면서 봐야 한다.

문 정부 2,500p에서 1,500p까지 폭락하였다가 다시 3,350p까지 폭등하는 것을 보았다. 윤 정부 3,300p대에서 지금 2,300p도 무너지는 것을 지금 보고 있다. 제약, 바이오주, 반도체주 주가는 바겐세일이지만 매수자는 보이지 않는다.

낙폭은 경기침체보다 더 무섭게 미리 주가를 폭락시켰다. 증시의 무서움을 보고 있고 떠나지 못한 개미들은 좌불안석 발만 동동 구르고 있을 것이다. 이제 서서히 동이 트는 순간을 생각할 때라고 나는 생각하고 있다. 무서움에 오줌만 지린다면 주식투자의 실패자가 된다.

여유가 있다면 분할매수 구간이 지금 적기다.

그동안 주식에서 깨진 인생이 전부를 잃고 얻은 주식투자의 산 경험이다.

이럴 때 나는 빈총의 허무함을 글로 채우고 있다.

신용금은 개미가 개미를 밟는 부메랑이다.

정부는 개미들 곡소리가 날 때, 그 원인에 대해선 제도적 장치를 만들 책임도 있다.

2022. 07. 02.

📊 우량주 투자도 실수할 때 있다

연일 폭락의 증시를 보면서 인생무상을 느낀다.
주식투자는 겸자해지다. 또한, 백문이 불여일견이라는 뜻도 새겨야 할 것이다. 인생은 인과응보가 있지만, 현실만 생각하는 이기적 투자는 결국 족쇄다.
매일 주문을 걸면서 일당, 수익만 보았을 때 기계적 매도했다면, 지금처럼 고난의 행군은 하지 않는 주식투자가 될 수 있었다.

6월을 건너뛴 7월의 날, 벗 찾아서 점심 공양을 하고자 길을 나섰다.
신림역에서 내려 3천 보를 걸으면서 예전 성북동 비둘기를 읊조리며 걷다가 비둘기 한 마리가 먹이를 찾는 것을 보았다.
서울행을 나설 때마다 항상 땅콩 몇 알을 주머니에 넣고 다닌다.
혹 모를 인연을 생각하면서…
주머니에 넣고 간 몇 알 으깨 던져주니 배가 고팠던지 쪼아먹는다.
또 한 마리가 날아와 먹이를 쫀다.
신도림역에서 거의 다 주고 몇 알 없는지라 허기짐을 채워주지 못한 아쉬움을 뒤로 하면서 걷다 보니 목적지다.

불이 켜져 있는 걸 보니 사무실에 나온 것 같다.
반갑게 웃는다.
탁발하러 온 것 아닙니다.
점심 공양하러 왔습니다. 6월에도 못 온지라.
반계탕과 이슬이 아닌 보리술로 빚은 곡차 한 잔

삼천 보 걸음에 흘린 땀을 씻겨준다.

"요즘, 재미 좀 보셨수?"
"죽을 맛입니다. 주식 하지 않으려고 계좌에 있는 금액 다 뺏는데, 증시 창을 보고 있으면 근질거려서 조금씩 하고 있습니다."
다행스럽게도 금요일 스팩주가 상한가라, 월요일 기대하고 있습니다.
금요일 하도 세력들이 흔들어서 손절하려다가 재매수하고 월요일에 조금 기대하고 있습니다.
매일 일당만 벌겠다고 단타를 하는데, 욕심이 가끔 발목을 잡아서 영 시원치 않습니다.
이런저런 주식 이야기를 나누다 보니 어느새 헤어짐의 시간이다.
폴더폰에 보내온 문자 보여줬더니 다음에 문자 오면 알려 달란다.

월 3백에서 5백이라, 후불제 하자고 하면 안 된다고 하는 팀장의 말 전파 매체를 타고 문자메시지가 범람하는 시대다.
선뜻 유혹의 종목에 매수버튼이 눌러지지 않는다.
증시는 어차피 세력들의 손에서 주가가 관리된다.
인연을 찾아서 다니지만, 인연의 끈은 닿지 않는다.

서초동 상폐 때부터 맺어온 인연 박OO 님에게서 성투의 소식 들었으면 좋겠다.
박 사장의 인성을 보면 법이 없어도 남에게 피해를 주지 않는 인성의 소유자다.
그런 개미들이 주식투자에서 성투하는 증시가 되면 좋겠다.

내가 좋아하는 시가 있다.

오면 오는 대로, 가면 가는 대로
소리 나지 않아도 반겨주지 않아도 미소만 보여주게
너무 친절하여도 이내 맘 짐 되네
소식 없다 실망 말고, 자주 온다 미워 말게
오든 가든 편하게 맞게
봄 오듯이 오고, 여름 가듯 가네
사계절 오듯이 이 맘 그대롤세
세월 따라서 변하지 못한 모습
탓이 될손가
부자라고 반겨 말고 빈자라고 괄시 말게
더도 덜도 말고 형편대로 맞아주게
임은 꼭 주식투자로 성공하시게.

2022. 07. 03.

폭락장에서 이기는 방법

무더운 날, 주식투자로 스트레스받는 것보다 위험한 일은 없다. 증시에 오래 머물렀지만 글만 그래도 중간이었지, 주식투자는 완전 초보나 다름없는 매매를 그동안 해왔다.

요즘도 주광의 도를 벗어난 신들린 매매를 하다 보니 무엇인가 뒤통수를 때린다. 녹십자엠에스, 미코바이오, 대성에너지, 일동제약, 신일제약, 신테카바이오, 미래생명자원, 이수앱지수, 넥스트 칩, 신송홀딩스, 씨에스베어링, 옴니시스템, 우리기술, 다스코, kg스틸, 텔레칩스, 오토엔 등 매일 매매한 종목들이다.

정말 주식투자를 노름처럼 매수, 매도를 원 없이 하고 있다. 그리고 오늘에서야 종목에서 주식에서 눈뜬 것 같다. 오늘도 3개 종목 매수, 매도를 피 터지게 했다. 그런데 오늘 맞은 매는 달다. 무엇인가 뇌에 깊은 각성을 주고 있다.

동이 틀 때가 가장 어둡다고 했는데? 요즘 증시 흐름을 보면 사면 초가다.

연이어 냉탕과 온탕 냉탕을 만드는 증시다. 마치 주식시장이 망할 것처럼 증시 주가지수의 현란함은 투자의 현기증을 일으키게 한다. 어떻게든 손실을 메꿔보려고 고군분투하지만, 십중팔구 열에 아홉 개미는 손절하는 종목을 매수할 때가 많을 것이다.

바닥이 보이는 듯싶더니만 다시 밀물이 들어와 깊은 골을 만든다.

시초가 매매, 시간 외 종가매매. 늘 자주 하는 매수 습관이다.
  넥스트 칩 상장한 지 3일 된 종목이다. 주가 추이를 보다가 14,450원에 1,800주 매수, 신용금 풀가동으로 일당벌이 단타를 생각하고 매수했다. 매수 후부터 계속 하락하더니만 종가 13,800원에 멈췄다. 시간 외 매매에서 일부분 매도하고 장 마감 오후 5시 50분에 전량 처분하려고 매도 창에 14,000원, 시간에 종가에 세력들이 15,150원에다가 매수 물량 20만 주가량 쌓길래, 상한가다 생각했다.
  장 종료 1분 남기고 물량 취소 후 종가는 13,950에 끝났다. 팔지 못한 물량 반대매매로 나올 것 같아서 14,000원 매도가로 넣었는데 체결되지 않았다.

  이 종목 받아본 서울 지인은…. 전화해보니 전량 시초가에 매도하였다고 한다. 손실을 조금 본 것 같다. 투자경력 30년이 넘는 박 사장도 실망했는지 문자 보내지 말라고 한다. 종목 흔들기는 부처님도 참지 못하게 하는 것이 세력들의 주가 흔들기다.

  초조한 하루를 보내고 오늘 장을 보면서 넥스트 칩 종목 주가를 본다. 시초가 되기 전 물량 상한가까지 쌓아놓더니만 시초가엔 잔량 철수다.
  시초가 14,050원 매도 체결이다. 체결 후 주가 추이를 보니 웬걸? 쭉 상승이다. 16,700원까지 올라간다. 참고 견뎠더라면…? 이런 것이 개미들의 투자가 아닐까 싶다.

  다시 종목 살피다가 매수한 종목 미끄러지길래 얼른 손절, 잠깐에 80개 정도 손실이다. 다시 종목 골라서 재매수 장 마감 10분 남길

때까지 요지부동인 주가라. 매도하니 매도한 종목 주가는 바로 급상승, 5%나 오른다.

어제 투자를 교훈 삼아 오늘 매매 기초로 삼았는데 후후…. 매도 후 오르는 주가를 보면서 많은 것을 알려 준다. 개미가 이런 장세에선 스스로 흔들리지 않아야 지지 않는 주식투자라고 알려 주고 있다. 지금 증시에선 초보 개미는 지수 2,200p까지 내려올 때까지 관망해야 계좌를 지켜줄 것이다.

2022. 07. 06.

주식투자의 득과 실

증시를 보면서 필요한 것은 쌓는 지식일 것이다. 하지만 주식투자는 학습능력이 부족해도 괜찮다. 늘 일어나는 변수의 변화를 학습능력이 대처할 수 없기 때문이다.

정치인의 말에 따라서, 집권당의 행동에 따라서 테마주는 생성하고 반복되는 곳이 주식시장이기 때문이다. 그 대표적인 경우가 문 정부의 원전주 정책이었고, 윤 정부의 원전주 행보다. 여론은 테마주를 띄우기도 하고 만들기도 하면서 소멸시키는 일등공신의 역할을 한다. 개미들이 "살려주세요."하는 지면들이 사회의 이슈가 뜨자 증시는 거대한 뜨거운 바람을 몰고 왔다. 그리고 미 증시 또한, 화답한 밤이었다.

월가 전설적인 투자자 하워드 막스 회장은 비싸게 사서 싸게 파는 주식으로 실패하는 투자자는 전형적인 투자라고 한다.

우리 속담에 달리는 말에 올라타라는 전문가들의 조언을 되새겨 볼 때다. 주위 많은 여건이 증시의 반등을 가로막고 있다. 장의 활황을 만드는 공신의 뉴스가 거의 없고 비관적 상황에 놓여있다. 육만 전자가 코 앞인데도 오늘 고지를 탈환할지가 증시 기로일 것이다.

거꾸러진다면 데드캣 바운스를 떠올려야 할 것이다.

동트기 전 어둠은 빛에 스며들면서 사라진다. 운동장을 돌 때마다 띵 소리가 뇌에 전달된다. 우리는 무소유의 뜻을 알면서도 삶의 절제가 힘들다. 공수래공수거 뜻을 알고 있으면서도 재물의 집착에서 벗어나기가 힘들다.

주식투자 또한 욕심의 집착에서 벗어나지 못하기에 많은 실패의 투자를 하게 된다.

자린고비, 노랭이, 수전노, 구두쇠라는 단어는 재물을 모으는 과정과 소유하고 있는 부자들을 가리켜 빗댄 단어다.

21세기에도 쪽방촌, 집단촌이 문명의 발상지인 서울 도심 한복판에도 자리하고 있다는 기사를 읽으면서 옛 생각이 떠오른다. 60년대 말까지 쪽방촌, 판자촌 하면 중랑천 뚝방촌과 후암동 고속버스 윗동네, 남대문 위 필동 옆 골목 동네, 청량리588 성모병원 뒤편 동네, 영등포 옆 주변 마포구 공덕동 산동네 등이 그렇게 불렸다. 그 몇 군데가 사회적 어둠의 그늘에서 민초의 삶이 뿌리 내린 곳이었다.

지금은 천지개벽하였는데, 유독 쪽방촌 그늘 민초의 삶 그림자가 짙은 곳은 창신동 산비탈 동네와 필동의 옆 골목 남대문 윗동네가 어두운 민초들의 그림자가 드리운 곳에서 벗어나지 못하고 있다.

삼복 더위에도 구청이 설치해준 에어컨도 켜주지 않고 있다는, 받는 집세론 전기세를 감당할 수 없어 틀어주지 못한다는 지면의 글을 읽었다. 착잡하다 못해서 마음이 돌덩이가 된다. 기껏 구청의 궁색한 답변은 집주인에게 전기세 감면과 쪽방촌 가구에 여름철에만 월 5만 원 정도 보조금 등 말만 지원이지 실행은 해마다 철 지나서다.

새 소리, 바람 소리, 잎 소리, 풍경 소리를 들을 수 있고, 듣는 곳이라면 그곳이 바로 무릉도원인 것을…. 우리는 모르고 살아가는 것 같다. 쪽방촌 삶도 각자 삶이 있어 떠나지 못하는 이유를 알 순 없다.

나 또한 삼복 더위에 수행 아닌 수행자의 삶을 영위하고 있다. 이 더위에도 선풍기 틀지 않고 에어컨 없이 부채 하나로 책과 커피로 망중한을 보낸다. 주어도 마시지 않던 캔커피를 요즘은 주식과 더위로 인하여서 하루 1~2개는 보통으로 마시는 습관이 생겼다.

커피도 주식처럼 중독된 것 같다. 주식투자의 유혹에서 벗어나지 못한 삶이지만 마음의 등불은 육체와 정신을 늘 정화해주고 있다. 주식투자 또한 욕심과 탐욕에서 벗어나지 못한 업보의 결과이기에 받아들일 수뿐이 없다는 것을 깨닫고 있다.

운동장을 걸을 때마다 띵 하고 전해지는 소리다. 내일은 어떤 문장의 소리가 뇌에 전해질지, 욕심을 버렸다고 하고 있지만 주식투자의 각성이 유종의 미로 변했으면 좋겠다.

2022. 07. 08.

📊 새벽을 여는 손

 많은 종목 중에서 관심주로 분류한 종목이다. 신〇〇〇〇. 주가는 투자의 판단을 힘들게 만든다.
 오를 때는 언덕이 많고, 내릴 때는 비탈길이다. 개미들에게 쉽게 수익을 만들어주지 않는 종목 중 하나다.
 7월 6일 흔들기에 손절하고 나온 종목이라서 관심주 편입이다. 12,650원까지 내려오다가 13,300원까지 치더니 13,050원 종가다. 누군가 인위적으로 주가를 쥐락펴락한다. 개미들 물량 털기 위한 시초인지, 아니면…? 아직 확실한 시그널은 보여주지 않지만, 촉각에 들어왔다.
 2020년 7월 8일 코스피 2,817. 1.18% 상승을 하고 있다. 코스닥 또한 1,222. 1.61% 상승 중이다. 강한 것 같은 장세도 지수는 순식간에 무너지는 것이 지수다. 지수가 올라도 거꾸로 가는 것이 종목 중 하나가 이 종목이다. 월요일 장의 변화를 기대한다.
 어둠의 잔재를 빛의 무리가 삼킨다.
 일기예보를 비웃듯이 해가 잠에서 깰 때 자전거 페달을 힘차게 밟고 오는 분을 만난다.
 "안녕하세요."
 "안녕하세요."
 "참, 대단하시네요. 오늘도 일 나가세요?"
 "조심해서 다녀오세요."

 나보다도 이승에 머문 시간이 많은 분이다. 여든을 보고 있는 앞인데도 건강한 구릿빛 황금색의 얼굴이다. 육체만으로 일궈온 삶의 모습이다. 쉬어야 할 나이인데도 일터로 향하신다. 그분의 모습 옆에 모여든 빛의 무리가 시야에 들어온다.
내가 따라갈 수 없는 삶의 기운이다.

아베의 운명을, 아베의 비극을 뉴스로 보고 들었다. 아베의 죽음을 놓고도 사실 파악도 하기 전에 '재일동포가, 재일 2세가 저지른 테러다.'하는 말까지 언론에 나왔다. 일본 극우자들의 섣부른 뉴스였다. 만약에 재일동포가 일으킨 저격이었다면 일파만파를 넘어선 쓰나미가 한일 양국을 덮쳤을 것이다.
일본인의 손에 고희를 넘기지 못하고 이승을 떠난 아베의 죽음을 놓고서 좋아해야 할까 아니면 애도해야 할까? 나는 속 좁은 마음의 소유자라 '벌 받았네' 하는 생각을 하고 있다.

아베의 행보를 보고 듣고 살아온 눈인지라, 아베를 보고 그가 걸어온 길을 보고는 인류애를 넘지 못한 근시안적 섬나라 근성을 보여준 생전의 작태였고, 인과응보의 벌을 하늘이 내렸다고 생각한다.
죽음을 놓고도, 누구는 존경하는 말을 하고 있고, 누구는 욕을 한다. 존경받는 생애와 일생을 살다간 위인들, 정치인은 권력을 잡을 순 있어도 존경받기 힘든 자리가 봉황의 자리다.

수신제가도 못 하는 정치인이 많은데도, 치국평천하까지 꿈꾸는 정치인들이 요즘 정치엔 많아도 너무 많아졌다. 아베의 죽음을 보면서 반면교사로 삼아야 하는 정치의 현대사다.

아베는 우리 조상님들께 저승에서 무릎 꿇고 빌어야 할 것이다. 사필귀정이라, 인과응보의 업보는 이승이 아니더라도 저승까지 가져가야 하는 손이 행하는 결과의 책임이다.

2022. 07. 10.

곡차와 빈대떡 생각나는 날

오늘 어떠신가?
목로주점은 없어졌지만, 빈대떡, 파전 잘 굽는 외대 옆 골목….
세월이 흘러도 생각나는 날이다.

보는 재미와 시청권까지 빼앗는 상업성이 사회를 덮쳐도 이젠 모두가 당연하게 받아들인다. 공영 TV 시청료도 받지 말아야 하는 것은 아닌가 싶다. 토트넘 축구 경기도 이젠 유튜브로 시청해야 하는 시대상이다.

반복되는 주가 흐름을 보면서 단타를 생각했다가는 큰코다칠 수 있다. 세력들은 개미들의 투자 습관과 미수금으로 매수하는 종목, 수량, 단가 등 개미들 투자의 실태와 영역을 훤히 꿰뚫고 있다.
15년 만에 미수 동결계좌가 되었다. 증권사 무서운 곳이다. 편리를 제공하고 수수료를 챙기고 이자까지 받지만 절대로 손해는 보지 않는 곳이다. 미수금으로 매매하는 개미는 주식 매수할 때마다 생각해야 한다. 신용금을 쓰고 당일 매수한 종목이 마이너스가 되던 플러스가 되던 의도치 않게 매도하지 못하면 바로 동결계좌가 된다.

  매수 후, 시간 외 종가에서 매도가를 하한가에 맞춰 놓지 않고서 적당가에 매도가 입력시켜놓고 상한가 가격대에 물량을 보곤 안심하고 있다간 별안간 매수량이 취소되어 (1분 안에 전량 취소될 수도 있음) 매도가 체결되지 않게 되면 매수한 날 주식 처분을 못 했다면 매수금 마이너스만큼 입금해야 미수 동결계좌가 되지 않는다.
  마이너스 미수금을 다음 날 바로 처분하여 갚는다고 하여도 미수 동결계좌가 되어 한 달간 미수금을 쓰지 못하게 만든 시스템이다. 계좌에 있는 현금으로만 매매할 수 있다.

  7월 5일, 의도치 않게 넥스티O 미수 사용하였다가 별안간 취소물량으로 인하여 매도 체결되지 않았고, 그 다음 날 시초가로 매도하였지만, 결과의 답은 미수 동결계좌가 되었다는 메일과 문자를 거래하는 증권사로부터 받았다. 고의가 아닌데 어쩌다 매도를 못 해서 단 한 번의 실수가 미수 동결계좌가 되어 전 증권사로 전달되었다는 내용이었다.
  고맙습니다. 단타 칠 수 없게 만들어줘서! 주식 각성의 깨달음을 얻으면서, 덤으로 미수 동결까지 얻었으니, 증시에 관한 관찰을 잘 하라는 계시인 것 같다.

  이젠 뛰지 않고서 천천히 성투기를 향한 고지를 향할 것이다.
  미수 사용은 금액이 적다고 생각하는 개미들이 자주 쓴다. 한 번에 수익을 더 많이 보려고 하는 욕심이지만 증시는 증권사는 냉정하다. 개미가 쓰는 미수금이 약이 된다면 좋겠지만, 투자의 실패가 되는 원인이 미수 사용금일 때가 투자의 실패가 많아진다.

그동안 쓰고 있는 매매일지가 초보 개미에게 도움될까 싶어서 써 왔는데, 사실 주식 책도 몇백 권 팔렸을 뿐이다. 3년, 성투기를 쓰지 못한다면 주식시장에서 이곳에서 물러날 것이다. 수필이나 쓰면서 주식은 더 공부해야 할 것 같다.

비가 추적추적 내리고 있다.
막걸리 한 잔과 빈대떡 한 접시 시켜 놓고서 벗의 미소나 봐야겠다.
"부른 걸 보니 오늘도 깨졌구먼?"

2022. 07. 11.

투자의 습관

공매도 금지는 빠를수록 증시에 도움된다고 나는 생각한다. 공매도 세력은 외인이나 전문가의 전유물이다. 공매도는 개미에겐 하등 도움되지 않는다. 증시를 위해선 필요 불가결이라고 하지만, 개미들 없이 증시에서 봉노릇 하는 투자자들 있을까?

일장일단이겠지만, 개미에겐 백해무익한 것이 공매도 제도다. 과감한 제도의 허점을 고칠 때다. 개미들도 이젠 주식투자를 하는 증시 상황에 대해서 많은 것을 알고 있다.

개미가 상존하지 않는 증시를 상상하라. 개미들은 욕심이 많아서 주식시장을 떠날 수 없다고요?

1시간이나 2시간쯤 걸으면 만 보의 걸음이 된다. 걸을 때마다 많은 생각을 한다. 불현듯 떠오르는 단어도 있고 지나온 일을 유추하면 또 다른 뜻을 전해준다.

가끔 만나는 북OO 2회인 아우를 본다. 그중 몸이 불편한데도 늘 운동장서 만나는 아우는 만 보를 걷는다고 하면서 만보기 숫자를 확인한다. 요즘 웬만한 초등학교 운동장과 주변은 산책하기 좋게 단장되어 있다. 때론 그런 주변 풍경을 보면서 교육 예산을 지나치게 쓰고 있는 것은 아닌지 하는 생각 들 때도 있다.

그러나 좋은 환경에서 배우고 가르치는 교육의 질을 생각하면 주변의 좋은 환경에서 가르치고 받는다면 사제의 정도 깊어지고 지성과 인성을 쌓는 긍정적 생각을 하게 된다. 지금 시대에 맹자의 모친이 살아 있었다면 맹모삼천지교라는 말은 탄생하지 않았을 것이다.

증시 창을 본다. 잠시라도 주식을 보유치 않으면 금단 증상이 아닌 주단 증상이 온다. 주광이 아니라면 이런 매매를 시켜도 하지 않을 것이다.

OOOO, 매수가 13,100원 매도가 13,300원 다시 문자 온 종목 살핀 후 OOO 매수가 5,120원 매수 물량을 보면서 아니다 싶어서 매도가 5,150원 체결되는 것을 본 후 관심주 다시 매수, 매수가 11,450원 빠르게 하다가 보니 매수가 잘못 입력된 가격이다. 매수한 후, 주가는 11,000원까지 추락이다.

오늘은 많은 종목이 월가 탓인지 하락하고 있다. 가는 종목만 가는 장세로 변하고 있다. 매번 매수 후부터 잘못된 습관을 고친다고 하면서도 매도 후엔 곧바로 매수키를 누른다. 전형적 잘못된 주식투자 습관이다. 세력들은 개미들이 매수하는 수량을 어느 정도 파악한 후부터 주가를 끌어올렸다가 물량을 턴다. 개미들이 주식 매수하면 떨어지고 매도하면 오른다는 이유 중 하나다.

  오르면 몇% 먹고, 바로 팔고 매수 후부터 주가가 내리면 손절못하고 10~20%까지 주가가 내려가서 그때야 '아이고!' 하며 손절을 생각한다. 개미들의 주식투자 한계다. 주가를 보면서 오를 것이다 하는 생각으로 기대하고 매수하지만, 하락하기 시작한 종목 주가는 내리기 시작하면 바닥이 어디인지 모르게 추락한다.
  그런 경험을 나는 수없이 해오고 있고 지금도 하고 있다. 그러나 그런 학습효과도 증시 창을 보고 있으면 곧바로 잊고 관심주가 오를 것 같아서 바로 매수 키를 누르게 된다. 고질적 주식투자다. 때론 소 뒷걸음에 쥐새끼가 밟히듯이 예측한 종목이 오를 때도 있다. 그런 확률은 10%도 되지 않지만, 10% 맛본 주식투자가 결국은 주식의 덫에 갇히게 된다.

  세상에 제일 아름다운 단어는 '예쁘다', '사랑하다'가 아니라 '용서'라는 단어다.
  문 정부의 잘못했던 일들은 많은 국민이 알고 있다. 잘못했던 관행의 일들을 윤 정부는 과감하게 용서의 잣대로 포용하면서 이젠 민심에 상처를 주지 않고 웃음을 주는 봉황의 화려한 날개를 펼치는 모습을 보여줄 때이다.

2022. 07. 14.

📊 테마풍 없는 종목, 움직이지 않는다

투자의 열기에 지수가 초를 치고 있다. 삼전도 오르는데도 지수는 하락한다. 개미들이 빠지고 있는 증시에서 세력들은 테마풍을 계속 만들고 있지만, 기관이나 외인들이 열기구에 타지 않는 한 올해 증시는 갈팡질팡 길을 찾지 못하고 헤맬 것 같다.

증시 창을 보고 있으면, 움직이지 않고 하락하는 종목들이 많다. 어느 종목은 별안간 튀어 오르는 주가다. 오르는 주가와 내리는 주가 그리고 튀는 주가를 본다.

튀는 주가는 몇 개 안 되는 종목이라 금방 눈에 띈다. 내리는 종목은 하도 많아서 관심 창에서 멀어진다. 급락하는 종목 하나를 보면 대다수 테마풍을 타고 오른 종목이다. 처음 테마풍 타고 오르는 종목을 보면 작심삼일의 투자로 만든다. 매수하면 테마풍이 식어 하락하기 시작한다.

하락할 때를 조심해야 한다. 미풍, 순풍이 아니라 광풍을 타는 주가라면 일단은 손절하고 빠져나와야 한다. "설마, 다시 오르겠지?" 하고 머뭇거리는 순간 주가가 더 하락한다. 매도 타이밍을 놓치게 되면 장투가 된다.

신진에스엠 왕개미가 한 달 사이 치고 빠지는 수법으로 약 8억 원 정도의 순이익을 벌었다. (왕개미 투자금은 대략 100억 원 이상이다.) 일명 테마풍을 타고 오른 무상주 열풍 종목 중 하나다. 이런 뉴스가 나오자 무상주 열풍은 식었다. 어떤 이슈의 테마풍이 증시를 달굴 땐 이미 세력들은 빠져나간 후다. 그런 빈껍데기 종목을 놓고는 떡고물을 먹기 위해서 개미들만 꼬인다.

테마풍 종목이 열기구를 타고 오른다. 어쩌면 이젠 끝물일 가능성이 크다. 한 탕에서 세 탕을 넘어서 여섯 탕까지 만들고 있다. 코로나19 대유행 예고편으로 만들어지고 있는 종목들이다.
변이체 BA.5, 변이체 BA2.75의 빠른 전파력이 테마풍 열기구를 타고 오르고 있다. 그런 종목군에서 하차하고 내린 개미들의 허탈함을 비웃고 있다.

2차전지 테마풍이 식고 사료풍, 곡물풍, 두창풍, 코로나풍 다음 테마풍 찰 종목군은…? 테마풍이 식으면 다음 뛸 종목은 순이익 배당풍 종목군이 아닐까 싶다.
그렇게 열광시키던 반도체풍은 북풍을 만들었다. 솔솔 다시 부는 바람들 자동차풍도 있는 것 같다.

주식투자 정말 어렵다는 것을 증시를 보면서도 개미는 모르고 있다. 알고 있다고 하여도 진정한 증시의 실체는 모르는 개미들이 더 많다.

초가을을 생각하게 하는 바람이다. 여름엔 밀짚모자를 사고, 겨울엔 우산을 사라는 교훈이 떠오른다. 매일 단타는 돈병철이나 하는 짓이다. 종목 갈아타기는 결국 투자의 실패 길을 걷게 할 것이다.

2022. 07. 15.

투자의 명상과 망상

일요인데도 문자가 온다. '02'번, 지역 번호다. '염승O 님, 곡차 나누기에 좋은 날씨네요.' 하는 말을 하고 싶어서 다이얼을 누른다. 신호가 가지만 받지 않는다. 인연이 아닌가 싶다. 무작정 보내는 문자 중 한 군데다.

금요일 미 증시는 폭등하였다. 미 3대 지수가 다 올랐다. 금요일 육만 전자 고지에 올랐다. 월요일 수성할 수 있을지, 5백만 개미는 숨죽이고 있다. 증시의 파고가 가파르다. 개미들을 떠나게 하고 있다. 미수 신용액이 줄고 있다고는 하지만 더 줄어야 증시 변동 폭 또한 줄어들 것이다. 17조 원대 금액이 10조 원대로 줄어들어야 반대매매도 많이 나오지 않게 된다.

명상의 시간을 갖는다.
명상에서 상상과 망상의 나래를 편다.
명부에 이름이 있다면, 사자는 얼른 찾아오시게,
이승에서 머무는 시간은 아무도 알 수 없다.
명부에 이름이 오르면, 저승사자의 안내를 받아서 북망산 구경 간다.
이승의 인연이 깊어 지금도 세상을 보고 있다.

인연과 필연 어제 찾아온 이 사장과 주식 이야기를 꽃피운다.
"요즘, 왜 투자가 점점 어려워진대요?"
"들어가는 종목마다 너무 흔들어서 매일 털고 나옵니다."
그 말을 들으면서, 필연과 인연에 대해서 생각한 바를 이야기한다.

전생에서 만났기에 이승의 인연을 맺게 되고 백년해로하고 있는 것은 필연이라네. 만약 자네와 내가 지금 만나는 시간은 인연이 계속되고 있기에 어쩌면 필연이 될 수도 있지만 지금 만남이 끊어진다면 헤어지는 시간을 보겠지, 인연이 다했다는 증거네. 어쩌다 보니 주식 공부도 하지 않고서 귀가 얇은 탓인지 우연적 말을 듣고 주식과 인연을 쌓고 있고, 지금도 하고 있으니 나는 증시와는 필연적으로 맺어진 숙명인가 싶네. 짧은 인연이었다면 좋았을 것을….

수없이 많은 경험을 해왔고 해오고 있는데도 성투와는 인연이 먼 것인지 투자의 목마름은 늘 허기와 갈증을 만든다네. 많은 경험이 있어도 성투하지 못한 것은 공부만 해왔지 성투의 지름길이 되는 마음공부는 하지 않았기에 마음공부를 했다고 생각한 무지가 결국은 주식투자의 목마름을 해갈시키지 못했던 것은 아니었나를 생각하게 하네.

주식투자에선 그 무엇보다도 필요한 것은 투자의 경험과 지식이 아니라, 마음공부가 우선이어야 학습공부의 극대화를 시킬 수 있다는 것을 이번 신용 미수 동결계좌를 보고서야 깨닫게 되었네.

"종목, 뭐 매수했나, 보유중인가?"

"미OOOOOO 약 40% 매수했어요."

"월요일 급등하면 매도하고 나오시게, 미 증시가 폭등했으니 시초가나 오전장은…."

이야기를 나누다 보니 시간이 빠르다. 주식투자에서나 인생에서나 주어진 시간은 짧다. 욕망에 빠지면 남의 옷 묻은 티끌만 보게 되고 내 옷 묻은 변은 보지 못한다.

아니 벌써 날이 밝았나? 창밖을 뚫고 들어오는 햇살이다. 일찍 산

책을 마치고 배고프지 않아서 한 끼를 거르려고 명상을 택했다. 수면의 명상 속 들려오는 소리에 눈을 뜬다.
"계세요?"
옥수수 10개를 들고 온 손이다. 무럭무럭 김이 난다.
"벌써 옥수수를 땄어요? 잘 먹겠습니다."
수확의 계절이라, 가을엔 작황의 곡물을 걷는다는 것을 알고 있지만, 초복이 어제였는데, 옥수수 수확물을 들고 온 고마운 손의 마음을 읽는다. 농부의 땀을 먹고서 수확의 기쁨을 전해주듯이 증시도 땀 흘린 농부의 수확처럼 개미들의 주식투자도 인고의 열매를 따게 해준다면 활황 하는 장을 넘어서 민생고까지 해결해 줄 것이다.
그러나 주식투자는 두 마리 토끼를 잡게 하는 것이 아니라 세 마리 토끼를 달아나게 한다. 월가의 입을 듣고도 미 증시가 폭등했듯이 월요일 우리 증시도 방긋 반등은 주겠지만 많은 종목의 하락세는 멈춰지지 않을 것이다.
테마풍 타고 오른 종목 외엔 대다수 종목 보유계좌는 빨간불을 켜준다.

고환율, 고물가, 고금리 등 시시각각 증시의 파고를 넘어서 밥상까지 파고든 먹구름이 비를 뿌린다. 증시 지수 바닥권이 2,200p대까지 예측하던 목소리는 다시 2,000p까지 대폭락을 염두에 둔 투자 플랜을 제시한다.
설상가상 인사판 탄과 채용 탄은 일파만파 민심까지 싸늘하게 만들고 있다. 코로나 변이체 BA2.75는 전파속도가 빨라서 감염자 수치를 한 번도 겪지 못한 숫자까지 예시하고 있다. 민심의 파고를 미리 예단한 결과의 수치대로 감염자 발생이 된다고 하면 증시는 그야말로 상전벽해의 해일을 일으킬 수 있다. 그 파도의 효과는 부메랑으로 격랑의 골을 깊이 파고 봉황의 날개는 운신의 폭 좁아질 것이다.

후덕함과 인색함을 가진 이웃들이 주변엔 많다.
후덕함과 인색함은 행동에서 바로 알 수 있다.
가져온 10개의 옥수수에 전해온 후덕함의 손길 맛은 꿀맛이다.
그런 분들 곁에 머무는 인생의 복은 주식의 복과는 비교 대상이 될 수 없다.
주식이든 인생이든 인과응보의 대가는 쌓는 자의 몫이다.

2022. 07. 17.

📈 비 오는 날

시간이 주는 즐거움들이 많이 사라졌다.

인생을 3등분으로 나눈다면, 수명을 90세로 하고 지금 당신의 나이가 30이라면, 60이라면… 나머지 30년은, 지금 70대나 80대라면. 과거의 삶, 현재의 삶, 미래의 삶에서 행한 것, 행하는 것의 어려움은 아무도 모른다. 주식투자 또한 알고 있다고 하는 것들이 모두가 빈껍데기라면, 부정과 긍정으로 나뉘게 된다. 주식투자는 정석이 없다. 오로지 상황에 따라서 변해야만 증시에 오래 머물 수 있다.

불법 공매도 합법 공매도 말도 탈도 많지만, 증시 시스템은 총체적 부실이다.

갑을 박창호 전 회장, 상폐한 후 호의호식하고 있다는 뉴스 들었다. 나도 갑을 종목 68,000주가량 보유하고 있다. 전 현대증권사에서 보유하고 있었는데, 어느 날 갑을 종목 상폐된 후 3년 지나니 슬그머니 계좌에서 사라졌다. 상폐된 종목 보유주만 합쳐도 십만 주는 될 것이다.

요즘도 미수를 쓰고 싶어도 쓰지 못하지만, 매매는 하면서 증시 추이를 본다. 개미들이 많이 떠난 시장에선 개별주만 등락이지 많은 종목은 게걸음이다. 당분간은 게걸음 종목들이 늘어날 것이다. 테마주가 아니면 등락은커녕 주식의 학습공부를 가르치는 종목들이 많아질 것이다.

어느 종목이든 매수 후부터 주가가 1주일 계속 내린다면 참겠지만 2주일이 넘게 주가가 하락한다면 발 빠르게 손절매하는 개미도 있겠지만, 대다수 개미는 장투자로 변하게 된다.
관심주 3종목 설정 후부터 매매를 해왔지만 1년이 지나니 억 단위 매매금은 쪼그라들어서 천 단위로 변하고 미수 풀가동으로 본전 찾으려고 잦은 매매, 교체매매를 하다가 보니 신용 미수도 금지되었다. 주식투자의 무서움이다.

밖엔 열대야를 식히는 비가 내린다. 입추, 말복이 지나면 서늘한 바람과 함께 천고마비의 계절이다. 기후의 변화는 곤혹스러운 혹한기를 보내게 한다. 잠깐 머무는 열대야에 짜증까지 내는 것이 우리네 삶이다. 이런 더위에도 우리는 행복한 시간들을 보내고 있다.
에스토니아 칼라스 총리는 러시아 푸틴을 두려워하지 않고 소신껏 국제사회에 발언했다.

　푸틴은 전쟁 미치광이고 전범자인데, 국제사회가 푸틴의 눈치를 봐야 하는 행동을 해야 되느냐고, 인구 130만 명의 나라 총리가 국제법을 어기고 이웃 나라에 미사일로 매일 쏴대면서 우크라이나 국민을 살상하고 있는데도 방관만 하는 나라들도 참 많다.

　약소국의 설움이다. 우리나라는 그런 전쟁의 참화를 많이 겪어왔으면서도 정치인의 미래 걱정은 없고 권불십년을 위한 현실에만 안주하는 행태가 너무도 많다.

　사회 지도자들에 의해서 증시의 파고는 춤춘다. 공매도 규제에 대한 말들도 많이 나왔다. 그러나 예나 지금이나 증시를 향한 어떤 개혁의 말도 양치기 소년 우화처럼 들린다. 상장사는 늘 넘치고 상장사 자금으로 흘러가는 개미의 피눈물을 블랙홀처럼 빨아들인다. 쓴맛 단맛 다 빨아먹으면, 상폐 종목은 매년 개미의 삶을 황폐화 시킨다.

　2030세대 동학 개미들이 정신 차리고 증시를 떠났다는 것은 요즘 젊은이들은 나처럼 어리석지 않고 똑똑하다는 증거다. 주식에서 얻는 이익은 작지만, 주식으로 보는 피해는 삶을 20~30년 후퇴시킨다. 주식투자로 얻는 학습효과의 내성도 성투율은 1%도 안 된다.

　차라리 낙타가 바늘귀를 통과하라는 말이 더 쉽다.

　정치도 증시도 저소득층, 저학력자, 고소득층, 고학력자 등 사상으로 쪼개는 발언들을 이젠 표심을 얻기 위한 도구로 쓰면 안 된다. 준법은 어떤 위치에 있던 솜방망이 처벌이 되어서는 합심의 사회를 만들 수 없다. 봉황은 낮게 날아서는 먼 곳을 볼 수 없다.

　3개월 지났는데, 뭐라 하긴 그렇고, 쓴소리들을 반찬 삼아서 매일 밥

드시면 민심은 봉황의 날개를 보면서 미래의 삶을 그리면서 웃는다.

주식 성투기를 생에서 과연 책으로 출간할 수 있을까?
주식도 3번 생각하고 인생도 참을 인 3번을 생각하면서 살아가야 한다.
하는 말을 하면서도, 이제 남은 생은 3등분을 할 수 없으니,
오호통재로다.

2022. 07. 31.

📈 다시 오는 트라우마의 증시

세계가 이상 기후로 몸살을 앓고 있다. 세계인의 국가인 미국 켄터키 주, 물난리는 도시를 폐허로 만들고 인명 또한…. 자연의 재해는 과학이 발달한 나라도 막을 수 없는 것 같다.

알프스 산맥 또한 기후 변화의 직격탄을 맞고 있다. 각국 지도자들은 서로 죽이는 전쟁, 사상과 땅 넓이를 넓히려는 야욕이 아니라 온난화가 주는 지구의 재화를 막는데 온 힘을 모아야 후손에게 자연의 푸른 유산을 줄 것이다.

머지 않아 말복인데도 오락가락 비와 후덥지근한 온도는 마음의 편안을 자꾸 방해하고 있다.

요즘은 사회나 기후나 웃음 주는 일들이 드물다. 가끔, 잊을만하

면 찾아오는 벗이 있다. 이 무더운 날에도 오늘 어때? 하는 전화가 온다.
"오시게나, 이슬 놓고 가무나 한번 하지, 뭐."

반갑게 만나서 웃음을 나누니, 찾아오는 손들이 늘어난다. 곡차를 마시면서, 존엄에 대한 이야기를 나눈다.
요즘은 본인이 찾아가면 존엄사에 대한 연명에 대한 카드도 만들어준다는 말을 듣던 아우가 "우리 어머님 카드도 만들었어요."하면서 카드를 내놓는다.
옆에 동석한 윤 선생이 카드에 적힌 글을 읽는다. "읽으면서 나도 해야겠네."
인생 고희의 말년을 보는 나이인데도 이제 서서히 준비하려는 마음이었나 보다.

존엄사, 서울대병원 8평의 비밀실 O동 19호실 방의 평수다.
생의 임종 시간을 혈연과 가족이 함께 하는 보낼 수 있는 이승의 시간 임종실이다. 이제 죽음의 트라우마가 아닌 죽음의 해피엔딩이라는 임종의 시간을 보낼 수 있다면….
곡차의 향기에 취해 날도 더운데, 헤어지긴 그렇잖나 하면서, 2차 가지 뭐. 요즘 경기도 어려운데, 아우가 운영하는 곳에 가서 목에 때나 벗기자고?
모두 OK다.
고희가 무색하게 목소리들이 우렁차다.
"어메어메, 뭐하라구 날 낳으셨던가…! 갈 날이 앞인데도 먼저 가신 모친이 그리운가?"

벗의 목소리가 구성지게 퍼지는 밤이다.

지지옥선배 신사와 숙녀, 최정 vs 이창호 대국을 두 시간 보았다. 바둑을 좋아하는 팬이라면, 두 대국자 이름은 잘 알고 있을 것이다. 장고 끝 악수 둔다는 격언 속담대로 패싸움을 즐기다가 실책이 아닌 고의로 승패를 마쳤다.

대국시간은 30분이면 끝낼 수 있는 대국을 두 시간 넘게 두었다. 때론 상대를 자극하는 무리수도 두 번 있었다. 프로 바둑에선 나오기 힘든 실책성 수도 두 번 번갈아서 나왔다. 대국을 보면서 프로들은 몇 시간이고 바둑판을 끌고 갈 수도 있다는 것을 보았다. 끝낼 수 있는 바둑도 끝내지 않는다는 말이다. 그런데 주식투자는 어떨까? 증시의 진리는 알겠는데, 행함을 멈출 수가 없다. 완전 중독자 증세다.

이 글 읽는 개미 중 그런 투자자가 있다면, 학습공부 외 지식이 많다고 하여도 주식투자로 성투하기는 힘들다. 재산과 가산을 다 털어먹지 않았다면 즐기는 투자를 하라. 설마, 가산탕진에 빚까지 짊어졌다면… 충고하기엔 늦었다.

오직 자신만의 결자해지다. 내 생애 주식과의 인연은 악연인지라 와신상담을 하여도 성투기를 쓰기는 힘들다는 것을 다시 깨닫고 있다. 듣고, 보고 경험한 인생관과 함께 잡다한 글을 써왔다. 읽는 분 중 인연이 있다면, 읽고서 증시의 꽃밭을 걷기 바란다.

2022. 08. 02.

📊 개미의 주식투자

무섭게 쏟아지던 빗줄기가 언제 그랬냐는 듯이 하늘은 청명하다. 입추가 지난 절기를 나타내고 있다. 피해를 본 수재민들은 하늘을 보면서도, 내일을 위한 구슬땀을 흘린다.

인재인지, 천재인지 모를 잔재들을 치운다. 수마, 화마가 강해도 인간의 의지를 꺾지 못하는 것이 세상의 이치다. 자연의 물길을 막은 댓가는 언제든 모두에게 주어진다. 수마가 할퀸 잔재를 치우기 위해서 동분서주 십시일반의 손, 마음들 모인 곳, 찾아간 의원님들, 홍보성 사진만 열심히 찍는다.

행동과 언변을 보면 인품을 알 수 있고, 인품을 알면 걷는 길도 알 수 있다. 말도 탈도 많은 지도자의 행동과 말은 늘 구설수가 따른다는 것을 생각하는 의정 걸음이기를, 많은 민심은 촘촘히 보고 있다는 것을 잊지 않았으면 좋겠다.

지금도 늦지 않은 시간이다.
사면을 둘러싼 잡음들도 해결할 때다.
이참에 대사면을 위한 과감한 결단력도 필요할 때다.
정치의 힘을 모은다면, 수마도 화마도 천재도 피할 수 있다.
해마다 되풀이되는 수마와 화마의 천재지변,
정치권 헛된 논쟁이 아닌 권력 잡기가 아닌,
미래 민생을 위한 협치의 정치를 과감히 펼칠 때다.

낡은 건물의 벽면을 타고 들어온 빗물이 그동안 쓰고 모았던 습작들이 모두 젖었다. 한 장 한 장 정리하다가 보니 많은 종목을 적은 글이 보인다.

주식투자는 clhcvit, daik. 주식투자의 clream은 잘 이루어지지 않는다. 주식시장에서는 무지개를 잡을 수 없다. 잡을 수 없는 것들을 잡으려 했던 마음과 꿈은 이제 수마가 할퀸 자리로 변했다. 떠날 때 떠나지 못한 미련이 끝내는….

시, 수필, 잡글, 주식에 대한 글들이 습작해 놓은 노트들이 모두 젖었다. 버리면서 살펴보면서 잊었던 많은 것들이 꺼내진다. 옛날 같으면 말려서 추려낼 텐데 기력 탓인지 인연이 끊어진 글들이라고 생각하면서 모두 버렸다.

주식은 투자할수록 행복한 시간이 되어야 하는데, 투자할수록 느는 오만이 투자의 부끄러움을 만든다.

투자의 실수에 대한 반성이 아니라 원망만 늘게 된다. 급이 높아질수록 겸손은 달아나고 간만 커진다. 허황된 꿈은 투자의 귀재인 양 매수금은 신용금까지 풀가동한다.

언제까지 이곳에 글을 올릴 수 있을까? 다행스럽게도 이곳에 쓴 글들은 비에 젖지 않았다. 증시 창에 감사드린다. 인연이 닿는다면, 곡차라도 한잔 대접하고 싶은 마음이다.

추석이 빠른 탓인지, 과실들이 아직은 부실하다. 28일 남은 추석엔 벗들과 나누고 싶은 곡차가 있다.

이화주, 고려 때 양반가에서 즐겨 마셨다고 전해지는 술이다. 걸쭉하고 매끄러워 숟가락으로 떠먹을 수 있는 막걸리다.

자주, 청주에 후두 등 꿀을 넣어 만든 술이다. 차게 식혀 마시는 매콤하면서 시원한 느낌을 주는 약주다.

신도주, 조선 후기 햅쌀로 빚은 약간 매운 맛, 신맛, 단맛 등 조화를 이룬다고 한다.

송절주, 선비가 즐겨 마시던 약용주로 겨울철 한파에서도 강직함 잃지 않는 송절을 삶은 물과 쌀로 빚은 술이다.

소곡주, 백제 왕실에서 빚어져 조선 시대까지 누룩이 적게 들어가 주당으로 만든 곡차로, 하여 마시기 시작하면 끝이 없어 앉은뱅이 곡차로 불렀다 한다.

동정춘, 쌀 4.4kg에서 술 1L만 나올 정도로 귀한 곡차다. 과일향이 배여 향긋한 향이 일품이다.

추석 때 이런 곡차 하나라도 만들어서 나눴으면 좋겠습니다.
조상님들께도 한 잔 올리고요.

2022. 08. 12.

📈 소방서 옆 경찰서

태풍 힌남노가 연일 앞으로의 전개 상황에 따라서 예측 불가의 행동반경을 넓히고 있다. 유비무환 준비를 했다고 하여도 기후의 변화 피해를 줄일 수는 있어도 어쩔 수 없이 겪어야 하는 자연재해다. 또 얼마나 많은 수재민이 추석을 앞두고서 마음 앓이를 할까?

20일 전 물난리를 겪은 후유증은 나도 트라우마가 생겼다. 물난리 난 곳을 고쳤다고는 하지만

일시적으로 막은 것이지, 근본적으로 완벽하게 고쳐지지 않았기에 힌남노 방향에 곤두선 신경이다.

주식 투자를 한 지가 벌써….

이젠 지친 것도 모자라서 등 떠밀리고 있다. 지금 증시는 개미가 어떤 투자를 하던 시장의 불확실성이 높아져 있다. 주식투자도 운칠기삼이라는 격언도 이젠 맞지 않는다. '운구기일'이라는 뜻으로 변했다. 어쩌면 운구기일도 어쩌다가 찾아오지 요즘 같은 증시에선 종목을 살펴 매수한다고 하여도 수익 내기가 점점 힘든 장세로 흐른다.

언젠가 매수한 후 참고 장투로 견디면 되겠다는 생각으로 몰빵한 미수 투자는 역으로 개미의 계좌를 깡통 계좌로 만들 확률이 점점 높아지고 사실로 변한다. 주식의 기약 없는 희망은 끝내 개미들에겐 자비를 베풀지 않는다. 미래를 생각하면서 어떻겠든 본전을 찾겠다는 생각한 개미가 본전을 찾아도 증시에 대한 미련을 접지 못한다면…

어떤 글도, 말도 이젠 해줄 수가 없다. 카카오 계정을 통해서만 할 수 있는 곳이 되었다. 애니콜 핸드폰을 사용한 지가 20년, 스캔을 하려고 하여도 무용지물이다. 많은 것이 모자라고, 제대로 된 주식투자에 대한 정보를 개미에게 전한다고 했던 마음은 이제 상처로 변했다.

이형기 님의 낙화라는 시 한 구절이 떠오른다.

가야 할 때를 알고 가는 이의 뒷모습은 아름답다.

꽃이 아름다운 이유는 질 때를 알고 있기 때문이다.

주식투자에서 무엇이든 얻어보고자 했지만 상상할 수도 없는 시간의 고통을 보냈다. 그러나 결과는…. 발버둥 쳐본들 업이 많은데 풀릴까?

이번 물난리에도 기적은 있었다. 물에 젖은 빛바랜 글들을 버리면서 추억도 기억도 사라졌지만 지금 글을 쓸 수 있는 시간이 주어졌다. 전기선 코드를 타고 수돗물처럼 쏟아지던 물줄기도 합선을 일으키지 않게 해 준 그 시간들이 기적이었다.

앞으로 주식을 더 한다고 하여도 생의 기적처럼 주식투자도 종목 하나 잘 선택한다면…. 그런 생각들이 늘 개미들을 수렁으로 몰고 가는 것이 주식투자다.

창밖에 그늘이 져 밖에 나가니 대형버스가 주차되어 있다. 차량 앞을 보니 SBS 촬영 문구가 보인다. 드라마 하나를 찍기 위해서 함께 움직이는 스태프 숫자는 100명이 넘는다고 한다.

주연, 김OO 기사와 커피를 나누면서 책 두 권을 선물한다.

"PD에게 전해주고 안 받으면 기사님 자제나 직접 읽어보셔도 됩니다."
"기사님은 혹시, 주식하고 계시나요?"
주식은 '주'자도 모른다고 한다.
"잘하셨어요. 실패한 개미라서 글을 쓰고 책을 낸 것이 아니라, 사회에 남기고 싶은 이야기들이 있어 그동안 글을 써왔지만 이젠…"

그동안 글을 읽어준 이곳의 많은 벗에게 고마움을 전합니다.
주식투자에서 정말 기적이 일어나 증시에 대한 평이 바뀌는 글을 쓰게 된다면, 다시 찾아와 주식 실화에 관한 이야기를 나누고 싶습니다.

힌남노의 심술에 피해를 보지 않는, 한가위의 기적이 주어지기를 바랍니다.

2022. 09. 04.

📈 증시의 무서움

속담에 호랑이에게 물려가도 정신만 차리면 살아날 수 있다고 했다. 지금 개미들에게 주어지는 증시의 환란이 주는 격언이다. 지금처럼 무너지는 지수, 주가에 대처할 수 있는 투자비법은 없다.
침묵의 고요 속에서 반짝이는 사료주들이다.

증시를 보고 있노라면 회한이 든다.
운다.
개미도 울고, 나도 운다.
주식 때문에 운다.
울면서도 포기하지 못하는 것이 주식투자다.
내일은 오르겠지, 기대의 마음속엔 침묵의 시간만 따라온다.

주식에서 성공투자 하려면 인내와 침묵이 따라야 한다. 성공투자는 고통 속에서 찾아내는 종목이다. 뛰어난 개미는 공포 속에서 보석 같은 종목을 찾아낸다.
주식투자의 성공만 믿고 증시에 뛰어든 우리는 인내의 인고를 겪어도 주식투자에서 성투하기가 힘들다. 작은 주가의 맛에 중독된 투자는 투자금을 잃게 한다. 하락장, 폭락장 무게를 견디는 힘은 오직 현금뿐이다.

폭락장, 하락장을 이기려면 홀로 침묵의 시간을 견뎌야 주식투자에서 이길 수 있다. 주식투자는 오로지 자신의 숙명이다. 참고 견디는 것이 능사가 아니다. 개미가 보는 생각하는 증시의 낙원은 없다. 장투를 생각하고 매수한다고 하여도 이런 폭락장엔 투자의 꽃이 피지 않는다.

　착한 개미들에겐 견딜 수 없는 시련의 시간이지만 지금의 시간들이 지나간다면 언제 그랬냐는 듯이 투자의 무지개는 뜬다.

　글로 전해주고자 했던 주식의 무서움들, 수없이 올렸던 많은 글이 나를 보고 웃는다.
　회자정리 거자필반이라고 했다. 정말 주식투자에서 성투하는 날이 나에게도 찾아올까?

　이곳에서 글을 읽어주었던 이름 모를 개미들,
　꼭 주식투자, 성투하기를 바랍니다.
　거짓이 아닌 진실의 마음을 남깁니다.

2022. 09. 26.

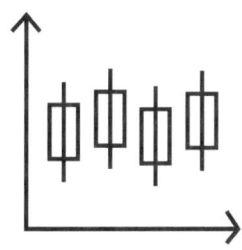

📈 얼뜨기 개미의 주식투자

 진정한 인생의 공수래공수거의 삶을 보여주고 떠나신 임의 향기가 대지에 꽃을 피운다.
 고 김동길 님의 생전의 발자국을 생각한다.
 진정한 삶의 그림자를 보여주고 떠나신 임을 향한 추모의 마음, 생애의 그림자는 나의 정수리에 꽂힌다.

 한 송이 이름없는 어둠 속 비춰주는 바람에도 지지 않는
 슬퍼도 미소 짓는 풀벌레 우짖고 산새들 날개 쉬는
 궂은 곳에도 뿌리 내리는 꽃이고 싶어라
 봄 오면 원망 없이 힘차게 돋는 미움의 눈길 얹어져도
 미소로 되받는
 고운 웃음 받고 네 곁에서 피다 지는
 모란이 아니어도, 장미가 아니어도
 기억의 꽃이고 싶어라

 세월의 무상이 어깨에 와 앉는다. 이대로 주저앉는다면 그동안의 노력은 모두가 물거품의 공수표다.
 주식투자를 30년 해오면서 지금도 하고 있으면서도 정저지와의 주식투자에서 벗어나지 못하고 있다. 와신상담을 한다고 하여도 우물 안 개구리의 눈으로 주식시장을 본다면 주식투자는 필패의 투자다.
 주식의 인과 인연의 인과 진인사대천명이다. 책과의 인연을 끊지 않고 이어오다 보니 가치투자의 대가인 이채O 님을 마주 보게 되었

다. 뜻하지 않는 만남으로 오찬을 겸한 반주를 나누면서 주식의 꽃을 피운다. 선뜻 책을 주문하길래 나도 답례로 그분의 저서 가치투자를 주문하였다.

나라가 망하지 않는 한 증시의 문은 닫히지 않는다.
많은 개미는 주가의 쌍곡선에 일희일비 투자에 맛 들인 투자의 습관은 변하지 않고, 지금도 하고 있고 계속 증시를 관찰하면서 하게 된다. 가치투자를 가르쳐주고 알려주어도 가치투자 종목을 고른다는 것, 그런 종목 고른다는 것 또한 찾기 힘든 것이 주식시장이다.

예를 들어서 지금 삼성전자를 매수하고 1~2년 기다리면 묵은지 맛처럼 주가도 투자자에게 수익 낼 수 있다고 하면, 대다수 개미는 '너나 가치투자 하세요'하고 말씀들 할 것이다. 나 또한 이런 생각에서 벗어나지 못하고 얼뜨기 주식투자를 해왔고 지금도 하고 있다.

상폐 5종목으로 인한 주식투자의 결과는 삶을 힘들게 만들었지만, 다시 성투할 수 있다는 생각의 집념으로 버텼다. 2021년부터 2022년 기간에 2억 원을 잃고도 아직도 얼뜨기 주식투자를 하고 있다. 알서포트 종목 매수가 투자의 치명타를 날렸고, 연이어 신일제약으로 인한 연타는 나를 코너로 몰아 그로기 상태로 만들었다. 주식투자를 시작하게 되면 흥하고 망한 것 또한 개미의 몫이겠지만 주식시장은 개미들에게 호락호락 성투의 종목을 주지 않는다.
아무리 똑똑한 수학의 천재라도 주식투자는 가치투자를 외면한다면, 주식의 정저지와에서 벗어나지 못한다면 십중 십패다.

인연의 인과들, 중요한 삶의 원천이다.
　호형호제, 지기로 이어지는 인연의 끈이 이어진다면, 이태백의 달 그림자 벗 삼아 가는 길, 즐거운 상상의 나래를 펴본다.
　주식투자의 습관은 고치기가 어렵다. 부귀영화의 그릇된 인식은 잘못을 저지르고도 뉘우침 없는 길을 걷게 한다. 나도 이제는 시대에 변하는 얼뜨기 투자를 고쳐야 성투의 글을 쓸 것이다.

2022. 10. 19.

📊 평안의 불감증

태풍이 지진이 오지도 않았는데
꽃들이 꺾였다
이름 모를 꽃들이 스러졌다
보고 있어도 듣고 있어도
믿을 수 없고, 믿어지지 않는다
마치, 하룻밤 꿈처럼

자고 나면 배시시 웃는
저마다의 방에서 화사한 웃음 머금고
사랑의 미소 보이면서
품에 안길 꽃들이
꺾지도 않았는데 스러졌다

누구의 잘못일까?
다시, 피어날 곳에선
사회의, 어른의 눈치 보지 말고
웃고 떠들고 마음껏 축제의 웃음 토하렴
토하다가 토하다가 멍울진 잎 삭여질 때
스러지렴
꽃처럼 꽃처럼 꽃처럼
피다 지렴

2022. 10. 30.

5일의 애도(각인된 기억)

선죽교에서 흘린 자국 씻겨가지 않고서
시공 넘어와 잔칫상 엎는다

태원네 잔치 날 인파의 물결은
한순간 많은 꽃을 밟았다
등대지기는 없었다
너는 가고, 나는 남고
무릎 꿇고 보내는 단장가

떠나는 넋들이 지켜준 봉화엔

두 송이 생명의 꽃 피었다

살면서 사연 없는 죽음은 없다
비렁뱅이에게도 인생의 단상 어린 시간들은 주어졌다
고통은, 가슴앓이는 지금 세상을 보고 있는 마음들이다
넋들의 평안과 영면을 바라는 마음을 바람에 띄운다
기억하고 각인하자

주식 이야기를 떠나선 인생의 재미도 반감될 것이다.
우리 뇌엔 망각이라는 기능이 존재하고 있어 때론 편리하다.
인생에서 겪는 트라우마도 벗어날 수 있기 때문이다.
떠나고 남는다는 것 누구에게나 찾아올 수 있는 겪을 수 있는 일들이기 때문이다.

가치투자 저자의 글을 읽으면서 저자가 생각하고 있는 주식투자의 미래를 생각해본다.
가치투자 누구나 할 수 있는 주식투자겠지만 쉽지 않은 투자다.

개미의 주식투자는 오로지 성투를 바라는 마음으로 증시에 입문하고 있다. 그러나 대다수 주식투자자는 실패의 경험을 더 많이 겪게 된다. 나도 십전십일기의 노력으로 대들고 있지만 지금도 늘 후회하는 투자를 하고 있다. 누구는 칠전팔기에도 성투를 했다는 이야기를 들으면 마치 꿈속의 대화처럼 느껴진다.

누구나 가치투자로 주식시장에서 성투율 100%를 장담할 수 없지만 여윳돈으로 투자하는 개미라면 참고한다면 실패율은 많이 줄어들 것으로 생각한다.

저자의 글에서 개미에게 도움되는 단어들을 옮겨본다. 돈을 버는 데 있어 가장 중요한 것은 주식시장에서 살아남아야 한다.
규칙 1조도 돈을 잃지 말아라, 규칙 2조도 돈을 잃지 말라다. 한마디로 가치투자란 돈을 잃는 게 죽도록 싫은 사람들이 하는 투자라고 말하고 있다.
모멘텀 투자란, 오를 종목을 매수하고 내릴 종목을 매도하는 투자 방법이다. 종목의 주가 변곡점을 정확하게 읽어낼 수 있다면 짧은 시간에도 큰 이익을 얻을 수 있다. 그러나 대다수 개미는 필자를 포함해서 모멘텀 투자로도 성투할 수 없다.
주식투자의 목적이 무엇인가? 돈을 벌기 위해서 하고 있을 것이다. 때론 무료해서 심심해서 재미가 있어서 하고 있다는 개미들도 있겠지만, 소중한 재산을 몇만 원도 아니고 게임처럼 경마의 배팅처럼 하고 있는 개미라면 십중팔구는 필패의 투자를 하고 있고 앞으로도 하게 될 것이다.
우리네 인생은 만류귀종으로 흐르게 된다. 모든 일은 만 가지이나 언제든 하나로 귀결된다는 뜻이다.

주식투자로 이익을 얻기 위해서 온갖 투자 방법을 동원해도 혼자의 힘만으론 세력과 외인, 기관들을 이길 수 없다. 개인은 미사일과 소총으로 전장에서 싸우고 있는 형국이다.
가치투자의 저자는 투자의 멘토가 펀드매니저였던 피터 린치였다고 한다. 그레이엄과 더불어서 월가 역사상 가장 뛰어난 주식투자자였다. 피터 린치는 1969년 피델리티 인버스트먼트 사에 입사해 1977년부터 마젤란 펀드를 운용하면서 자산 규모를 1,800만 달러에서 13년 기간에 자산 규모를 140억 달러까지 늘린 펀드매니저였다.

우리는 늘 저PER, 저PBR 주에 시장 가치가 높고 지배력이 큰 종목에 투자하라고 하고 있다. 그러나 우량주도 증시에 거품이 일고 버블이 생긴다면 투자의 시간이 길어진다.

2022년 가을날, 떠난 이름 모르는 넋들을 위한 마음의 잔을 올린다. 언제 시간이 된다면 가치투자의 저자와 다시 만나서 곡차 나눌 때 그대들을 위한 미래의 젊은이들을 위한 이야기의 꽃 피우고 싶다.

2022. 11. 06.

나처럼 주식하면 필패다

참으로 많은 종목을 매매했다. 그러나 계좌는 늘 불안감만 채워지고 있다.

요즘은 종목 고르기가 겁난다. 매일 추천주들은 범람하고 있지만, 추천주라고 하여서 수익 내기가 힘든 장세다.

최근 거래 종목 중 아OO, 신OOOO, 청OOOO, 알엔OOO 등 대부분 고점에서 매수하여 1~2개월 버텼지만 결국은….

지금 그런 종목들이 증시엔 수두룩하게 널렸다. 많이 하락하였다고 매수하였다간 3년 투자 거덜 난다.

일찍 볼일이 있어 다녀오는 길에 전철을 타려고 기다리는 데 눈에 띈 문구가 있다. 도사 경봉 스님이 한 젊은이의 물음에 답한 말씀이다.
"스님, 먼 길을 가려고 합니다."
스님 왈, 젊은이에게 하신 말씀의 글이다.
"한눈팔지 말고 똑바로 가시게."

인생을 걷다가 보면 앞에 보이는 유혹들이 많다. 늘 보고 듣고 하는 것들이 다 유혹이다. 그런 유혹에 빠지지 않고서 곧게 걸을 수 있는 것은 인성의 곧고 바름이 쌓여야 유혹에 빠지지 않을 수 있다. 삶의 길 곧게 걷는 것도 힘든데, 문화의 충격, 정치의 충격, 참사의 충격 등 생각하지 않았던 일들을 보게 된다면, 정신적 트라우마는 가치의 변화를 만든다.

주머니가 가벼워도 노력하면 채울 수 있다. 희망이 있기에 노력하는 것이 인생이다. 때론 직접 도와주지 않아도 듣고 보고 하는 것들이 전해주는 진한 감동들이 삶의 등대지기 역할을 해준다.

요즘 TV에서 전해주는 국감의 현장에선 국감의 품격도 없고, 인품을 갖춘 분들도 없다.

지도자들의 모범은 없고 개싸움, 고성, 헛소문, 거짓말 아니면 말고 식이다.

이성을 마비시키는 소리와 권력의 자아도취에 빠진 분들이 많이 보인다.

평시엔 인품과 도덕으로 품격의 유지를 하시는 분들이 금배지만 달면 아전인수격으로 변하는 분들이 많다.

국감에선 당리당략을 떠난, 당파를 떠난 국민의 삶의 질 높이는 전문적 질문으로 문답을 보이는 것이 세비를 많이 받는 분들의 당연히 해야 할 몫이다.

태원네 잔치에서 본 아픔은 이제 국민적 공감대를 형성하고 있다.
수사하지 않아도 왜 사고가 났는지를 객관적으로 분석할 수 있다. 세상의 눈은 똑똑하건만, 국감장에 있는 분들은 분석의 뜻도 당파에 따라서 해석이 다르게 전달된다.

가치투자란 저PER, PBR. 종목을 찾아서 싼값에 매수하고 비싼 값에 매도하는 투자법이다. 때론 비싸게 매수하여 더 비싸게 매도하는 투자법도 있다. 저PER, PBR 종목도 주가가 너무 내려가 손절하게 되는 시기도 발생한다.
주로 그런 종목들을 발견하고 1~2개월 사이 몇십 퍼센트 수익 챙기려고 하는 개미들이 있기 때문이다. 나도 그런 유형의 개미다.

주가는 늘 하락과 상승, 상승과 하락을 반복한다. 주가의 상승은 짧고 하락은 길다. 때론 상폐되는 종목도 매수 할 때도 생긴다. 예를 들어서 신라젠, 코오롱티슈진 같은 종목도 매수 할 때도 있다.
두 종목 보유했던 개미들은 거래정지 되었다가 3년 묵은 산삼을 캤지만 정말 운이 제대로 먹혔던 투자였다. 예전이었으면 두 종목은 상폐였다.

신진OOO, 양OO 몇십 억 배팅했던 왕개미가 구속되었다는 뉴스를 보았다.
주식투자란 세력이 없으면 주가는 오르지 않는다. 시세조종을 하는 종목은 미리 선취매 후 공시나 찌라시나 언론을 통해서 순진한 개미들을 유혹한다.

청명한 날씨다. 세상의 애환과는 닮지 않은 천고마비의 하늘이다. 때론 천재지변을 주지만 그런 시기가 지나면 언제 그랬냐는 듯이 시치미 뚝 떼고 청명한 하늘을 그려준다. 이런 날 산행이라도 하게 되면 시심이 절로 나오게 한다.

많은 참사를 보고 들어도 직접 당하거나 겪지 않는다면 시간이 지나면 망각증이 도져 가슴앓이하는 분들의 가슴에 또 다른 생채기를 만들 수도 있다. 매사 일어나는 아픔들이 내 아픔처럼 위로하고 위로받는 우리가 되었으면 하는 생각이다.

2022. 11. 10.

주식 수익 불가능

늘 나처럼 주식하면 깨진다.
매일 배우고 있는 것이 주식의 흐름이다.
6개월 매일 번갈아 매매하면서도 수익은커녕 계좌는 마이너스다.
빠져나올 수 없는 중독성 투자를 하고 있다.

아침이면 증시 창을 보려고 컴퓨터를 켠다. 어제 매매에서 된통 당하고도 정신 차리지 못하고 대든다. 시세 창을 보고 있으면 어느

새 손끝은 마우스 키에 가 있다. 시초가, 어제보다 1~2% 내려가는 주가를 보면서 매수하면 '조금은 반등하겠지?' 하는 생각으로 시장가 매수다.

어제 손절가보다 높은 가격대 시초가 형성이지만 재매수한다. 매수 후, 주가는 미끄러진다. 또 손절매를 생각한다. 시소게임 하던 주가 3~4% 하락한다. 때론 손절하는 시간도 주지 않고 폭락하는 종목도 있지만, 새내기 상장주라 상장한 날 폭락하여서인지 주가가 덜컥하고 큰 폭의 하락은 멈춘 것 같다는 매매 흐름이다.

매매하다가 보면 급락하는 종목도 매수할 때가 있다. 그런 경험의 투자가 때론 매매의 약도 되지만 무용지물이 될 때가 많다. 매수 후부터 주가가 곤두박질치거나 시소게임 하듯이 횡보하거나 반등 없이 하락하는 주가를 보면서 며칠 정도는 기다리겠다는 생각도 연속 하락하는 주가를 보면 작심삼일의 투자로 변한다.

한 달 정도는 참는 투자를 할 수 있다고…? 후후, 매수하고 참고 기다린 후, 다행히 매숫값까지만이라도 주가가 와 준다면 고맙겠지만, 대다수 종목은 한 달이 아니라….

주가가 한 번 하락하기 시작하면 관성의 법칙에라도 걸린 것처럼 변한다. 증시가 전반적 약세장이라는 조크만 나와도 주가는 10% 하락이 아니라 반 토막으로 변하는 종목들이 많아진다. 개미들이 성투하지 못하는 이유 중 하나는 속 빈 강정 같은 종목들이 많이 상장되어 있기 때문이다.

대형주만 매수하면 성공률이 높아질까? 이런 생각도 하는 개미들이 많을 것이다. 투자금 얼마를 가지고 주식투자하고 있는지는 모르겠으나, 대부분 많아야 1~2억이거나 2~3천 정도쯤 될 것이다.

주식투자에 열광하는 개미들은 1~2억 투자금이 있어도 더 많이 투자하면 금방 수익이 날 것 같다는 생각으로 미수 사용도 하게 된다. 개미가 열 명 주식투자하고 있다면 70% 이상은 미수 사용을 해본 경험자들일 것이다. 미수 사용에 맛 들이면 끊기가 어렵다. 수익 또한 제목처럼 된다. 대부분 미수 투자 종목은 미수 사용 후부터 90%는 필패의 투자로 변하게 된다.

개미가 성투 확률이 높아질 때는 상승장이 펼쳐질 때다. 주가의 흐름엔 언제든 변수가 작용한다. 고금리, 고환율, 고물가, 비롯한 정치, 금융 정책들이 다양한 뉴스가 이유가 될 때 주식투자 시기를 정하면 주식투자 성공률은 높아질 것이다.

주식시장에선 고수가 따로 없다. 전문가라고 하여도 수익을 내지 못하면 하수다. 종목엔 늘 따라다니는 세력들이 있다. 주가를 끌어올리기 위해선 수익을 내기 위해선 필수적 요인이 개미들을 유혹하는 시그널이 퍼져야 주가는 뛴다.

작전주, 가치주, 테마주, 순환 매수, 장투, 중투, 단투, 순간의 투자 결정이 승패를 알려준다.

10억 원을 가지고 투자해도 성투는 힘들다.

1억 원을 가지고 투자해도 성투는 힘들다.

천만 원을 가지고 투자해도 성투는 힘들다.

주식시장에서 얻은 교훈이다.

그렇다면 주식투자로 성공 투자를 할 수는 있는 것일까? 있다. 투자의 마음이 기계적이 될 때다. 개미의 습관이 아니라 투자의 마음이 기계가 되는 투자를 한다면, 성공률은 높아진다. 일 년에 딱 세 번만 종목 관찰한 후 가치주를 좁힌 후에 매수한다면, 주식투자 성공할 것이다.

실전투자와 가상투자는 완전 다르다. 증시의 변동 폭은 넓고 깊어졌다. 개미들이 투자습관을 꿰뚫고 있는 작전인들과 기관, 외인들이 득세하는 주식시장이다. 주식투자에서 가장 중요한 투자법이다. 손자병법 중 으뜸인 삼십육계 중 일 계이다. 하락장이라는 뉴스가 나올 때는 삼십육계다. 설마설마하는 마음은 삶의 가시밭길을 만든다. 패자가 되어도 실탄이 남아야 살 수 있다. 전쟁터나 증시 터나 똑같다.

지금 2030세대는 일을 해서 재물을 모아라.

허황된 일확천금 꿈꾸면서 코인, 가상화폐, 주식 등으로 눈 돌리는 순간, 미래의 삶은 아름답지 않게 변한다. 풍부하고 행복한 미래를 꿈꾼다면, 지금 앞이 보이지 않아도 앞만 보고 똑바로 걸어라. 땀 흘리는 육체만이 재물이 전부가 아닌 육체의 고마움을 깨닫게 될 것이다.

주식투자는 꼭 하고 싶고 재산을 가지고 있는 것보다 더 늘리고 싶다면 육만 전자가 무너질 때마다 오만 전자로 변할 때마다 1주든 2주든 매월 모아라 십 년을 보면서, 그리고 그 주식은 잊어라. 20년 후부턴 그대의 삶에 웃음꽃을 피워줄 것이다.

내 글이 틀리면 그때 욕하라. 저승에서 염라대왕이든, 옥황상제든 모가지 틀어쥐고서 개미들의 한 풀어줄 것이다. 나의 운명이나 개미들의 운명이나 모두 명부에 올라있다. 다만 우리는 믿지 않고 생각하지도 않는다. 백 년도 못 사는 삶, 천 년을 꿈꾸는 것이 우리의 뇌다.

2022. 11. 18.

사랑이 모든 것을 용서한다

선종하신 분이 남기신 말씀이다.
사랑이란, 바다처럼 무한한 포용력을 가지고 있습니다.
총칼로도 쓰러트릴 수 없는 힘의 존재입니다.
천상의 왕과 지옥의 왕인 염라와 옥황이 서로 이런 말을 주고받더군요.
범부와 범인이 걷는 길에 따라서 행동으로 구분된다
현자와 망자의 길이다.

천당이든 지옥이든 구천에 떠도는 영혼을 우리 눈으로 본 적도 없고 만난 적도 없을 것이다. 마음의 평안과 위안을 삼기 위해서 잘못을 저지르고도 합리적 사고는 본능적으로 합리화시키는 것이 범부와 범인 둔재와 현자의 삶의 방식에서 나뉜다고 말한다.
성악설 성선설 또한 탄생 때부터 이미 정해진 운명이다. 좋은 놈은 태어날 때부터 점지 되었고 나쁜 놈은 태어날 때부터 정해진 천명이다. '좋은 놈은 나고 착한 놈도 나고 악하고 나쁜 놈은 너다.' 하는 잣대의 기준은 권력의 힘에 숨어 기생충으로 변한다. 선인과 악인의 마음에 숨어서 보는 것, 읽는 것, 쓰는 것 모두 기생충의 먹이가 된다.
 법꾸라지들은 그물에도 걸리지 않는다. 자기가 만든 그물의 약점을 잘 알고 있기 때문이다.

 소수가 다수를 다스리는 이치는 법꾸라지들이 만든 그물코 때문이다.
 위선의 탈각은 해탈하지 못한다. 육체를 가지고 태어나는 순간 떠나는 날짜는 이미 명부에 적힌다. 다만, 우리는 모르고 살아가기 때문이다. 찰나의 순간 찾아온 한 끗 차이가 명과 암 만드는 것이 삶이다. 내일을 위한 모두를 위한 대의는 무궁화 뿌리를 깊이 심는 것뿐이다.

 100년사에서 유례없는 트럼프 발 관세정책은 영원한 벗 친구도 우방도 혈맹도 없다는 냉혹한 국제사회의 단면과 민낯을 여과 없이 보여주고 있는 현실이다. 주고받은 약속과 증표도 공수표로 변한다는 설마 했던 농담이 아닌 관세의 파급은 그동안 쌓아왔던 신뢰, 믿음을 밑뿌리까지 캐고 있다.
 이젠 경제 분야뿐만 아니라 전쟁까지도 국익의 이익이 없으면 도와주지도 않는다는 노골적 직설적인 솔직한 지도자의 행동을 보고 듣고 있다.

 우리 민담과 속담엔 이런 뜻의 말이 전해지고 있습니다. '되로 주고 말로 받는다.' 라는 '이에는 이 눈에는 눈이다.' 하는 적자생존 늪에 빠진 인생이나, 국익 앞엔 어떤 정의도 대의도 필요 없다는 냉혹한 국제 사회의 민낯과 추악한 힘의 우위를 보여주는데도 징벌할 제도가 없다.

재력, 권력, 기술력, 핵 앞엔 협약으로 맺어진 질서는 언제든 무용지물이 된다는 것을 트럼프의 관세정책과 미국 우선주의가 공들여 쌓아왔던 민주주의 질서를 경제라는 용어를 쓰면서 유린하고 파괴하고 있다.

양날의 칼이 된 미국 우선주의 정책들 앞에선 약소국들의 설움 지구를 강타하고 있다.

핵무기를 가지고 있는 국가는 핵의 위용을 빌려서 위협하고 전쟁을 일으키고 있고 이웃의 땅을 침략해도 처벌하지 못하고 있는 국제 사회다. 힘의 논리로 자국의 철저한 국익의 철조망을 치고 있는 2025년도 국제 사회의 단면을 듣고 보고 있다.

세계 1등 국가가 되어 있어도 부족하다는 트럼프 발 관세정책을 비판하고 원망만 할 수는 없습니다. 자국민을 잘 먹이고 잘 살게 하겠다는데 토 달을 이유가 있을까? 그동안 세계질서를 위해서 행한 노력 또한 높이 평가해주어야 할 것이다만….

사회주의, 공산주의보다는 인민이 피로 목욕하고 있는 인권의 말살을 총칼로 통치하고 있는 공산주의 지도자들과 독재국가들 지도자의 횡포를 우리는 지금 보고 있다. 눈과 귀로 듣고 보고 있으면서도 믿지 않는 속물들을 보면서, 속담은 이런 표현을 쓴다. '발등에 불붙었는데도 강 건너 불구경만 하고 있다.'라고….

국익도 무전유죄 유전무죄다.

경제 관세의 험한 쓰나미를 막을 힘은 삼두마차를 모는 능력 있는 마부가 절실하다. 삼권분립의 삼두마차를 모는 지도자가 절실히 필요할 때다. 우리 민족 DNA는 난세엔 영웅이 나타난다는 고사가 있다. 좌우 사상적 이념이 아니라 진보·보수 정당의 권력투쟁이 아니라 힘과 지혜를 모은 무궁화 뿌리를 깊이 심어서 꽃을 피울 때다.

누구든 와서 캐가고 자를 수 없는 무궁화 꽃모든 역량의 힘과 지혜를 모을 때가 지금의 시기다. '네 탓이요, 내 탓이요'를 따질 때 아니다. 정, 경, 당, 민 모두 힘을 모아도 미·중을 이길 수 없다. 현실의 국가적 냉혹함을 제대로 읽는 지도자가 정말 필요할 때가 지금이다.

인생이나, 국가나, 시기를 놓치면 천추의 한 남게 된다.
그동안 배운 삶의 말씀이다.

2025. 04. 30.

📊 흑백의 대국

오랜만에 대국장 게임 문을 열고서 입장하였다.
직접 대국을 하니 잠들고 있었던 세포가 깬다.
3년 만이던가? 녹슬지 않은 기력은 10분 대국에서도 녹슬지 않았다는 것을 증명해준다.

문명의 기기인 핸드폰과 인증절차를 거치는 과정은 이해하기 쉽지 않았다.
2030세대나 일반적으로 핸드폰 사용에 익숙하면 쉽게 이해하고 실행하면서
생활의 편리함과 함께 시간 단축도 할 수 있고 하고자 하는 것들을 간단하게 해결해 주는 기기다.
수없는 실행 끝에 몇 번의 인증절차를 확인한 후에야 겨우 도움을 받아서 실행하였다.

아생연후살타.
흑백이 주는 교훈이다.
'내 돌을 살린 후 잡아라.' 하는 뜻이다.
무엇이든 내가 살아남아야 후일을 도모할 수 있다는 뜻이다.

인생 비판, 도덕 비판, 정치 비판 등 수없는 비판의 언어는 다양한 목소리들이다. 다양한 생각들이 모여진 사회의 말들이다. 하는 말씀들이 생각과 다르다고 전부가 비하·비방이 아니라면 포용하고 수

용하고 이해하면서 서로가 다른 생각의 뜻을 합의 도출해내는 것이 성숙한 토론문화다.

　모든 사회구조가 흑백의 대국처럼 361개의 점 안에서 치열한 사투를 하면서도 승부가 끝나면 승패를 떠나서 복기하고 단점을 찾고 어디서 실수했나를 확인하곤 배움의 끝이 없는 여정의 승부를 다시 한다.
　인생도 흑백의 대국처럼 매일매일 숨 가쁘게 뛰지만, 성공보다는 실패할 때가 많이 주어진다. 배우면서 이기고 지는 것이 바로 바둑의 묘체다.

　늦은 밤 흑백의 대전에서 3승 3패다. 주어진 10분과 30초 3회 약 3시간 대국하고 나오니
　눈이 침침하다. 고희대에 이만한 기력을 가지고 있다는 것에 감사드린다.

　주식을 하면서 쓴 글이 금칙어에 걸려서 날아갈 때는 '무엇이 금칙어에 걸렸을까?' 하는 섭섭함이 묻어나지만 평생 글쟁이라서 그냥 허허웃고는 만다. 다양한 생각들이 모여져서 서로가 공유하면서 토론하면서 시냇물이 모여져 강물이 되고 강물이 흘러서 바다가 되듯이 관리자의 마음 또한 바다가 되어주었으면 한다.
　'산다는 것은'

　철학자 플라톤은 이렇게 말했다고 한다.
　사람의 영혼을 흔들고 미치게 하는 것은 사랑이다.

열병, 황홀, 도취, 기쁨, 희열을 만드는 것이 바로 사랑의 힘이다.
이성적 사랑이 만들어내는 행복의 원천이다.

이성적 사랑이 아닌 사회적 사랑이 만들어내는 것은 포용하고 이해하는 것이다.
보고 듣고 쓰면서 토론하는 문화가 내일의 미래를 밝게 만드는 태양이다.

2025. 05. 04.

📈 정석투자

주식투자에선 각자의 방법을 놓고는 어떤 투자가 정석투자인지 가치투자인지를 토론한다. 주식투자에선 우량주에 투자하는 것이 '정석투자'라고 정의 내린다.
개미 투자자에겐 어떤 종목을 골라서 매수하던 선택의 자유가 있다. 폭넓은 선택의 자유가 비단 고르다가 삼베도 고르지 못한다는 지금은 선계에서 여행하고 계실 모친의 말씀이 떠오른다.
"잘 지내시고 계시지요? 자주 찾아뵙지 못해서 죄송합니다."

아무도 모르는 고독의 밤이다. 삼라만상도 잠든 밤에 바람이 문을 두드린다.
문을 연다. 살갑게 두 볼을 비벼댄다. 달빛도 별빛도 함께 찾아왔다.

방 안을 한 바퀴 돌고는 누가 쫓는 것도 아닌데, 어느새 하늘에 가 있다.

창문을 닫는다. 뒤척이며 책을 편다. 뇌가 금방 누에로 변한다.

하나둘 매수했던 종목들을 적어놓은 노트까지 꺼내본다. 빛바랜 노트엔 빼꼼히 적힌 종목들이 눈에 보인다. 2007년부터 지금까지 보유하고 있었다면 하는 생각과 함께 좌절을 주었던 종목 기쁨을 주었던 종목들이다. 읽는 분들을 위해서 기쁨보다는 좌절을 주었던 종목을 몇 종목 적어본다. 개미들 투자의 지표가 되었으면 좋겠다는 생각을 하면서….

몇 종목만 피씨엘 매수가 7,180원, 싸이맥스 14,950원, 프리엠스 12,500원, 일진다이아 30,350원,

동성제약 16,000원, 에스엠코어 7,760원, 서울제약 9,200원, 에이비엘바이오 18,300원, 하나제약 24,500원,

알서프트 18,900원 매수·매도, 30여 일 했음 (비대면 주라 하여서 1,000원대에서 2만 원대까지 갔음)

신일제약 38,000원, 비트컴퓨터 11,900원, 녹십자엠에스 8,500원, 신테카 바이오 22,700원, 드림텍 11,300원,

알체라 34,000원, 동화약품 19,000원, 바이오니아 27,000원, 롯데관광 18,900원, 텔레칩스19,550원,

대성에너지 11,500원, 이수앱지수 9,520원, 일동제약 40,800원, 한국파마 30,400원, 넥스티칩 14,450원, 세아메카닉스 7,110원,

삼현 38,500원, 이구산업 5,380원, 아이센스 19,810원, 비올 10,190원, 하이드로리튬 3,340원, 가온칩스 29,650원, 카나리오바이오 24,550원 등 수없이 많은 종목을 매수, 매도를 반복했다.

그 결과는 지금 종목 현재가를 살펴보시면 알게 된다. 한치 추호

도 거짓 없이 적어놓은 것이다. 투자하는데 비교하면서 종목 선정한다면 매우 유익한 투자결과를 얻게 될 것이다.

엊그제 이런 글을 읽었다. 시황에서 읽은 글 다시 올립니다. 투자에 참고하시면 많은 도움 얻게 될 것이다.

1. 절대로 투자금 잃지 마라.
2. 1번 규칙을 절대 잊지 마라.
3. 시장이 탐욕으로 가득할 때를 두려워하라.
4. 투자자들이 두렵다고 도망칠 때, 주식을 매수하라.

매수하려고 하는 종목 10년 보유할 생각 없으면 매수하지 마라. 물이 빠져야 바닥이 보인다.
95세 되신 분, 세계적 투자의 대가인 분이 남기신 말씀이다.

콩 심은 데 콩 나고 팥 심은 곳 팥 난다는 속담이 있다.
투자의 열기는 좋지만 테마주 쫓는 매수는 심한 주식 앓이를 만들어 준다. 주식을 하겠다고 입문하는 2030세대 개미는 심사숙고 후에 위에 글을 이해한다면 급한 투자금이 아니라 여유를 가지고 일희일비하지 않는 투자를 한다면 일거양득 결과도 함께 생길 것이다.

글 올릴 때가 가장 좋은 시간이다. 기부라고 생각하면서 글을 쓴다.
마음을 다스리지 못하고 방황할 때는 글로 마음을 정화시키는 것이 이제 버릇이 되고 있다. 아직도 식자우환의 학문이라서 쓰면서 배우고 있다. 어제 부처님 오신 날 주역을 공부하고 있다는 청주 고 나온 소 선생이 찾아와서 4시간 토론을 했다. 제 적성에 안 맞는 천지간의 물체와 8괘 64괘에 대한 음양오행설까지 잡다한 토론을 했다. 저녁 공양을 하고 온 후 바둑삼매경에 빠져서 새벽 2시까지….

어제 대국한 9단이신 분께 미안하다는 말 드리고 싶습니다. 알면서도 조금 추태를 보였습니다. 바둑의 예의를 잃고 계속 도전을 하였던 점 깊이 사과드립니다.

살에는 밤 들려오는 책 읽는 소리를 듣곤, 부녀간에 아버지가 딸에게 묻습니다.

"심기악법, 여사탈피, 불위욕오, 시위범지라."

"그 뜻을 아느냐? 말해줄 수 있느냐?"

"예, 마음으로 나쁜 법 버리고 뱀이 허물을 껍질을 벗고 욕심으로 더럽혀지지 않는 이를 두고 그런 분을 범지라 합니다."

2025. 05. 06.

📈 명예와 존중

어느새 기대 수명은 79세를 넘어서 82세였던 것이 84.3년이라는 통계가 나왔다는 시황을 읽었다. 천수 80세면 많이 살았다고 하는 이야기도 있다. 그래서인지 노인 기준 나이도 '만 70세를 넘어야 한다는 사회적 구설수로 자주 오르고 있구나?' 하는 생각이 들었다.

기분 좋은 시황을 읽었습니다. 내일이 어버이날이라서 이런 글 쓴 기자님의 전하고자 하는 마음이 담긴 내용이라서 다시 씁니다.

모친에게 간 떼어준 50대 아들의 미담이 훈훈하게 사회의 감동을 주고 있다. 어버이날을 앞두고 50대의 아들이 고희대 어머님에게(75세) 주저 없이 간을 떼어주었다. 중앙대 의료원 수술 집도하신 선생님들에 의하면 간세포암으로 인한 복수 동반한 말기간질환을 앓고 있던 시한부 생명을 이어오던 모친의 만류에도 불구하고 간 이식을 흔쾌히 수락했다. 이식 적합 판정이 나자 곧바로 서석원 간담췌외과 교수님의 8시간이 넘는 대수술을 통해 간 이식을 성공적으로 끝냈다. 모자는 건강회복 후 아들은 10여 일 후 건강하게 퇴원했다. 어머님은 그동안 고통을 주었던 간세포암 통증에서 벗어나 회복하고 있다는 시황으로 훈훈하고 잔잔한 훈풍을 전하고 있습니다.

부모 자식의 인연은 천륜이라서 천신이 점지하지 않으면 태어나지 못합니다. 때론 천륜 어기는 패륜아도 있지만 많은 효자가 있어서 지금의 사회 구성원의 공동체로 사랑을 나누면서 따뜻한 온기의 세상을 만들고 있습니다.

생에서 명예와 존중 두 가지를 함께 얻는다면 금상첨화다.
명예엔 재물이 자연히 따온다.
존중엔 예의와 존경이 주어진다.
탐욕과 물욕 권력의 틀에서 벗어나는 삶이다.
재물을 많이 얻으면 명예는 엷어진다.
권력을 얻으면 존중이 가벼워진다.
재물은 아무리 많아도 명예는 살 수 없다.
권력의 힘은 움켜쥐고 있어도 존중은 따라오지 않는다.
존중과 명예를 얻는다는 것은 민초의 민심에 자발적으로 우러난 진심이다.

인간에게 받는 최고의 찬사며, 가장 고귀한 선물이다.

얻는다고 되는 것이 아니고 쌓는다고 이뤄지는 것이 아니다. 역사를 보면 현대사를 보면 권력의 최고봉에 오른 분들의 이름 열거해 보면 알 수 있다. 어째서 명예와 존중 소리를 듣고 있는지.

얻고자 하면 달아난다. 지혜의 행동과 실천이 맑은 샘물처럼 모두를 마시게 할 때 주어진다. 명예와 존중은 민초의 뇌에 각인되는 극찬의 칭호다.

옛적부터 내려온 '님' 자라는 명예를 얻고 존경까지 받았던 '님' 자의 직업이 권력과 재물에 눈멀어져서 스스로 벗어던지는 '님'들이 많아진 사회가 되고 있다.

존중을 받았던 어른들이 사라지고 있다.

살아가는 방법은 똑같다. 법을 팔아서 인술을 팔아서 매관매직한들 지금 시대에서 누가 뭐라고 할 사람 있는가? 누가 뭐라던 배만 기름지면 된다. 탐욕, 권력욕에 취한 영혼들이 많아진 세상에서 '님'을 그리워하는 중생의 마음이다.

소크라테스, 히포크라테스 형님들이 환생한다면 땅을 치고 통곡하실 것이다.

2025. 05. 07.

맹장 vs 덕장

장기나 바둑이 주는 경기의 승패는 짜릿한 기분을 느끼게 한다. 배우기도 하고 이기고자 하는 수없는 수들을 미리 그리면서 상대보다도 더 몇 수 앞을 내다보아야 이기는 경기를 할 수 있다.

고대 때부터 내려온 뇌를 발전시키는 오락이라면 바로 바둑이다. 오락도 되고 수양이라면 수양도 되는 경기다. 바둑 예찬론자들은 바둑의 무궁한 수의 변화에 인간의 희로애락이 담겨 있다고 하였다. 361점의 선은 마치 인간의 혈관처럼 끝없이 흘러야 활동하는 육체처럼 수가 끊기거나 끊어지면 바둑에서 맥의 흐름이 엉켜 지게 된다.

장기 또한 몇 수 앞을 봐야 상대를 이길 수 있는 경기다. 지혜의 겨룸으로 승부가 결정 난다. 전장에서 마치 용호상박처럼 두 장수가 싸우는 모습을 보곤 만들어진 그림이다.

두 장수의 싸움이 전장의 판세를 뒤집는 결과를 만들지만, 서로 실력이 비슷하여 싸움의 승패가 결정 나지 않는 겨룸을 이어갈 때 그런 모습을 보면서 용과 호랑이의 목숨 건 상상을 통해서 나온 것이 용호상박이다. 힘이 세다고 하여서 상대를 이길 수 없는 것이 바둑과 장기의 묘미지만 생사를 오가는 전투에서도 월등한 힘의 우위에 있으면서도 약한 상대를 이기지 못하는 것도 장수의 싸움이다. 10번을 싸워서 패해도 11번 싸움에서 적장의 목을 베면 이기는 것이 덕장이다. 맹장은 힘으로 이겨왔지만, 덕장은 힘의 열세를 지혜의 전술로 최후의 승자가 되었다.

장기의 유래가 초한지에서 나온 것을 아는 이도 2030세대에서는 많지 않을 것이다. 항우와 유방의 고사다.

이글(eagle)이 하늘 높은 줄 모르면서 계속 더 높이 오르고 있다. 독수리의 날개는 지치지도 않고 더 높은 곳을 향하여 날고 있다. 2-4로 지고 있던 경기를 4-4로 만들더니 결국, 승부를 뒤집고 역전승을 만들었다. 7-5로 이긴 경기를 보면서 7회 초, 주루의 미숙으로 홈에 들어오지 못한 주자를 보면서 어쩌면 질 수도 있다는 생각을 했지만, 그런 생각을 9회 초에 깔끔히 지워주곤 26년 만에 10연승을 이뤘고 오늘 11연승까지도 내다보고 있다.

증시의 활황을 위해서 김대중 정부 때 만든 것이 코스닥시장이다. 코스닥 시장의 비약적 발전으로 기업은 투자유치를 받아서 지금의 산업발전을 이뤄냈다. 기업의 발전 뒤엔 개미의 투자가 거름이 되고 양분이 되어서 기업은 더 커졌고 국력 또한 커졌다.

이기고 지는 것은 병가지상사라고 했지만, 경기와 다른 것은 장수의 싸움이 국가의 운명을 가른다. 죽고 이기는 싸움에선 미덕은 없다. 싸움의 승패는 힘과 지혜를 갖고 있어도 세력 앞엔 무용지물이다. 맹장과 덕장의 차이가 주는 승패의 판가름이다.

글의 요지는 맹장은 덕장을 이기지 못한다는 것을 역사의 교훈은 말해주고 있다. 지금 우리 사회는 어디로 흘러야 하는 방향타를 잃고 있다. 즐거움을 주는 바둑, 장기, 야구 경기를 보는 것과는 다르다. 위기의식을 느껴야 할 때다.

안병욱 님의 산문집에서 읽은 글을 수정 없이 인용한다.

신은 인간에게 3대 능력을 주었다.
첫째는 생각하는 능력이다.
둘째는 사랑하는 능력이다.
셋째는 창조라는 능력이라고 하셨다.

생각은 머리의 기능, 창조는 가슴의 기능, 의지는 손의 기능이다.
세 가지의 능력과 덕을 지녔기 때문에 만물의 뛰어난 영장이 되었고 지구의 주인이 되어 있다. 영국의 문호 셰익스피어는 햄릿이라는 책 중 내용에서 주인공 햄릿의 입을 통해서 이렇게
인간을 예찬하고 칭찬했다. 인간은 얼마나 신이 만든 작품인가! 이성은 얼마나 고귀하고 생각하면서 품고 있는 이해력은 신과 같다.
세계의 아름다움을 만들어낸다고 했다. 인간은 서로 신뢰해야 한다.서로를 믿지 못한다고 하면 우리는 무엇을 신뢰하고 살아갈 것인가?, 인간신뢰는 휴머니즘의 기본신조라고 햄릿의 2막 2장에서 햄릿을 통해서 전했다고 한다는 말씀을 책에 남기셨다.
지금 시대에 글이 전하고 있는 의미를 생각해야 할 때다.

2025. 05. 10.

📊 행복의 의미

1995년 작

삼풍의 비애

마른하늘에 날벼락 치더니
님은 가고 나는 남고
한 번뿐인 삶
참으로 섧다.
편히 못 가는 님의 눈물
보고 보고
보아도
아픔인걸 어쩌나
듣고 듣고 들어도
슬픔인걸 어쩌나
부서진 돌가루 가슴을 누르고
휘어진 철근
영혼을 찌른다.
아, 아
그 죄
망각은 세월을 덮고
또 잊는다.

토사구팽, 자중지란, 풍비박산, 힘겨루기에서 벌어진 모습이다.
붕우유신, 장유유서는 찾아볼 수가 없다.
목자와 금이 조상의 여의주를 찾기 위해서 동분서주 산천을 누빈다.

2025. 05. 12.

스승의 날

　내일이…, 살아가면서 누구에게나 가르침을 내리는 사사하는 분들이 주위엔 많으시다. 보고 듣고 읽고 하는 것들이 모두가 스승이 될 수도 있다.
　뇌가 성숙하기 위해선 바른 것을 모태로 하여야 맛있는 인생의 과실을 많이 얻는다. 나무는 씨앗이 떨어져 스스로 크는 것 같지만, 자연이 주는 천지의 은혜가 있어야 거목으로 큰다. 성정의 올바름은 배우고 익히게 하는 것은 세상이다. 주위에 올바른 길을 걷게 해 주시고 만들어 주는 인생의 스승이신 분들이 몇 분이나…?

맹모삼천지교.
맹자를 훌륭하게 키우기 위해서 삶을 바친 모정의 고사다.
심기악법, 여사탈피, 불위욕오, 시위범지,
각생위고, 종시멸의, 능하중담, 시위범지.
"그 뜻은?"
"예, 마음에 깃든 나쁜 것 버리기를 뱀 껍질 벗듯이 하고 욕심으로 더럽혀

지지 않는 이를 범지라 합니다. 삶이란 괴로운 것임을 깨닫고 유혹의 욕망을 없애며 욕심의 무거운 짐을 내려놓는 이를 곧 범지라 일컫는다는 뜻입니다."
"그렇다면, 범지란 뜻은?"
"제사장을 가르치는 말이지만, 실제로는 부처님의 말씀을 받들어 삶에서 오는 번민과 사욕을 끊는 이를 뜻합니다."
"읽는 글의 뜻을 잘 이해하였구나, 책에서 읽은 65p 페이지에 있는 문장입니다."
이 글 쓴 분도 불경에서 나온 글을 인용한 것 같다. 스승의 날이 내일이라서 인용하여 옮겼다.

학교, 가정, 사회, 주위에서 인생의 참된 인생의 길을 인도해 주시고 있는 많은 분이 주위엔 많이 있다. 정말, 주위에 그런 분들이 몇 분이나 계실까?
군사부일체란 뜻을 이해하지 못하는 분도 계시겠지만 참된 스승과의 인연을 맺는다는 것도 쉽지 않은 것이 요즘 사회 풍토가 되고 있다.

참된 스승은 첫째가 부모요, 둘째가 선생님이라고 나는 생각한다.
부모의 행실은 자녀의 교육이다. 지식을 쌓기 위해서 배우는 학습보다도 더 중요한 교육이다.

참된 스승을 만난다는 것 쉽지 않다.
가르치는 분들이 모두가 스승이 될 수는 없다.
생의 마지막까지 가교의 인연을 이어가지 못한다 하여도 뇌에 각인된 분이 참된 스승이다.

팔순이 넘긴 제자가 100세를 넘긴 스승의 노후를 걱정한다. 사제간은 아름다운 꽃이다.

25세 때는 일본의 지배가 아닌 내 나라에서 살고 싶었다. 6·25 전쟁 때는 북한 공산정권이 집 주인 행세를 하면서 고귀한 생명을 무참히 죽였다. 전쟁의 폐허로 인하여 황폐한 국토를 민초의 피와 땀으로 지금의 아름다운 나라를 재건하였다. 권력 국가에서 지금은 법치국가로 성장했다. 스승다운 스승이 되는 것이 평생의 꿈이었다.

교육계가 내 평생의 직업이었다. 내 제자들이 나를 뛰어넘어서 훌륭한 사회학자가 되어 있다.

교육의 열정과 소중함이 사회를 아름답게 만들고 국가적 위상을 높인다. 사랑을 가르치는 교육이 세상을 아름답게 만든다. 국민의 존경을 받는 제자의 존경을 받는 스승이 되라, 학교 교육도 소중하고 중요하다. 사회활동, 모범적 행동 또한 민초의 본보기가 되어야 사회를 사람을 위해서 나를 위해서도 공감, 공존 사랑을 나눌 수 있다.

나는 나를 위한 시간은 종착역에 가까워지고 있다. 그래서 더 큰 희망을 바라는 마음 있다. 우리나라를 대한민국 미래를 위한 후배, 후학, 제자들에게 마지막 소망이다. 모두에게 주어지는 삶의 시간들은 짧다면 짧고 길다면 길다. 그러나 조국의 역사는 무궁하고 영원하다.

역사적 사명을 위한 동참한 삶은 우리의 의무이며 모두의 의무며 주어진 책무다. 삶의 명예를 황금보다도 더 중요하게 생각하고 권력과 물질로는 명예를 얻지 못한다. 교육의 수양이 사랑을 나누고 명예를 얻는 원초라는 것을 잊지 않는 교육자가 되어라. 감투와 직책에 연연하지 않고 명예를 소중히 하는 삶을 걸어왔던 1920년생이신 노학자의 마지막 강의라고 말씀하셨습니

다. (시황 인용)

　이렇게 살든 저렇게 살든 다 타고난 팔자라오. 춘풍엔 꽃과 벗하고 하풍엔 계곡물에 발 담그고 추풍엔 밭과 벗하고 동풍엔 산천 유람하면서 설화에 시 한 수 읊으면 천상천하 유아독존 삶이라오. 동가식서가숙 삶 저물었소이다.
　내일이 스승의 날이라 불현듯 메모해둔 김형석 학자님의 강의내용을 인용했습니다.

　모두가 늙어가면서 사회의 본보기가 되는 행동을 하고 선을 베푸는 삶을 살아간다면 아이들의 스승입니다.

2025. 05. 14.

대전 역에서

마음의 기도 무너진
쓸쓸히 웃은 날
광장에는 고향 잃은 비둘기
삶의 모퉁이를 서성인다
회색 빌딩 숲 보도블록 틈 사이에
뿌리내린 잡초
찬 생의 모습이어도
세찬 바람을 안는다.

총총히 걷는 발걸음 소리에
법복을 입은 이의 언
허공을 돈다.
가슴을 저민다.
잘못된 길 걸었기에
청춘을 저당하고 정지된 시간들

나를 보던 그 눈길
정수리에 박힌다
큰 아픔으로 스며든다

잃은 만큼 성숙하여 깨닫는다면
차창 비친 망막엔 안개꽃 핀다

꽃 세 번 피다 지면
살아있는 것만으로도 은총인 것을
또 잊고 마는 우리들

2025. 05. 16.

📊 폭싹 망했수다

나에게 누군가가 "가장 행복한 시간은 언제냐?"라고 묻는다면, "지금 주어지고 있는 시간에 글을 쓰고 있는 시간들이 가장 행복합니다." 이렇게 답하고 있다.

생즉적응, 적자생존, 부적자낙오.
왜 배우느냐? 어떻게 배우고 있느냐? 무엇을 배워야 하느냐?
글 뜻은 환경에 적응하고 사회에 적응하지 못하면 낙오자나 패배자가 된다는 뜻입니다.
심전경작, 격물치지, 자아실현. 기술을 익히기 위해서 인격완성을 위해서 지혜와 교양을 쌓고 인성의 두터움을 쌓으면 제대로 된 사람의 도리를 행할 수 있다.
안병욱 님의 『인생론』에서 말씀하신 글을 인용했다.

살아가는 저마다의 삶은 마치 인간의 지문과 같아서 닮은 생은 하나도 없다. 비슷비슷할 뿐이다.

일의 중압감의 무거움을 이겨내지 못하는 삶은 글대로 삼류의 비애로 끝난다. 스트레스가 주는 중압감은 만족스러운 삶의 시간을 만들지 못한다. 매사에 짜증, 귀찮음, 풀리지 않는 문제들이 초조함을 유발하면서 신경질적 반응이 자신도 모르게 나오고 행동하게 된다.
  금전과 재물로 인한 요인들은 스트레스를 유발하는 단초가 되지만 그 무엇보다도 스트레스를 일으키는 요인은 강박 관념과 조급함으로 만족스러운 결과를 얻지 못할 때 심한 정신적 충격을 받게 된다.
  더군다나 물질적 풍요까지 누리지 못하고 하는 일마다 자꾸 어긋날 때 일어나는 정신적 반응은 무엇이든 부수고 싶고 부숴버리고 싶은 충동적 요인까지 일으키면서 적대적으로 변하고
  혼자 있고 싶어진다. 실패자라는 인식은 더욱 고립의 환경 속으로 빠져들게 한다.
  경험 많은 유경험자라고 하여도 하는 일마다 제대로 풀리지 않을 때는 우울증, 대인기피증, 자포자기로 모든 것들에 신경질적 행동을 하게 되고 비관적으로 빠져든다.

  '나는 할 수 있다.'가 아니라 '나는 할 수 없다. 패배자다.' 하는 의식은 생활 학대로까지 이어진다. 또한, 인성의 부족은 포악함까지 유발하면서 자신 학대를 넘어선 타인에게까지 폭력성 행동을 주저하지 않고 저지르게 된다. 스트레스를 푸는 각자의 표현은 인성과 심성의 차이와 강도에 따라서 병이 되고 약도 되게 한다.
  느끼고 있는 척도에 따라서 풀고자 발산하는 행동의 유발 강도가 정해진다. 술로 담배로 운동으로 음식으로 주식투자로 식탐으로 등, 심지어 심할 땐 성행위로 욕구불만의 해소를 스트레스를 푸는 풀고자 하는 내면 표현의 욕구를 분출하게 한다.

나는 심한 정신적 충격을 받을 때는 책을 읽거나 글을 쓰고 걷는다. 그래도 풀리지 않을 때는 뛴다. 그렇게 한참을 육체를 힘들게 만들고 뇌를 혹사하는 행동으로 푼다. 주식투자로 얻는 스트레스를 개미들은 매일 경험하고 있을 것이다.

수천 수억 수백만 원 한 번에 잃는 종목 매수 할 때는 망연자실을 넘어선 충격의 여파는 자신의 못남을 탄식하면서도 그 도가 넘어선 행동과 원망은 주위 모든 것으로 돌리게 된다. 정작 본인의 잘못된 한탕주의 도박심리가 하나만 잘 고르면 하는, 투자 판단의 실수로 겪는 스트레스가 아니라 심하게 주는 인생 트라우마로까지 만들게 한다. 주식투자 해보면서 실패 경험을 수없이 겪으면서도 깨닫지 못하는 스트레스 증후군으로 발전한다.

그러면서 생기는 것이 원망, 실망, 포기, 우울증, 대인기피증으로 삶에서 주는 다양한 형태의 종합병원체를 얻게 된다. 결국은 자신의 삶만 헝클게 하는 것이 아니라 범위를 넘어선 주위까지 진공상태로 만든다.

모든 것은 팔자소관이다. 무자식이 상팔자다.
인성의 깊이 인성의 뿌리를 깊이 심으려 하는 심성의 곧음을 가진 개미라면 모든 것을 걸면서 저당 잡히면서 한탕주의 투자를 하지 않는다. 주식투자 인생 사랑에 일희일비 삶에서 벗어날 수 있는 스트레스는 없다. 모든 일이 삶의 걸음에서 만들고 얻어지는 카타르시스와 스트레스는 공존의 법칙과도 같기 때문이다. 유에서 무를 창조하고 무에서 유를 창조하는 것이 우리네 삶의 시간이기 때문이다. 적당한 스트레스는 각성의 계기가 될 수 있다.

포기하지 마, 주식 하지 마.
내가 나에게 하는 말이다.
살아있음에 감사하라.
매사에 감사하라, 베풀어라.
베푸는 자가 신이고 부처다.

2025. 05. 17.

📈 회상

너는 가고 나는 남고
보내는 마음이
끝내는
눈물이 대신한다
준비가 되어 있지 않은
나를 보고도
돌아선다
한 번쯤은
뒤돌아볼 줄 알았다
슬픔은 허공을 친다
다시는 만날 수 없는
그리운 날
아픈 미소만
그려진다

2025. 05. 19.

📊 삼류의 비애

아침부터 분주하게 서두른다. 전철을 세 번이나 갈아타야 하는 곳을 가기 위해서다. 그리고 다시 버스를 타야 하는 곳이다. 출판사 이 선생과의 약속한 날이라서, 두 번째 찾아가는 곳이지만 익숙한 길이 아니라서 서두른다.

꼭 책을 내야 될까? 여유도 없는데, 이젠 책 출간하는 것도 습관이 된 것 같다. 써놓은 글들이 아우성이다. 쓰고 있는 글들이 웃는다. 읽다 보면 출간에 대한 욕심이 생긴다. 앞으로 몇 년이나 더 글 쓸 수 있을까?

"창작지원금 선정이 됐어도 절차를 잘 몰라서, 제출기일이 늦어서, 재신청을 할 수가 있나요?"

담당자 오승O은 모른다고 답하는 말을 듣는다. 공지가 오면 알려주겠다는 말을 듣곤 청사를 나온다.

지하 차도를 지나면서 박스로 지은 곳에 누운 비둘기를 본다. 몇 십 년 지나도 떠나지 않는 모습들이다. 비둘기 색깔만 바꿨는지 알 수 없지만 비둘기들의 거주는 그대로다.

남대문을 지나서 종각을 지나서 인사동 옆 낙원 상가 길을 걷는다. 옆에선 종로노인회 효 잔치를 위한 행사가 진행 중이고 길 건너엔 사방에서 모인 늙은 비둘기들이 떼 지어 모여 있다. 내 또래들보다 더 된 분들도 보인다.

모여 있는 곳 옆을 지나니 낙원사에서 운영하는 무료 급식소가 눈에 띈다. 어르신들에게 공양하는 곳이다. 저곳에 들려서 작은 봉사라도 하였으면 하는 벗 얼굴 하나가 떠오른다. 이 벗은 1주일에 꼭 한번은 공양하는 곳에 나가서 봉사한다. 그런 생각을 하면서 길을 걷는다. 이젠 익숙해진 눈길이라 덤덤히 길게 선 줄 옆길을 빠져나온다.

이런 속담이 떠오른다. 가난은 나라도 구제해 주지 못한다는 왕조시대의 속담이다.

서울역서부터 걷다가 보니 청계천까지 왔다. 천변 물길을 따라서 걷는다. 시냇물이 별안간 물보라를 일으킨다. 물보라를 일으키는 잉어떼다. 말뚝만 한 잉어들이 서로 뒤엉키면서 산란을 위해서 일으킨 행위들이 물보라를 일으킨 보기 드문 장면을 보았다. 핸드폰을 꺼내서 찰칵찰칵 몇 장의 사진을 담는다. 옆에서 뒤에서 오던 일본 여행객들도 잉어떼를 찍는다. 선명한 잉어의 유영을 눈에 담는다.

운이 좋은 날이다. 보기 드문 광경을 보았다. 청계천 수질이 무척이나 맑았다는 증거다. 서울 한복판에서 시냇물 길을 헤쳐서 올라온 잉어떼들을 보게 된 것도 처음이다. 걷다 보니 평화시장 간판들이 보인다. 근방에 있는 벗이 생각나 들려보았더니 상호가 바뀌어 있다.

관뒀구나. 연락이 끊어진 지도 벌써 20년, 아니 거의 30년…. 주식을 시작하고 부터는 관계의 연들이 지속하지 않았으니 많이 흐른 세월의 무상을 생각나게 한다. 세상도 변하고 나도 변하고 언제까지 변하지 않는 초심을 간직하면서 살아갈 수 있을까?

합정역을 거쳐서 다시 디지털미디어시티역에서 내린다. 가는 곳 길을 잘 몰라서 물어서 탄 덕은동 가는 버스다.

"기사님, 청초로로 가려고 하는데, 덕은동 지리가 넓은가요?"
덕은동 종점 입구에서 하차한다. 마을버스를 타고 다시 몇 정거장 지나야 한단다. 하도 걷는 것에 익숙해진 육체라 가르쳐 준 버스를 타지 않고 걷는다. 약 20분 걸으니 20층이 넘는 빌딩들이 눈에 보인다. 한 번 온 곳이라 그런지 눈에 익는다.

반갑게 악수를 한다. 오늘 면접자들과 약속이 되어 있다는 말을 듣는다.
"그래요, 기다리지요."
오전 면접을 마치고 나를 부른다
"오늘은 정산 좀 합시다."
강보O 여직원이 설명하면서 판매부수를 적어놓은 컴퓨터 현황판을 보여준다. 한참을 실랑이 하면서 처음엔 알아듣지 못했다. 발행 부수 500부, 발행 부수 1,000부, 저자 출고 352부, 저자 출고 764부.
한참을 출판에 대한 판매에 대해 이해를 하지 못한 말들을 나누면서 몇 시간이 지나서야 토론의 끝을 맺었다.
"다음에 나올 제목은요?"
삼류의 비애로 해달라는 말을 남긴다. 삼류의 글쟁이들이 겪는 글의 비애다.
주식도 글도 삼류가 되지 말고 일류가 되는 주식투자를 2030세대는 꼭 실천하는 노력의 땀을 흘린다면 삶은, 노력의 삶은 정직하게 답을 줄 것이다.

2025. 05. 22.

📊 행복한 kiss

사진이 보여주고 있는 의미다.

하로 부부의 사진을 시황에서 본다.

외신 뉴스에 따르면 같은 날 10시 차이를 두고 70평생을 넘는 부부생활을 해오던 금실이 좋은 부부의 해로가 같은 날 마지막 생을 함께했다는 소식이다.

74주년 기념행사 2일 후, 북망산으로 여행을 함께 떠났다는 시황과 함께 올려진 사진. 부부의 생전 입맞춤을 찍은 모습이 담겨있다. 아내는 알츠하이머병을 앓고 있었고 병간호는 남편이 아내를 보살폈다고 한다.

2023년엔 남편도 대장암 말기 진단을 받았고 투병 중 남편은 "신이시여! 아내와 함께 같은 날 거두어 주소서!" 하고 기도드렸다고 한다. 누군가 먼저 세상을 떠나면 남은 사람은 아픔과 외로움의 걱정 때문이다. 남편이 아내에게 쓴 편지엔 '당신 곁에서 영원한 행복만 주고 싶다'는 내용을 남겼다고 한다.

당신과 함께 살아온 생의 순간들은 죽어서도 영원히 함께할 것이다.

남긴 사진 1장이 주고 있는 의미가 사랑의 행복의 증표다. (시황에서 인용)

2025. 05. 23.

📊 음 악

멜로디와 하모니가 오선지에서 나와 춤춘다.
우리의 노래엔 한과 정 애환이 담겨있다.
많은 장르의 음률에 담긴 희로애락을 담은 노래들
부르고 듣고 울게 하는 마력을 가지고 있다.
해주지 못한 것들 해주고 싶어도 못 해주는 것들
이젠 해주고 싶어도 님은 받지 못한다.
먼 곳으로 떠나셨기 때문이다.
눈물로 배웅하고 눈물로 해드리는 마지막 인사.
님이 불러주시던 목소리로 꽃다발을 만들어
듣지 못하시는 님에게 들려드리는
노래가 눈물바다를 만든다.
슬퍼도 기뻐도 고마워도 보고 싶어도
눈물바다를 만드는 것.
우리 삶의 지침을 위로받고 위로하는 뽕짝이라는 트로트의 매력
이다.
오선지에서 살아나온 멜로디와 하모니가 삶의 지친 걸음에
꽃씨를 뿌린다.

시초가에 매수키를 누르려다가 참는다. 7,950원 전일종가보다 50원 오른 시초가 쭉 상승하지 못하더니 주가가 밀린다. 지수 또한 어제의 상승을 이어가지 못하고 거래소, 코스닥 동반 하락이다. 몰빵하지 말고 분할매수가 수익률이 높다는 것을 알면서도 늘 몰빵한

다. 단일금액으로 최대한 신용금 수량까지 확인하고 매수한다. 확실한 상승 동력이 있는 종목이라도 1차, 2차, 3차 분할매수를 하게 되면 매수단가를 낮출 수 있건만 한 번에 몰빵하여 오르지 않으면 종일 시세 창을 바라보게 된다.

　오늘도 매수한 종목 매매 흐름을 보고 있다. 시초가 후, 하락하다가 다시 반등한다. 매숫값까지 왔다. 매도냐, 더 기다리느냐, 고민이다. 내려가는 주가가 매숫값까지 다시 상승한다는 것도 쉽지 않은 주가의 반등이다. 전일 매매량보다는 적고 매수물량 또한 세력들의 매수물량이라면 현혹하고 유혹하는 주가의 패턴이다.

　투자 격언에 떨어지는 칼은 잡지 말라고 하였다. 매수량 많이 쌓여 있다고 오를 것이라는 생각에 덜컥 매수키를 누른다면, 금방 매수량이 없어지면서 주가는…. 하락할 때 대응하지 못하게 만드는 세력들의 매수량 받침 전략이다. 그런 후, 매도물량으로 개미들 손절로 만들게 하는 터는 방법이다. 주가는 늘 시소게임처럼 급락할 때는 하락한 주가는 회복의 시간이 길어진다. 주가 하락에 몸살을 앓으면서도 주식 앓이 투자 경험을 겪은 개미들 그런 투자의 경험이 많다 하여도 급등락의 주가에 참을 수 없는 손실 기간이 길어진다.

　오늘 매수한 종목도 매수세가 조금씩 늘더니 주가가 오르고 있다. 운인지, 실력인지 장 마감 때까지 지켜보아야 오늘의 수익 열매를 맛볼 수 있다. 오늘은 운이 좋은 종목을 만났다. 오전 11시 25분쯤 별안간 급상승이다. 10% 이상 뛴다. 9,130원 찍고는 곧바로 하락한다. 8,500원까지 밀린다. 매매량 10~20만 주에서 200만 주 이상이다. 오늘은 행운의 종목을 매수했다. 이런 날은 이슬과…. 오늘은 누굴 만날까?

　생각나는 이 부르고 싶은 이가 줄어든다. 세월의 무상이 전해온다. 탄핵 때, 여의도 광장에서 외신카메라에 탄핵 가결되고서 눈물을 흘렸다는 분의 나이가 47년생이란다. 그런 분과 곡차하면서 삶의 이야기 나눈다면 잘 통할 것 같다는 생각을 해본다. 시대의 아픔도 겪었고 어떤 삶의 시간을 보냈는지는 안주 삼는 삶의 꽃들이 될 것 같다.

비올 매도 후, 다시 갈아탄 나노…. 어제 1% 손실 본 종목이라 곧바로 다시 매도하려고 고민하던 중 노크도 없이 문이 열린다.

남자 두 명이다. "누구세요?", "나야" 하는 소리 들린다.

형광등 불빛이 어두워서 잘 보이지 않는 눈으로 모습을 확인한다.

오랜만에 찾아온 벗이다. 그래 잘 왔다. 무엇을 알고서 왔는지 기막히게 찾아온 날이다.

2025. 05. 24